留学生は近代日本で何を学んだのか

医薬・園芸・デザイン・師範

見城悌治

日本経済評論社

目　次

序　問題の所在

一　近代日本における留学生受入れ史概要

1　日清日露戦争期における清国留学生の急増

近代日本が最初に受入れた留学生は、朝鮮の若者たちであり、一八八三年の慶応義塾がその嚆矢であった。日清戦争後において、清国政府が自らの敗因を「日本が軍事力などの西欧化に成功したため」と分析し、一八九六年に一三名の留学生派遣を始めて以降は、中国学生が留学生の多数派になっていく。[1]この時の派遣政策の中心にあった張之洞が著した『勧学篇』（一八九八年）は日本留学の利点をおおむね次のように述べていた。「中国に近いので、費用が安く済む。日本語は漢字を用いていて理解しやすい。重要な西洋の学術書は既に日本人が翻訳している。日本は風俗も近いので、留学の成果が半分の労力で成就できる」等。ここで示された主張が、中国の若者に大きな影響力を持つことになる。[2]

さらに、一九〇五年九月日露戦争が日本の勝利で終わったこと、および同年に清国の科挙制度が廃止され、立身出世の手段として、留学の価値が高まったことは、留学生数の増加を加速化させていく。一九〇五年一二月の新聞には、

「清国留学生来日が最近日に日に増え、すでに八千名を越えている。一口に留学生と言っても種類は非常に多様である。清国政府による派遣、自己の費用での来日、また年齢が四十、五十の人もいる。だから、留学の目的も同じではない」[3]という趣旨が載せられており、その盛況ぶりあるいは混乱ぶりを今に伝えている。

この頃来日した学生のほとんどは、その課程を一年か一年半で修了する「速成教育」[4]を受けていたが、受入体制が不十分な私立学校や暴利をむさぼる下宿屋が次第に乱立し、社会問題となっていく。一方、清国側は、留日学生が「革命派」に転じ、反体制的行動を進めることへの懸念を深めていくことになる。

2 「留学生取締規則」から「五校特約」へ

それらへの対処として、一九〇五年一一月に、文部省令第一九号「清国人ヲ入学セシムル公私立学校ニ関スル規程」が出されていく。その意図は、日本の学校や下宿屋を整備し、受入れ態勢を整えることと、清国政府の要請を汲み、留学生が革命派に接触することを取り締まることの二側面にあったとされるが、留日学生たちは、これを「留学生取締規則」と捉え、抗議のため帰国する者が相次いだ。その結果、一万人を越えていたと言われる清国留学生数は、一時的に減少を見る。

当時の清国政府にとっての喫緊の課題は、留日学生の質的向上であり、そのため、一九〇六年二月に「選派遊学限制弁法」が通知された。それによれば、①高等・専門学校に入学を希望するものは、必ず中学校卒業以上のもので、かつ留学先国の言語に習熟すること。②速成科に入学を希望するものは、法政科および師範科のみとし、必ず中学《ママ》・中文ともにすぐれ、年令は二五歳以上で、学界・政界での実務経験ある者に限るとされた。[5]しかし、当時の留日学生は、先に触れたように私立学校の「速成教育コース」で学ぶ者がほとんどで、官立大学などの高等教育機関に在学していた者はごくわずかであった。それは、日本の官立学校の収容定員枠自体が少なかったこと等によるが、官立学校への入学希望者は二〇〇〇名余りもいたとされる[6]。

そこで、清朝は、上記の条件を備えた学生の入学枠を広げることを日本政府に求め、一九〇七年、日本の五つの官立学校が清国留学生入学の特別枠を設けることで合意した。いわゆる「五校特約」である。具体的には、第一高等学校（現・東京大学教養学部）に六五名、東京高等師範学校（現・筑波大学）に二五名、東京高等工業学校（現・東京工業大学）四〇名、山口高等商業学校（現・山口大学経済学部）二五名、そして、千葉医学専門学校（現・千葉大学医学部・薬学部）に一〇名の枠を設け、総計一六五名の留学生を、清側（学生の出身省政府）の経費負担によって、一九〇八年から一五年間、受入れることを定めるものであった[7]。選抜された留学生には、毎年学費と教育費（補助費）として、一人六五〇円の支給が約束された（当時の物価は白米一〇キロで一円五〇銭余りだった）。この「五校特約」は辛亥革命により清国政府が倒れた後の一九二二年まで継続され、日本の中国留学生受入れにきわめて大きな意味を持つ制度となっていく。

3　第一次世界大戦期以降の留学生受入れ状況

このように「五校特約」などの制度こそ整備されたものの、中華民国成立以降は、中国学生は、日本よりも、欧米、とりわけアメリカへの留学者が大きな比重を占めていく。それには、様々な理由が挙げられるが、第一次世界大戦以降の日本政府による対中国政策が大きな影響を持ったことは否定できない。つまり、一九一五年の「二一ヶ条要求」、一九一九年の「五四運動」など、日本の中国政策に対する中国側の、とりわけ若者たちの批判・反発が大きかったことが、その背景の一つをなしていた事は、改めて想起しておく必要があるだろう。

ここで、近代日本で学んでいた中国人留学生の全体数の変遷を改めて紹介しておきたい。一八九六年に一三名から始まった留学生数は、日露戦争期には八千名弱に増加する。しかし「留学生取締規則」（一九〇五年）などの影響で減少。さらに、辛亥革命に伴う帰国者の増加により、一九一二年には在日留学生数は一五〇〇名余にまで減る。同年の中華民国成立以降は、再来日を果たす留学生が増えたため、数字は持ち直した。しかしながら、一九一五年の「二一ヶ条要求」に対する抗日意識の高揚などから数字は低迷し、以後三〇〇〇名前後で推移していく。その数字をまた大きく減らしたのが、一九三一年九月の満州事変の勃発であり、翌三二年は、一四〇〇名程度に半減する。ところが、三五年ころからまた人数が復しはじめ、盧溝橋事件が起こる三七年ころには六〇〇〇名あまりになっていた。さらに、「満州国」や日本軍占領地に樹立された傀儡政権からの留学生派遣も漸次はじまったため、日中戦争下から敗戦時においても、中国留学生は学び続けていた。意外に思う人もいるだろうが、それが歴史的事実なのである。(8)

二　近代日本への留学生をめぐる研究史

近代日本が受入れたアジア留学生の嚆矢は、朝鮮留学生であったが、その後は中国留学生が多数勢力になっていく。この中国留学生の研究の先鞭をつけたのは、さねとう・けいしゅう（実藤恵秀）である。さねとうは、戦時下の一九三九年に、まず『中国人日本留学史稿』（日華学会）を発刊し、戦後にはその改訂版となる『中国人日本留学史』を出した（一九六〇年、七〇年、くろしお出版）ほか、多くの著作を世に問うている。

また、戦前期に学んでいた留日学生研究は、主に中国近代史研究者によって担われてきた。当初は、清朝末期（日露戦後期）から辛亥革命期にかけての時期が研究の中心であったが、二一世紀に入り、研究動向に新しい動きが出てきたとされる。すなわち、①分析対象となる留学生が多様化し、文系だけでなく理系や軍事系留学生も対象となり、②帰国後の活動も検討され始め、③一九四九年中華人民共和国成立以降についても研究対象となってきた、④しかし、戦時下の留学生研究は手薄であるなどの傾向である。(9)たしかに魯迅のように名をなした知識人の研究は確実に深化しているが、留学生一般の日本経験や帰国後の動向についての研究はまだ十分とは言えない。そうした問題の克服を目指す近年の新たな研究動向については、大里浩秋・孫安石が編著者となった『中国人日本留学史研究の現段階』二〇〇二年、『留学生派遣から見た近代日中関係史』二〇〇九年、『近現代中国人日本留学生の諸相――「管理」と「交流」を中心に』二〇一五年（すべて御茶の水書房）を参考にすると、テーマの広がりと深まりを実感できる。また歴史学以外では、教育史の分野においても、このテーマが扱われてきており、阿部洋の『中国の近代教育と明治日本』（福村出版、一九九〇年）、同『「対支文化事業」の研究』（汲古書院、二〇〇四年）などがその代表的な成果となる。

一方、中国や台湾でも、近代日本に留学した学生の研究は盛んで、陳瓊瑩『清季留学政策初探』文史哲学出版社（台北）、一九八九年、田正平主編『留学生与中国教育近代化』広東教育出版社（広州）、一九九六年、李喜所主編『中国留学通史（晩清編、民国編、新中国編）』広東教育出版社、二〇一〇年、ほか多数の研究書が出されている。

また近年の傾向として、留学生たちが、修学した学問分野に焦点を当てた研究が進められている。農業分野では、河路由佳・野本京子・淵野雄二郎『戦時体制下の農業教育と中国人留学生』（農林統計協会、二〇〇三年）が、東京高等農林学校の中国留学生を扱っている。また、商業（経済）については、王嵐『戦前日本の高等商業学校における中国人留学生に関する研究』（学文社、二〇〇四年）が、法学は、袁哲『良性互動――法学留学生与近代城市生活（清末～一九三七年）』（上海人民出版社、上海、二〇一六年）がある。芸術系に関しても、吉田千鶴子『近代東アジア美術留学生の研究――東京美術学校留学生史料』（ゆまに書房、二〇〇九年）、高婙『近代中国における音楽教育思想の成立――留日知識人と日本の唱歌』（慶應義塾大学出版会、二〇一〇年）などがある。

また受入れ大学側からの研究も進められつつある。たとえば、明治末期から留学生を大量に受入れていた早稲田大学では、『留学生の早稲田』（李成市・劉傑編、早稲田大学出版部、二〇一五年）が近年出版された。また単行本ではないが、小島淑男が「日本大学中国人留学生の帰国後の活動（一）～（三）」（『日本大学史紀要』第一〇～一二号、二〇〇七〜一〇年）を著し、また明治大学史資料センター編『大学史紀要』第一八・二〇号（二〇一四・一五年）は、「明治大学アジア留学生研究　Ⅰ・Ⅱ」の特集を組んでいる。一方、同志社大学については、阪口直樹『戦前同志社の台湾留学生――キリスト教国際主義の源流をたどる』（白帝社、二〇〇二年）がある。

これらに比し、国立（官立）大学関係での整理は必ずしも進んでいないが、九州大学韓国研究センターによる『朝鮮半島から九州大学に学ぶ――留学生調査（第一次）報告書　一九一一〜一九六五』[10]は、戦前から戦後にわたる留学生を同窓会名簿等からまとめ、かつ何名かに対する聞き取りも併せた貴重な報告となっている。一方、奈良女子大学アジア・ジェンダー文化学研究センター編になる『奈良女子高等師範学校とアジアの留学生』（敬文社、二〇一六年）は写真データも大量に含む、貴重な単著となっている。個別論文では、稲葉昭二による金沢医学専門学校留学生をめぐる論考[11]、許晨による北海道帝大留学生の研究[12]、金珽実による九州帝大留学生の研究[13]などがあり、またさらに、女子留学生を対象とした総合的研究には、周一川『中国人女性の日本留学史研究』（国書刊行会、二〇〇〇年）がある。

留学生の帰国後の動向についての研究も、先の川島の整理②にもあるように、徐々に進められている。そうしたなか、王元の『中華民国の権力構造における帰国留学生の位置づけ――南京政府（一九二八〜四九年）を中心に』（白帝社、二〇一〇年）は、南京国民政府の中で、元留学生たちがどのような役割を担ったのかを詳細にまとめた労作である。

以上で紹介した研究は、一部を除き中国留学生に焦点を当てたものが多いが、朝鮮や台湾からの留学生の研究ももちろん存在する。朝鮮については、武井一『皇室特派留学生――大韓帝国からの五〇人』（白帝社、二〇〇六年）、また日本統治時代を扱った朴宣美『朝鮮女性の知の回遊――植民地文化支配と日本留学』（山川出版社、二〇〇五年）がある。同じく日本の植民地であった台湾については、紀旭峰の『大正期台湾人の「日本留学」研究』（龍渓書舎、二〇一二年）がある。さらに、太平洋戦争下で、「大東亜共栄圏」の若者を一九四三年から受入れた「南方特別留学生制度」についてまとめた江上芳郎『南方特別留学生招聘事業の研究』（龍渓書舎、一九九七年）も、近代日本への留学生研究としては貴重な存在である[14]。

一方、近代文学研究からの視点が主であるが、和田博文・徐静波・兪在真・横路啓子編『〈異郷〉としての日本――東アジアの留学生がみた近代』（勉誠出版、二〇一七年）は、留日経験を持つ中国、朝鮮、台湾の著名な知識人を七～八名ずつを取り上げ、三者を並立させることで、その異同を明かにしようとする。また、留学生史そのものに焦点を当てている訳ではないが、山室信一が『思想課題としてのアジア』（岩波書店、二〇〇一年）の中で、アジア留学生と日本社会との関係性を捉え直そうとするなかで提起している「思想連鎖の回路としての留学」という観点は、本書でも強く意識しているところである。

ところで、日本統治下に入って以降の台湾、朝鮮から日本に来た若者は、本来的には「外国人留学生」ではない。これについて、「外国人と植民地人の狭間に立たされていた『擬似的外国人留学生』であったといっても過言ではない」[15]との捉え方を示す見解もある。この点を法令から確認すると、中国留学生が漸次増加しはじめた一九〇一年一一月に制定された「文部省直轄学校外国人特別入学規程」（文部省令第十五号）の第一条には、「外国人ニシテ文部省直轄学校ニ於テ、一般学則ノ規定ニ依ラス、所定ノ学科一科若ハ数科ノ教授ヲ受ケントスル者ハ、外務省、在外公館又ハ本邦所在ノ外国公館ノ紹介スルモノニ限リ、特ニ之ヲ許可スルコトアルベシ」とあった。しかし、韓国併合の翌一一年四月には「台湾朝鮮人特別入学ニ関スル件」（文部省令第十六号）が出され、そこに「文部省直轄学校外国人特別入学規程ハ、台湾人若クハ朝鮮人ニ之ヲ準用ス、但シ其入学ニ関シテハ台湾総督府又ハ朝鮮総督府ノ紹介ヲ要ス」[16]と明記されることになる。すなわち、台湾人・朝鮮人は、「外国人」の規程を「準用」するとの宣言である。本書では、同時代のそうした「理解」や現在の関係性から、台湾、朝鮮出身学生も「留学生」として扱うことを初めにお断りしておきたい。

三　本書の意義と役割

このような研究状況の中、「留学生は近代日本で何を学んだのか――医薬・園芸・デザイン・師範」というタイトルの下にまとめたのが、本書である。本書の元になった諸論考は、もともと、現在の国立大学法人千葉大学の前身にあたる高等教育機関で学んでいた留学生の動向をまとめることを目的にしたものである。改めて本書の目次構成を示すと、以下となる。

序　　問題の所在
第一章　医学薬学分野における留学生たち――千葉医学専門学校・千葉医科大学を事例に
第二章　医学薬学を学んだ留学生たちの帰国後の活動
第三章　園芸学分野における留学生たち――千葉高等園芸学校を事例に
第四章　デザイン学分野における留学生たち――東京高等工芸学校など官立四学校を事例に
第五章　師範学校への「満州国」留学生たち――千葉師範学校を事例に
第六章　辛亥革命と千葉医学専門学校留学生たち
第七章　一九二〇～三〇年代の中国留学生たちの日本見学旅行――千葉医科大学留学生を事例に

これらの章題からすると、本書は「千葉大学留学生史」のように見えるが、そこに留まらない内容を示すことができたと考えている。簡単にその理由を紹介しておこう。

千葉大学医学部・薬学部の前身であった官立千葉医学専門学校（一九二三年から千葉医科大学）は、一九〇七年に、中国留学生受入れの「五校特約校」となり、一五年間、一〇名前後の留学生を受入れ続けた。その結果、帰国した元留日医薬学生の中で千葉医専・医大出身者は、最大勢力となり、中国医学界の重鎮も輩出することになる。したがって、この学校に焦点を当てることで、日本で医薬学を学んだ中国学生たちの動向や帰国後の諸活動の主なる部分を把握できると考えられるのである。

一方、現在の日本で、「園芸学」を学部名に持つ大学は千葉大学のみであるが、そのルーツとなる千葉県立高等園芸学校（一九二九年官立に移管）は、蔬菜や果物、また花卉の主産地であった千葉で、中堅指導者・技術者を育てることを目的とし、造園が学べる点にも特色があった。同校にも、東アジアからの留学生が多人数ではないが、在学していた。近代日本唯一の「高等園芸学校」で学んでいた留学生の動向、帰国後の活動をまとめることは、留学生の多様な「学び」、「知」の受容や交流を知るために重要な意味を持つだろう。

次に、一九二二年に開校した東京高等工芸学校（現・千葉大学工学部）は、世界大戦後の大衆化が拡大する社会で、新しい工芸分野（デザインほか）を担う人材を育成する学校であった。戦前期に、デザインを専攻できた官立の高等教育機関は、同校のほか、京都高等工芸学校、東京美術学校、東京高等工業学校の四つしかなかったが、同校は最先端の知識や技法を教えていたため、デザインを学ぼうとする留学生は同校に集中していく。この東京高芸を、他の官立三校と照らすことによって、デザインを専攻した留学生の動静、帰国後にその成果をどう活かしていったか等が明らかになるのである。

最後に、師範学校留学生について、千葉師範を事例に扱うことの意味についてである。全国の道府県に基本的に一校だけ設置されていた師範学校は、小学校の教員を養成する日本人のための教育機関であった。したがって外国人学生がそこで学ぶ必然性は一切なかった。しかるに、「満州国」は、「日本語教育人材」を養成することを目的に、一九三五年から各地の師範学校に留学生派遣を始めてくる。派遣先は、東北・北信越を中心とした十数校であったが、千葉師範も、一九三七年から受入れを始めた。そして、結果論ではあるが、千葉師範は、関東地方唯一の受入れ校となり、かつ受入れ人数も多い学校の一つであった。つまり、千葉師範の事例は、満州国留学生受入れを検討する際の好素材の一つなのである。

本書には、以上に加え、特論的論考を二つ収録した。一つ目は、辛亥革命勃発時の千葉医学専門学校留学生の対応についてである。辛亥革命に、多くの留日学生が関わっていたことは周知の通りである。千葉医専の留学生たちは、この時、赤十字隊を結成し、救命医療、人道支援のため、大陸に渡るのだが、その顛末と千葉大学に残る資料を紹介した。

二つ目は、中国留学生たちの日本見学旅行記の紹介である。「二十一ヶ条要求」などで、悪化した日中関係を修復するため、外務省は一九二三年から、「対支文化事業」を展開していく。その財源から旅費を捻出し、国内見学旅行が実施されるのだが、千葉医大留学生も、この旅行に参加し、その見聞を感想として残している。そこから、キャンパスの外に出た留日中国学生の日本認識の一端を探ることができる。

さて、「日本史学」を専攻した筆者は、自らの専門を「日本近代史」と標榜することがある。この「日本史」なる領域は「一国史」の枠内で完結させてしまう傾向があるとしばしば指摘されてきた[17]。もちろん、人や文化の海外との行き来については、古代から近現代まで大小語られてきてはいる。しかし、従前とは比較できないほどの「交流」が増加した近代史において、同じ時間、同じ空間で生活していた「外国人」を社会の構成員と見た上で、それを日本社会や日本の思想文化と照らすことは、多くの場合意識されてこなかったように思われる。一部の著名な西欧知識人は除き、たとえば「無名」でしかなかったアジア留学生を射程に入れる「日本近代史」の叙述はほとんどなかった。一方、近代中国史研究者が留日学生の研究を主として担ってきたのは、魯迅、郭沫若、蒋介石など近代中国で大きな役割を果たした人物の「若き日」を探る点に関心が寄せられていた側面が強いことは否定できない。

金融危機は避けられないのか

青木達彦

リーマンショックからの回復過程は（「大恐慌」に続く、第二次）「大収縮（the Great Contraction）」とも呼ばれ、長期間を要した。この事情が米経済の拡大過程が二〇〇九年七月から戦後最長を記録（九年目）していることを説明する。この拡大過程の特徴は主要国の超金融緩和策にあり、これが緩慢な景気実体面と金融循環あるいは信用ブームとの間に乖離を生み出してきた。量的緩和によって投資など実体面に十全な効果を及ぼしえなかった分は金融市場に流れ込むのであり、株価を引き上げ、あるいはリスク資産の保有を増大させて信用スプレッドを（ファンダメンタルズ以上に）縮小してきた。

こうしてファンダメンタルズと価格とのリンクが弱まった。しかしそれでも今、欧州経済が成長を続け、世界経済の回復もあって緩和縮小の動きが進む中、米経済は好調な企業収益を享受し株価は最高値を維持し、日本でも日経平均株価が一九九二年一月以来、約二六年ぶりの水準を回復した。

しかし、そうした堅調に見える経済が微妙な危ういバランスの上に立脚していることも、つとに指摘されてきた。システミックリスクにも通じる可能性は、たとえば二〇一三年にバーナンキ（前）ＦＲＢ議長が量的緩和を縮小する方針を示した際、米国の長期金利が急上昇し、金融市場に混乱が起きたこと（「バーナンキ・ショック」）からも窺える。そのゆえに、イエレンＦＲＢ議長は最高値を更新する米国株式相場について、巨額の緩和マネーが一部業種（ソーシャルメディアやバイオ関連）の株価を実体以上に押し上げた恐れが強いとの懸念を二〇一四年段階から表明してきた。米経済が立脚する危ういバランスはミンスキーの言う「金

評論 No.210
2018. 1

日本経済評論社

融システムの安定領域の狭隘化」であり、ちょっとしたことで生じた計画のずれが契機となって急激な金融的反作用が生起しかねない事態である。

　米経済については次のようなリスク要因が指摘されてきた。商業用不動産価格がすでに金融危機前の水準を超え、割高の領域に達していること。そして不動産市場におけるバブルの芽は世界の各所で広くみられる。信用格付けの低い企業の社債（ハイイールド社債）の（国債利回りとの）スプレッドが歴史的な低水準となっている。新興国の債券についても、そのスプレッドは同様に歴史的な低水準にあり、米金利の上昇やドル高の進行により借り換えに苦しむ新興国企業の増加が懸念される。債券のみならず、低格付けの企業に短期融資を行うレバレッジドローンの増大も顕著である。自動車販売の堅調さは信用履歴に問題のあるサブプライム層へのローンに依存している。これと並んで学生ローンやクレジットローンの増加も顕著であり、ともに低所得者向けの比率が高いものである。以上に挙げたリスク要因は、ラインハート&ロゴフが二〇〇九年の著名な本で、金融危機の共通特性とした「過剰な債務の累積とバブルの形成」に該当する。

　しかしラインハートらがあわせて指摘したのは次の点である。どの危機もそれぞれに固有の相貌を持っていることで、そのため危機到来の度ごとに、「今回は危機にはつながらない（this time is different）」との思い込みに導かれてきた。そこで以下では、先の危機と異なる側面――「今回は危機に至らないだろう」と思わせる側面――について触れ、しかしそれにもかかわらず、危機が別の相貌をもって立ち現れるとすればその固有性はどこにあるかに触れよう。

　先のグローバル金融危機が、その端緒となったサブプライム信用危機が、米国住宅金融において「マイナーな存在」であったにもかかわらず、グローバルに、しかも実体経済にも深刻な影響を及ぼしたのは、サブプライムローンが資産担保証券として「証券化」され――短期ホールセールファンディングにおいて担保として用いられたことも含め――複雑精緻な金融ネットワークに組み込まれたことにある。

　しかし今回の景気拡大局面で、（自動車版）サブプライムローンを含めた証券化が持つ位置づけは限定的である。ＦＲＢの資金循環勘定で、資産担保証券発行者がその発行のために信用市場において負う負債残高は、二〇〇七年しかし、「グローバル化」が喧伝される今日であればこそ、近代日本社会で、学び生活していた留学生を改めて捉え直していく視点は必要と思われる。顧みれば、近代日本でも、アジアからの留学生を支援した人士は少なくなかった。たとえば、清国留学生が初来日した際の受入れ役を務めた嘉納治五郎などの教育者、世界大戦期のアジアの民族運動に共感をもち、留学生支援もした吉野作造などの学者、さらに、中国留学生への経済的教育的支援を行った渋沢栄一[18]などの経済人、あるいはそれらに関わった政治家たちである。しかしながら、彼らが留学生支援に貢献した役割は、彼ら自体に焦点を当て研究する際には、副次的な領域となり、結果として後景に退く形になっていく。ましてや、東アジアからの若き留学生たちを主題とし、戦前戦中期の日本で、留学生たちが何をどのように学び、何を考え、その成果を未来にどう活かしていったのかについての関心は、決して高いものではないように思われる。しかし、人と人との交流、そしてそこで生じた思想的な連携や反発・断絶を、長いスパンで考えることはきわめて重要な作業ではないだろうか。本書は主として「千葉大学関連史料」をメインとするが、このような意図の下にまとめられたことを明記しておきたい。

さて、本論に入る前に、各章で掲げる「留学生名簿」作成の際に、用いた史料について説明しておきたい。その第一は、戦前期の官立学校が作成していた『××学校一覧』、たとえば『千葉医学専門学校一覧』のような学校（大学）要覧である[19]。そこには、沿革、規程等のほか、所属教職員、在籍学生（留学生を含む）の名簿が載せられているため、重要な基本史料となる。第二は、一九二七年以降、中国学生支援団体であった日華学会[20]が毎年作成していた『留日中華学生名簿』[21]である。第三に、「駐日満洲国大使館」が一九三五年から四三年まで出していた『満洲国留日学生録』を第五章では用いた。それらに、現在の千葉大学各同窓会などが発行している「校友会名簿」や外務省に残っている留学生関連史料などを突き合わせ、名簿を作成した。

註

（1）当時の国名に従えば、「清」で、革命後は、「中華民国」となる。さらに、本稿作成のため、参考にした史料中には、「支那」という表現も存在するが、本書の各章では、基本的に「中国」を用いていくこととする。
（2）『勧学篇』下巻、外編遊学第二の一部を意訳した。なお、『勧学篇』の各種版本は、合計で二〇〇万冊以上印刷されたという推計もある（孫安石「経費は游学の母」大里浩秋・孫安石編『中国人日本留学史研究の現段階』御茶の水書房、二〇〇二年、二〇三頁）。
（3）「清国留学生に告ぐ」『読売新聞』一九〇五年一二月一一日付。
（4）中国留学生史研究の先駆かつ第一人者であるさねとうけいしゅう（実藤恵秀）は、初期の留学生教育を「少数良質」の時代（一八九六～一九〇〇年）、「多数速成」の時代（一九〇一～一九〇五年）、「質的向上」（一九〇六～一九一一年）の三段階に分けている。（さねとう『中国人日本留学史稿』日華学会、一九三九年）。
（5）阿部洋『中国の近代教育と明治日本』福村出版、一九九〇年、一二五頁。
（6）同前、一二八頁。
（7）呂順長「清末「五校特約」留学と浙江省の対応」（『中国研究月報』第六〇〇号、一九九八年）。なお、山口高商は、一九一一年に留学生同盟退学事件が起こり、翌年受入れを中止する。そのため、のち明治専門学校（現、九州工業大学）が「五校」の一つとして補充された。
（8）外務省外交文書『在本邦清国留学生関係雑纂　第一、第二』（二見・佐藤「中国人日本留学史関係統計」『国立教育研究所紀要』第九四集、一九七八年）。日華学会作成の留学生名簿（註21）による。なお、一九三〇年代の中華民国、「満州国」留学生数の詳細については、第五章第一節４項の図表５-１を参照されたい。
（9）川島真「日本占領期華北における留日学生をめぐる動向」（大里・孫編『留学生派遣から見た近代日中関係史』御茶の水書房、二〇〇九年、二一三頁）。
（10）九州大学韓国研究センター編、二〇〇二年。
（11）稲葉「金沢に於ける清国留学生の記録①～③」（『金沢大学教養部紀要（人文科学篇）』第二一、二二号、一九八四年）。
（12）許「北海道帝国大学の中国人留学生」、「北海道帝国大学における中国人留学生の留学生活」（『北海道大学大学文書館年報』第五、六号、二〇一〇、一一年）。

(13) 金「『学生写真帳』から見た九州帝国大学農学部の留学生」、「九州帝国大学に学んだ留学生――工学部を中心に」、「九州帝国大学に学んだ留学生――医学部朝鮮人留学生を中心に」(『九州大学留学生センター紀要』第二三、二四、二五号、二〇一五、一六、一七年)、また金「大学文書館所蔵資料から見た九州帝国大学法文学部の留学生」(『韓国言語文化研究』第二一号、二〇一五年)。

(14) その他にも、藤原聡・篠原啓一・西出勇志『アジア戦時留学生――「トージョー」が招いた若者たちの半世紀』共同通信社、一九九六年があり、倉沢愛子(編)『南方特別留学生が見た戦時下の日本人』(草思社、一九九七年)は、元留学生たちからの聞き取り集である。なお、一九四三年の第一期生の日本語教育を担当した「国際学友会」については、河路由佳『非漢字圏留学生のための日本語学校の誕生――戦時体制下の国際学友会における日本語教育の展開』(港の人、二〇〇六年)があり、同書からは、多様な国籍の留学生の様態を知ることができる。

(15) 紀旭峰「戦前期早稲田大学のアジア人留学生の軌跡」の註1に見える表現である(本文に挙げた『留学生の早稲田』に所収)。

(16) ともに『東京高等工芸学校一覧(大正一三年度版)』六、七頁。

(17) 見城「『日本史』という安堵と陥穽」(方法論懇話会編『日本史の脱領域』森話社、二〇〇三年)参照。

(18) 見城「渋沢栄一による中国人留学生支援と日華学会」(町泉寿郎編『渋沢栄一は漢学とどう関わったか』ミネルヴァ書房、二〇一七年)で詳しく論じた。

(19) 諸学校「一覧」のほとんどは、現在、国立国会図書館のデジタルコレクションに収められていて、パソコン上で、容易に閲覧することができる。

(20) 日華学会は中国留学生の経済的教育的支援をすることを目的とする団体で、二一ケ条要求(一九一五年)以降、悪化していた日中関係の改善を目指し、財界、教育関係者などが一九一八年に設立した。一九二一年には財団法人になり、さらにのち、外務省文化事業部から国庫補助も受けるようになった。機関誌に『日華学報』がある。日華学会編『日華学会二十年史』一九三九年、また註18の見城論文を参照。

(21) 日華学会が作成した中国留学生名簿は、一九二七年の第一版から一九四四年の第一九版までが発刊されている。なお、名称は『留日中華学生名簿』(第一～六版)、『留日学生名簿』(第七～一〇版)、『中華民国満洲国留日学生名簿』(第一一～一三版)、『中華民国留日学生名簿』(第一四～一九版)と四度にわたり、変更されている。(大里浩秋「『日華学報』目次」『人文学研究所報』(神奈川大学)第三九号、二〇〇五年。前掲『日華学会二十年史』)。

第一章　医学薬学分野における留学生たち――千葉医学専門学校・千葉医科大学を事例に

本章は、近代日本で、医学薬学を学んだ留学生について、官立千葉医学専門学校（一九〇一～二三年。以下、「千葉医専」と略）、官立千葉医科大学（一九二三～四八年。「千葉医大」と略）を主たる事例とし、同校の留学生数の変遷、出身地域の特色、卒業後の進路などの特色をまとめていく。千葉医専は、中国の公費留学生を受入れる「五校特約校」[1]に一九〇八年から一五年間指定されたため、中国に帰国した元医薬留学生の中で、最大勢力を占め、必然的に中国医薬学界の重鎮となる人材も輩出していくことになる。

本章と次章で追々明らかにしていくが、千葉医専・医大の留学生の動静を見ることは、近代日本への医薬留学生が、日本社会とどのような関わりを持ったのか、その歴史的意味はどこにあったのか等を知るための恰好の素材となると考えている。

一　千葉医専・医大における留学生受入れ

1　千葉大学医学部・薬学部の前史

千葉大学医学部は千葉町共立病院が設立された一八七四年を起源におく。それが、七六年に公立千葉病院（医学教

写真1－1　千葉医学専門学校附属病院全景（1921年）

（『千葉医学専門学校卒業アルバム1921』千葉大学附属図書館亥鼻分館所蔵）

写真1－2　千葉医科大学薬学科校舎（1935年）

（『千葉大学薬学部百年史』1989年、口絵）

場付設）、また八二年千葉県立千葉医学校および附属病院と変わった後、八七年に官立に移管され、第一高等中学校医学部となる。さらに九四年に第一高等学校医学部に転じた後、一九〇一年に官立千葉医学専門学校、二三年千葉医科大学となり、それが四九年の新制千葉大学に繋がっていく[2]。一方、薬学部は、第一高等中学校医学部に薬学科が置かれた一八九〇年を起源とする。以降は第一高等学校医学部薬学科、千葉医学専門学校薬学科、千葉医科大学附属薬学専門部を経て、四九年に千葉大学薬学部となる[3]（写真1-1、1-2参照）。

こうした歴史を持つ医学部・薬学部の留学生受入れは、第一高等学校医学部時代の一八九九年に朝鮮学生一名を受入れたことに始まる。一方、最初の中国学生入学は、千葉医専に移行した一九〇一年であった。それ以降、千葉医専・千葉医大は相当数の中国留学生を受入れていくことになる。

2　二〇世紀はじめの千葉町と千葉医専

千葉医専が置かれた千葉町は、県内で人口が最も多かったとはいえ、一九一二年段階でも人口三万六千名余りの田舎町[4]で、千葉「市」に昇格したのは一九二一年のことである。一九〇七年に医専に入学した日本人学生は「当時町内に散宿する者は医専の学生が主であり、その他は少数の官吏だけであったので、千葉町は医学生および患者の町[5]」のようだったと回顧し、古川国三郎編『千葉街案内』（一九一一年）も「商業また真に殷賑の絶域に進まず。工業もいまだ振えりと言うべからず。町内繁華の大半は各種学生と軍人と官人とによって、これを保つのみ」と書くなど、何とも淋しい状況であった。

しかし、だからこそ「千葉医学専門学校は県立病院と相接して、猪《ママ》鼻台の後ろに在る本校の存在は、ひとり千葉町繁盛の因を為しているのみならず、県としてもまた驕《ママ》りとするに足る[6]」という評価がなされていた。また往時を知る日本人は「全国に五の官立医専があり、第一高校医学部の後というわけで、千葉医専は全国の医専のうちでも、第一順位にあると云うような自負心があった。それで入学試験の受験者数も千葉が断然第一位であった[7]」とその人気ぶりを証言している。

そのため、一九〇七年の「五校特約」において、医薬学系は千葉医専が指定されたのは順当だったとも言える。一九一四年に第一高等学校予科に入った郭沫若は「この五校はすべて日本の国立学校だったし、受かれば官費ももらえるというので、留学生の競争の的となっており、非常な難関でもあった。八、九年受けてもまだ受からない者もいた。初めて行って、半年か一年のあいだに合格しようというのは、まったくあてのないことだった[8]」という回顧を残している。つまり、千葉医専は日本人、留学生双方にとっての難関校だったのだ。しかも、千葉は、都会的喧騒には程遠い、勉学に適した街でもあった。このような環境の中、留学生たちは着実に成果を上げていくことになる。

二　千葉医専・医大における留学生の特色

1　千葉医専・医大の留学生名簿

千葉医専（一九〇一～二三年）、千葉医大（一九二三～四八年、ただし本書では四五年度入学分までを対象とした）時代の留学生は、筆者の調査で、二八二名にのぼる。それを八項目に分けて示したのが図表1-1である。若干の補足をすると、「国」欄中のKは朝鮮、Tは台湾、無印は中国とし、それぞれ通し番号を付けた。また「辛亥革命」に関わった人士に関し、●印は紅十字隊隊員になった人、▲印はそれ以外で「革命」に関わった人をそれぞれ示している。表内部の順列は、国別、次に医薬の別、入学年、卒業年次の順に並べ、中退者は下位に置いた。なお、以下の叙述で、個別の留学生に焦点を当てて論ずる場合は、この名簿の通し番号を【xx】と名前の下に付していくことをお断わりしておきたい。

参考にした史料は、現在発行されている『千葉大学ゐのはな同窓会会員名簿』（医学部同窓会）、『千葉大学薬友会会員名簿』（薬学部同窓会）に加え、『千葉医学専門学校一覧』および『千葉医科大学一覧』の「在籍生」、「卒業生」欄、さらに『千葉医学専門学校校友会雑誌』、『千葉薬学誌』上に折々掲載されていた「会員名簿」、「会員動静」、さらに医学部に一部残っている学籍簿も参考にした。さらには日華学会編『中華民国留日学生名簿』、同仁会編『中華民国日本医薬学出身者名簿（一九三〇年五月現在）』や留学生を管轄していた外務省史料などからも補った。また中国側の史料として『浙江省立医薬専科学校一覧』、上海の『東南医学院主要留日学生一覧表』(9)、さらには卞鳳奎『日治時期台湾留学日本医師之探討』(10)、台湾在住の廖継思氏（千葉医大附属薬学専門部を一九四四年九月卒業）から提供さ

図表1-1　千葉医学専門学校・千葉医科大学時代の留学生名簿（1899〜1947年）

No.	国	医薬	名前	入学	革命	卒業年	出身地	勤務先など
1	K1		朴宗桓	1899		1903畢業	京城	日本赤十字社→京城府・弘仁堂医院
2	1		左起慶	1901		1905畢業	江蘇省	江蘇省常州起慶医院（開業）→北京鉄路医院
3	K2		劉漢性	1901		中退（1901）	京城	——
4	2		葉瀾	1902		中退（1902）	浙江省	——
5	3		劉謙	1902		中退（1905）	湖南省	——
6	4		徐恒	1903		中退（1905）	湖南省	——
7	5		侯毓汶	1904		1908畢業	江蘇省	北洋軍医学校教授→南京陸軍医院院長→北京市・北京医院（院長：陸軍軍医）→上海市・自新医院開業→中央防疫処科長→天津市衛生局科長→北京特別市政府衛生局長、中華医薬学会会長、北京医師会会長→平原省衛生局顧問→平原省医科学校副校長→保定医学専科学校副校長（1942年博士号取得）
8	6		王若儼	1904		1908修了	江蘇省	江西省南昌府医学専門学校（校長）→江西省南昌慈恵病院（軍医）→北京国会街（開業医）→上海慈恵病院
9	7		王若儀	1904		1908修了	江蘇省	天津市陸軍軍医学校→北京陸軍軍医学校
10	K3		李基鉉	1904		中退（1904）	京城	——
11	8	薬	汪與準	1904		1907畢業	浙江省	浙江省杭州医学専門学校（教官）→南京軍政部兵工署技師→北京内務部
12	9	薬	屠寛	1904		中退（1904）	江蘇省	——
13	10		沈王楨	1905		1909畢業	浙江省	天津市 陸軍軍医学校（教官）→北平陸軍軍医学校→北平大学院医学院→開業医
14	11		陸欽文	1905		中退（1905）	江蘇省	——
15	12		張脩爵	1905		中退（1909）	江蘇省	——
16	K4		申龍均	1905		1912畢業	全羅北道	咸鏡道咸興府（開業医）→満州草梁鉄道病院
17	13	薬	彭樹滋	1905		1908修了	江蘇省	江蘇省蘇州医学専門学校（教授）→中央軍官学校軍医院
18	14	薬	張脩敏	1905		1909畢業	江蘇省	北京市老君堂衛生材料廠（技師）→北京陸軍軍医学校→浙江医薬専門学校教授→中央衛生試験所
19	15		呉嘉釣	1906		1910畢業	安徽省	安徽省安慶城内陸軍病院（医員）→北京鉄路医院
20	16		方擎	1906		1910修了	福建省	北京陸軍部軍医処（軍医）→北京首善医院→北京鉄路医院→北京医学専門学校医学院公共衛生系主任→北京衛生局顧問→中国パキスタン友好協会副会長
21	17		劉慶綬	1906		1910修了	江西省	天津陸軍軍医学校（教授）→江蘇鎮江医院→北京中央防疫処
22	18		汪行恕	1906		1910修了	安徽省	死去
23	19		沙世傑	1906		1911修了	江蘇省	蘇州省立医学専門学校→江蘇医大教授→江蘇省崇門北沙久鎮（開業医）
24	20		熊輔龍	1906		1911修了	江蘇省	江蘇省南通県南通公立医院（軍医）→江蘇鎮江婦幼医院→南京交通部→開業医
25	21		闞行健	1906		1911修了	江蘇省	江蘇省南通県南通医院（医員）→皋城内徳輔医院
26	22		楊瑰南	1906		中退（1907）	江蘇省	——

No.	国	医薬	名前	入学	革命	卒業年	出身地	勤務先など
58	49	薬	徐希驥	1908		1911修了	浙江省	上海市 清和坊対街大生製薬戒煙社(在勤)→上海市大生製薬公司
59	50	薬	喩培倫	1908	▲	中退(1910)	四川省	1911年辛亥革命に関わり、死去
60	K10	薬	金戴健	1908		中退(1908)	平安道	——
61	51		朱其輝	1909	●	1914修了	浙江省	浙江省紹興城内紅十字分会(医員)→南京第八師軍医長→北京医科大学内科主任→河北保定省立医学院教授→浙江医薬専門学校校長
62	52		何焕奎	1909	●	1914修了	江西省	江西省医学専門学校(教官)→江西省南昌予章医院(開業)
63	53		金子直	1909	●	1914修了	浙江省	北京市北京病院→北京西巷民巷博愛医院→南通医科大学教務長→国際連盟中国秘書(1927年)→高等警官学校法医学教授→国民政府衛生部科長
64	54		呉祥鳳	1909	●	1915修了	浙江省	アメリカ・ジョンポプキンス大学→北平大学医学院内科教授→同大医学院院長→北京大学教務長→東南医学院教授→南通医学院教授
65	55		毛汶泉	1909	●	1915修了	浙江省	上海・天一味母廠廠医→東南医学院教授→浙江医専教授→浙江武林医院
66	56		劉之綱	1909	●	1915修了	江西省	上海市フランス租界・中江医院→浙江医薬専門学校教授→東南医学院教授
67	57		陳佩完	1909	●	中退(1910)	広東省	——
68	58		趙録敏	1909	●	中退(1917)	山東省	——
69	59		呉破天	1909		中退	浙江省	——
70	K11		金鼎熙	1909		1914畢業	京城	京城府玉仁洞(開業医)
71	60	薬	蕭登	1909	●	1914修了	湖南省	湖南省湖南督軍署軍医課→長沙・湖南公医院主任→長沙・康済医院
72	61	薬	王震声	1909		中退(1909)	浙江省	—
73	62		崔雲史	1910	●	1915畢業	広東省	広東省広東府南海県(開業医)→浙江省杭州西湖宝石山衛戌病院→広東陸軍総医院軍医
74	63		謝瑜	1910	●	1915修了	浙江省	浙江医薬専門学校
75	64		馮元亮	1910	●	1916修了	四川省	四川医専教授兼成都大学講師→三九軍軍医処長
76	65		李希賢	1910	●	1916修了	江蘇省	江蘇省南通 南通医院→南京にて開業医→南通医学校
77	66		官其駒	1910		中退(1910)	広東省	——
78	67		張際康	1910		中退(1911)	広東省	——
79	68		鄧以蟄	1910	●	中退(1912)	安徽省	清華大学美学教授
80	69		王錦雲	1910	▲	中退(1913)	江蘇省	——
81	70		夏候沛	1910	▲	中退(1913)	四川省	——
82	71		恩和	1910	●	中退(1913)	蒙古	——
83	K12		金健植	1910		1915畢業	全羅南道	全羅南道康津郡郡内面西門里
84	72	薬	李潤鼎	1910	●	1914修了	山西省	山西省大同府大同県
85	73		李天錫	1911	●	1916畢業	広東省	イギリス領シンガポール 日華医院→香港にて開業医
86	74		何浩先	1911	●	1916畢業	福建省	福建省福州倉前山 仁民医院(開業)→福州医院
87	75		余継敏	1911	●	1916畢業	浙江省	保定医学専門学校→浙江医薬専教授
88	76		呉公望	1911		1916修了	浙江省	浙江省嘉興県にて開業医

No.	国	医薬	名前	入学	革命	卒業年	出身地	勤務先など
27	23		方声洞	1906	▲	中退(1911)	福建省	1911年辛亥革命に関わり、死去
28	K5		康秉鈺	1906		1910畢業	平安北道	平壌府館後里　順天病院
29	K6		徐相鸞	1906		中退(1906)	京城	——
30	24	薬	華鴻	1906		1909修了	江蘇省	浙江省杭州医学専門学校(教授)
31	25	薬	薛宜琪	1906		1909修了	江蘇省	北京市 陸軍衛生材料廠(材料廠長)→禁煙委員会科長→教部編纂処薬科訳名委員
32	26		白雲章	1907		1911修了	直隷省	奉天城内鎮安上将軍行署(軍医)→開業医
33	27		王衡	1907		1911修了	直隷省	北京市石駙馬大街北京医院(医員)→直隷省立医学専門学校→保定河北大学医学院教授
34	28		王琨芳	1907	▲	1911修了	湖北省	南京陸軍軍医院長一等軍医長→北京陸軍部(軍医)→上海外灘中央銀行発行局
35	29		呉道益	1907		1911修了	浙江省	天津市 陸軍軍医学校(教官)→開業医→久大精塩公司付設医院
36	30		黄孟祥	1907		1911修了	湖南省	湖南省長沙府城内靖武上将軍行署軍医課長→南京・康済医院
37	31		李鳴陽	1907		中退(1909)	直隷省	——
38	32		銭楽真	1907		中退(1909)	江蘇省	——
39	33		姚夢虞	1907	●	1912畢業	江蘇省	——
40	K7		呉相鉉	1907		1912畢業	京城	京城府長通橋通り長通病院(開業医)
41	K8		呉一純	1907		中退(1907)	京城	——
42	34	薬	王麟書	1907		1910修了	江西省	天津市衛生化験室技正→北京陸軍部軍医司
43	35	薬	谷鐘琦	1907	▲	1911修了	直隷省	天津陸軍軍医学校(教授)
44	36	薬	謝祖恵	1907		中退(1907)	江蘇省	——
45	37		李定	1908	●	1913修了	浙江省	浙江省杭州医学校(教官)→浙江医学専門学校教授→浙江医薬専門学校教授→南洋医学院教務長→河北省立医学院解剖学教授
46	38		李垣昌	1908	●	1913修了	山西省	山西省大同府中学校転交(開業医)
47	39		陳任樑	1908	●	1913修了	広東省	広東省嘉応州松口葆公立高等学堂(開業医)→インドネシア・ジャカルタで開業医
48	40		呉亜良	1908	●	1913修了	江蘇省	江蘇省蘇州城内・博愛医院(開業医)
49	41		丁求真	1908	●	1914修了	浙江省	浙江省天台県教育会(医員)→浙江省杭州・林武医院→ボルティモア在(米国留学)→浙江医薬専門学校(校長)→杭州・西湖肺癆療養院(開業)
50	42		田龍瑞	1908	●	1914修了	湖南省	湖南省長沙・康済医院(開業医)→上海市フランス租界霞飛路・中江医院→長沙・秋明医院(開業)→湖南陸軍病院
51	43		朱芾	1908	●	1915修了	江蘇省	上海予防花柳病療養院
52	44		許普及	1908	●	1915修了	江蘇省	蘇州省立医学専門学校(勤務)→楊州・普済医院(開業医)
53	45		黄中	1908		中退(1910)	湖南省	——
54	46		徐寅	1908	●	中退(1913)	湖北省	——
55	47		陸繞陽	1908	●	中退(1913)	浙江省	順天医院
56	48		王顯	1908		中退	福建省	——
57	K9		元悳常	1908		1912畢業	京城	京城府大安洞徳済医院(開業医)

No.	国	医薬	名前	入学	革命	卒業年	出身地	勤務先など
122	100		金宝善	1914		1918修了	浙江省	天津陸軍医学校教授→北京天壇中央防疫処→杭州市政府衛生局長→国民政府衛生署保健司長→中央衛生署署長→国民政府衛生部政務次長→連合国善後救済総合署児童救急基金会総顧問→北京医学院衛生学系主任教授
123	101		頼履亜	1914		1919修了	福建省	——
124	102		宋淼	1914		中退(1915)	福建省	——
125	103		楊作梁	1914		中退(1915)	広東省	——
126	104		万声鴻	1914		中退(1916)	湖北省	——
127	K22		朱鐘勲	1914		1920畢業	咸鏡南道	東京 江東病院→京城府南大門通朝鮮生命保険会社
128	K23		李圭南	1914		1919畢業	京城	京城府北部城北洞九統九戸
129	K24		孫永憔	1914		1919畢業	朝鮮	宮城県古川町 片倉病院
130	K25		盧鳳奎	1914		1918畢業	平安南道	朝鮮順川慈恵病院
131	K26		李潤戴	1914		1918畢業	京城	京城府薬園洞
132	K27		金仙	1914		中退(1914)	咸鏡南道	——
133	105	薬	史天山	1914		1917畢業	安徽省	安徽省桐城県甲種工業学校
134	106	薬	陳慶濂	1914		1917畢業	広東省	上海・新薬薬行
135	107		金銘裕	1915		1919修了	江蘇省	江蘇省南通医院→南京鳴宇医院
136	108		張光漢	1915		1919修了	福建省	莆田県立医院院長→三共医院
137	109		劉棨敬	1915		1919修了	浙江省	寧波・仁済医院院長→東南医学院教授→済南医大
138	110		陳能慮	1915		1921修了	湖南省	長沙・湖南公医院医師
139	111		李属春	1915		1920修了	江西省	上海・中江医院→南昌・章江医院(開業医)→江西医専教授
140	112		員拝仁	1915		1920修了	陝西省	陝西省華陰県氷寧堡
141	113		蹇先器	1915		1920修了	貴州省	北京医学専門学校教員→北京大学医学院教授(皮膚花柳科学)、附属医院院長
142	114		王慶恩	1915		中退(1916)	山西省	——
143	115		趙右文	1915		中退(1916)	中国	——
144	116		劉顕成	1915		中退(1916)	浙江省	——
145	117		郭長新	1915		中退(1917)	吉林省	——
146	118	薬	劉文超	1915		1918修了	陝西省	上海市亜林化学製薬廠 →新華薬行→東南医学院教授
147	119		胡同潁	1916		1920畢業	浙江省	東京本郷・楊名館内
148	120		黄曽燮	1916		1921畢業	江蘇省	杭州・長生医院(開業)→浙江医薬専門学校教授→甌海医院
149	121		章一心	1916		1921修了	浙江省	上海医院院長→山東医学校→軍営亜東医院
150	122		高仁倬	1916		中退(1919)	中国	——
151	T2		陳崑楠	1916		中退(1917)	台湾	——
152	123		章達遊	1916		中退(1917)	中国	広東光華医大教授
153	124	薬	譚海夫	1916		1919畢業	広東省	第一集団軍軍医処材料料長
154	125	薬	向先果	1916		1919畢業	湖南省	長沙・民生薬房(開業)
155	126	薬	趙福琳	1916		1919畢業	陝西省	陝西陸軍医院司薬官
156	127	薬	孟存心	1916		1921修了	陝西省	岐山県紅十字医院(医員)

No.	国	医薬	名前	入学	革命	卒業年	出身地	勤務先など
89	77		鄧純棣	1911	●	1917修了	四川省	四川省忠州石宝塞場→上海市フランス租界　華光医院
90	78		石君侠	1911	●	1917修了	安徽省	安徽省安慶恵民医院(開業)
91	79		黄瓚	1911	●	1919修了	福建省	福州・直石医院
92	80		姚正一	1911	●	中退(1913)	浙江省	——
93	81		崔文燦	1911	●	中退(1915)	広東省	——
94	82		張邁郡	1911	●	中退(1914)	浙江省	——
95	K13		朱栄善	1911		1915畢業	京城	京城府需昌洞(開業医)→朝鮮総督府医院
96	K14		張錫台	1911		1915畢業	京城	全南道済州城内・済一病院
97	K15		安東麟	1911		1915畢業	釜山	釜山府南浜町
98	83	薬	陳宏声	1911	●	1915修了	福建省	広東省原漂濱郡第四師司令部→浙江医薬専科学校教授→福建省政府参議兼秘書処第二科科長
99	84		鄧初	1912		1916畢業	安徽省	北京内務部衛生司→山東大学教授兼校医
100	T1		林澄瑩	1912		中退(1912)	台中県	1919年 新潟医学専門学校畢業、台湾総督府医院、台中医院、東京・慈恵病院、台中・杏林堂医院(開業)
101	K16		金淵玉	1912		1916畢業	平安南道	平安南道永柔郡西部面玉木里
102	K17		李泰煕	1912		1917畢業	平安南道	平安南道平原郡西海面蛇山里
103	K18	薬	韓英烈	1912		中退(1912)	朝鮮	——
104	85		林卓立	1913		1917修了	福建省	福建省蕭田県城内文峰宮珍元号(開業医)
105	86		鄧光済	1913		1917修了	貴州省	千葉県立病院耳鼻咽喉科嘱託医員→貴州陸軍院院長→貴州省長公署軍医課課長→貴州省立医院(院長)、貴州大学医学専科教授→貴陽県医師公会主席
106	87		王孝緗	1913		1918畢業	福建省	福州　尚元医院
107	88		李復真	1913		1918修了	浙江省	江蘇省南通　南通医院→開業医
108	89		楊鶴慶	1913		1918修了	陝西省	陝西省陸軍病院→第十八陸軍医院院長
109	90		黄家政	1913		1918修了	江蘇省	江蘇省如皋公立医院院長、南通学院医科内科教授
110	91		丁鶴声	1913		中退(1913)	浙江省	死亡
111	92		周成龍	1913		中退(1916)	広東省	東南医科大学教授
112	93		洪元晦	1913		中退(1917)	広東省	——
113	94		陳賀虞	1913		中退(1918)	直隷省	——
114	K19		李昌郁	1913		1917畢業	京城	南満州安東県　泰誠堂医院
115	K20		朴治鐘	1913		1917畢業	平安北道	京城府履郷里 西京病院→平壌府紀汾病院
116	K21		李粲奎	1913		中退(1915)	京畿道	——
117	95	薬	潘経	1913		1916畢業	江西省	南京軍政部軍医司中校科長→衛生署麻薬管理科長(台北)→上海聯合大薬房(台北)→のちアメリカ移住
118	96	薬	馮啓和	1913		1916畢業	広東省	広東省銀行発行科長→軍医官
119	97		繆晃	1914		1920修了	浙江省	南京で開業医→東南医科大学教授→済南医大教授
120	98		朱章貴	1914		1919修了	浙江省	杭州医専教授→東南医科大学教授
121	99		余道寛	1914		1918修了	広東省	雲南光華医院長

No.	国	医薬	名前	入学	革命	卒業年	出身地	勤務先など
194	162		赫勝林	1920		1924畢業	遼寧省	瀋陽・南遼医院(軍医官)
195	163		田慶恩	1920		1924畢業	中国	瀋陽・満鉄医院
196	164		柯青	1920		1924畢業	福建省	福建・伯棠医院→上海東南大学医学院教授
197	165		湯紀湖	1920		1924畢業	江蘇省	国民革命軍第一軍第一後方医院医務長→広州第一衛戍病院医務長→上海東南大学医学院医務長→同医学院教授
198	166		王佶	1920		1925畢業	浙江省	千葉医科大外科副手→浙江省政府直轄広済医院外科主任→浙江省立医薬専門学校教授(校長)
199	167		蔡復元	1920		中退(1921)	山東省	——
200	168		王者貴	1920		中退(1920)	中国	——
201	169	薬	張斗南	1920		1923畢業	陝西省	大阪塩野義商店新薬部→塩野義上海支店長→上海健華化学製薬廠
202	170	薬	邱秉銓	1920		1923畢業	江西省	武昌・民衆医院(開業)→広州黄埔軍事政治学校軍医処(医員)
203	171	薬	張家輔	1920		1923畢業	広西省	九州大学法文学部(1930年時)
204	172		旋迪	1921		1925畢業	福建省	福州・復人医院眼科主任、江西省立医学専科学校教員
205	173		程世則	1921		1925畢業	浙江省	湖北第一陸軍医院軍医→上海東南大学医学院教授
206	174		董徳新	1921		1925畢業	浙江省	上海東南大学医学院教授
207	175		張錫祺	1921		1925畢業	福建省	湖北第一陸軍医院軍医→台湾高雄・光華眼科医院→上海東南医学院(1944年博士号取得)
208	176		李文瀾	1921		1925畢業	広東省	慶應医研→南京・広済医院(開業)
209	177		王景祺	1921		1925畢業	福建省	福建省防軍第二旅軍医処処長
210	178		袁愈琦	1921		1925畢業	貴州省	不明
211	179		周振治	1921		1925畢業	浙江省	上海東南大学医学院教授
212	180		姚爾明	1921		1925畢業	直隷省	陝西省立医院外科処長→浙江医薬専門学校教授
213	K29		方斗翰	1921		中退(1921)	朝鮮	——
214	181	薬	張大模	1921		1924畢業	湖南省	不明
215	182	薬	易律	1921		1925畢業	江西省	広西軍医薬局主任→教員
216	183	薬	趙汝調	1921		1924畢業	江蘇省	上海・新亜薬廠廠長→上海東南医学院→昌洋行員
217	184	薬	張效宗	1922 1925		1925畢業 1929卒業	山西省	陝西省防疫処研究科主任、上海東南医学院教授
218	185	薬	王鈞	1922		1925畢業	山西省	山西綏靖署衛生材料庫庫長→山西省軍医
219	186	薬	黄裕綸	1922 1925		1925畢業 1929卒業	広東省	広東陸軍総医院産婦科主任、南通大学医学校教授
220	187	薬	呉琢成	1922 1925		1925畢業 1930卒業	安徽省	——
221	188	薬	江澐	1922 1925		1925畢業 中退	江西省	江西省九江省立陶業学校教務長
222	189	薬	程立	1922		中退(1923)	浙江省	
223	190	薬	陳世恩	1923		中退(1924)	福建省	——
224	191	薬	龔積芝	1924		中退(1925)	江蘇省	不明
225	T5		商満生	1926		中退(1927)	台南市	不明
226	192	薬	章志青	1926 1929		1929畢業 1933卒業	浙江省	南通医学院、浙江省立医薬専門学校教授

No.	国	医薬	名前	入学	革命	卒業年	出身地	勤務先など
157	128	薬	張聿介	1916		1921畢業	福建省	福州にて開業医
158	129		王友杰	1917		1921畢業	福建省	福州南台中洲兆培医院
159	130		劉清淑	1917		1921修了	江西省	江西医専教授兼附属医院院長
160	131		王式	1917		1922畢業	浙江省	浙江省温州・大同医院(開業)→甌海医院
161	132		譚芳楙	1917		1922畢業	浙江省	浙江省新寧県
162	133		呉連雲	1917		中退(1918)	中国	——
163	T3		林師古	1917		中退(1917)	台湾	——
164	K28		韓在謙	1917		中退(1917)	朝鮮	——
165	134	薬	魏文鉞	1917		1920畢業	湖南省	湖南公医院薬剤師
166	135	薬	朱国斌	1917		1920畢業	浙江省	浙江省義烏県中学校長→浙江医薬専門学校教授
167	136	薬	兪顥	1917		中退(1919)	浙江省	——
168	137		孫遵行	1918		1922畢業	浙江省	蘇州医学専門学校→浙江省立医薬専門学校教授→北平大学医学院（眼科学)教授→東南医学院教授
169	138		郭琦元	1918		1922畢業	浙江省	上海東南医科大学(校長)
170	139		宋師涛	1918		1922畢業	浙江省	浙江省にて開業医→東南医学院教授
171	140		陳倬	1918		1922畢業	浙江省	上海東南医学院→南通医大教授
172	T4		王美木	1918		1922畢業	南投県	英美医院(開業)、地方議員
173	141		儲晋芳	1918		1923畢業	江蘇省	青島市立李村医院院長→東南医学院教授→ハルピン鉄路中央医院
174	142		梅蓀	1918		1922修了	広東省	広州市立医院
175	143		張溥恩	1918		中退(1919)	中国	——
176	144	薬	張徳周	1918		1921畢業	浙江省	大阪市武田長兵衛商店→上海新華大薬行
177	145	薬	区煒基	1918		1921畢業	広東省	広州・上池薬房主人
178	146	薬	陳渡生	1918		1921畢業	広東省	広東省広州府香山県古鶴郷
179	147	薬	蔡薪伝	1918		1922畢業	江蘇省	軍医署第八陸軍医院司薬官→江蘇軍医学校教授
180	148	薬	陳耀庭	1918		中退(1920)	中国	——
181	149		郭致文	1919 1923		1923畢業 中退(1926)	浙江省	青島市立医院院長→満鉄医院
182	150		林国祥	1919		1923畢業	浙江省	南通大学教授
183	151		畢鳳章	1919		1923畢業	江蘇省	上海静安寺道・開業医
184	152		高尚謙	1919		1923畢業	陝西省	不明
185	153		林鏡平	1919 1923		1923畢業 1927卒業	浙江省	南通医大教授→浙江省立医薬専門学校教授
186	154		李祖蔚	1919 1923		1923畢業 1927卒業	福建省	東南医科大学、広西省立医学院外科教授(1932年博士号取得)
187	155		張鎔	1919 1923		1923畢業 1927卒業	浙江省	広西省立医学院教授→浙江医薬専門学校教授
188	156		仲宗漢	1919		中退(1922)	江蘇省	不明
189	157	薬	紀緒	1919		1922畢業	江西省	北平陸軍軍医学校教官→山東医学校→済南医大
190	158	薬	謝維楫	1919		1922畢業	山西省	山西綏靖署軍医処第二科長
191	159	薬	何俊才	1919		1923畢業	江蘇省	江蘇・保康薬房→広州黄埔軍事政治学校軍医処(医員)
192	160		趙師震	1920		1924畢業	江蘇省	上海国立東南大学医学院教務長→南通医学院医科教授→青島市立医院内科主任
193	161		許栴	1920		1924畢業	江蘇省	蘇州省立医院→開業医→南通医科大学→東南医学院教授

No.	国	医薬	名前	入学	革命	卒業年	出身地	勤務先など
264	K32		石橋晏教	1938		1941修了	平安南道	京城医学専門学校助手→千葉医大専攻生→東京市立本所医院→東京都立城東病院内科(1945年博士号取得)
265	T17	薬	陳顕徳	1938		1941卒業	台湾	勝大貿易公司(台北)
266	T18	薬	張茂霖	1938		1941卒業	台湾	台湾省衛生試験所技師→台湾ブリストル研究所研究員(台北)→薬局自営
267	T19	薬	温永勝	1938		1941卒業	台湾	台湾省衛生試験所技師、課長
268	T20		陳済村	1939		1942卒業	台南州	不明
269	T21		程丁茂	1939		不明	嘉義市	御茶ノ水順天堂医院外科勤務→千葉医大専攻生(1943年博士号取得)
270	T22	薬	翁耀雲	1939		1942卒業	台湾	楽生療養院薬局長
271	T23		鄭光輝	1940		1943卒業	台中県	(千葉医大附属臨時医学専門部卒)千葉医大第二外科→台湾省立台中医院(病院)勤務→開業医
272	T24		周義隆	1940		1943卒業	屏東県恒春	開業医
273	K33		平本光教	1941		卒業次不明	平安南道	平壌医院内科副手→千葉医大専攻生(1944年博士号取得)
274	216		柳歩青	1942		1945卒業	広東省	北京口腔医院名誉院長→北京大学教授
275	217		王　瀛	1942		1946卒業	四川省	不明
276	T25	薬	廖継思	1942		1944卒業	台中市	ライオン油脂KK 研究部→台中大薬房薬剤師→台中商業学校教諭→七星製薬公司工場長
277	T26	薬	王橋棟	1942		1945卒業	台湾	集集中学教師
278	218	薬	王占奎	1942		1945卒業	中国	不明
279	219	薬	下瀅新	1942		1945卒業	中国	不明
280	220		温士潁	1943		1947卒業	中国	不明
281	221		董徳文	不明		不明	中国	上海東南大学医学院教員
282	T27		郭来春	不明		不明	新竹県	千葉医大第一内科医師→中国石油新竹研究所医師→親仁医院(開業)

注：1）「国」欄のKは朝鮮、Tは台湾、無記号は中国の出身者。
2）「革命」欄の「●」は留学生が紅十字隊への義援を求めた1911年作成の檄文に名前が載っている者、「▲」はそれ以外で辛亥革命に関わったことが判明した者を各々示している。
3）1923年に千葉医学専門学校が千葉医科大学に昇格したため、医科大学に入り直した学生が複数名いる。
出典：『千葉医学専門学校一覧』（各年版），『千葉医科大学一覧』（各年版）ほかに拠る（詳細は本文を参照）。

No.	国	医薬	名前	入学	革命	卒業年	出身地	勤務先など
227	T6	薬	盧茂川	1927		1930卒業	台湾	全安堂薬局(台中市)→市会議員（台中市)→台湾合板会社重役
228	K30	薬	鄭泰行	1927		1930卒業	朝鮮	平壌慈恵病院薬局
229	193		鄭万育	1928		1932卒業	江蘇省	広西省立医学院産婦科教授→浙江医薬専門学校教授
230	194		劉詠昇	1928		1933卒業	江西省	不明
231	195		胡烈	1928		中退(1933)	福建省	——
232	196	薬	王琨	1928		1931卒業	雲南省	広西省立医学院附属医院薬局主任、浙江民生製薬廠技師→浙江医薬専門学校教授
233	T7	薬	李徳財	1928		1931卒業	台湾	鎮長(台北県北投鎮)
234	T8	薬	林敬栄	1928		1931卒業	台湾	不明
235	197		邵巌	1929		1933卒業	浙江省	浙江省立医薬専門学校教授、上海東南医学院教授
236	T9	薬	蔡然捷	1929		1932卒業	台湾	勝大貿易公司社長(台北)、金長味製薬公司社長(雲林県北港鎮)・金長味製薬公司(雲林県北港鎮)社長
237	T10	薬	蔡則楷	1929		1932卒業	台湾	蔡薬局(嘉義市)
238	198	薬	徐伯鋆	1929		1932卒業	浙江省	浙江省立医薬専門学校教授、杭州中央航空学校教官
239	199		葉曙	1930		1934卒業	湖北省	千葉医科大副手(病理学)→上海東南医科大学(1938年博士号取得)→台湾大学教授
240	200		王烈	1930		1934卒業	四川省	千葉医科大副手(皮膚・泌尿器科)→東南医大教授
241	201	薬	林光	1930		1933卒業	広東省	広州にて薬剤師
242	T11	薬	李麟国	1930		1933卒業	台湾	長源薬局(屏東県東港鎮)
243	202	薬	住昂	1930		1933卒業	中国	不明
244	203		李天佑	1933		1937卒業	広東省	千葉医科大副手(眼科学)
245	204		孔禄郷	1933		1937卒業	浙江省	千葉医科大副手(法医学)(1941年博士号取得)
246	205		李偉	1935		1939卒業	広東省	千葉医科大副手(1945年博士号取得)
247	M1	薬	馮学巽	1935		不明	奉　天(満州)	不明
248	206		林濬哲	1936		1940卒業	福建省	不明
249	207		張斟滋	1936		1940卒業	山東省	山東省人民政府衛生庁、濰坊楽道医院
250	208		楊徳	1936		中退	広東省	——
251	209	薬	戴昌世	1936		1939卒業	浙江省	不明
252	T12	薬	洪木火	1936		1939卒業	台湾	厚生製薬公司社長(彰化市)
253	T13	薬	蘇友玄	1936		1939卒業	台湾	応元化学製薬公司 社長(台南市)
254	210		陳希声	1937		1941卒業	湖南省	不明
255	K31		全柱植	1937		1942満了	咸鏡南道	専攻生：千葉医科大外科副手(1942年博士号取得)
256	T14		呉寿典	1937		1941卒業	新竹州	千葉医大副手(生理学)(1945年博士号取得)
257	211		銭祖武	1937		不明	浙江省	専攻生
258	212		韓宗琦	1937		不明	浙江省	専攻生
259	213		方祝康	1937		不明	浙江省	専攻生
260	214	薬	沈吉淳	1937		1940卒業	中国	不明
261	T15	薬	葉天徳	1937		1940卒業	台湾	新高薬局（嘉義市)
262	215		謝柱林	1938		1941卒業	中国	(千葉医大附属臨時医学専門部卒)
263	T16		許子哲	1938		1941卒業	台中州	千葉医大内科講師→千葉市立葛城病院院長→台中市済仁医院(開業)、広済医院

れた情報[11]も参照にした。史料によって、留学生名の表記などが異なることもあったが、看取しえたものを最大限拾い上げ、名簿を作成している[12]。

［補］戦時下の「千葉医科大学臨時附属医学専門部」の留学生たち

一九三九年五月、戦時下対応のため、帝国大学および官立医科大学に「臨時附属医学専門部」を置くべき旨の命が文部省から下され、千葉医大でも五月に設置された[13]。『千葉大学ゐのはな同窓会会員名簿』によれば、この「医学専門部」の最初の卒業生は、一九四二年九月であり、そこには謝柱林【262】の名があった。また、鄭光輝【271】も四三年卒業生とされるが、「専門部」卒として名簿に見えるのは、この二人だけである。

ところが、「大東亜省」がまとめた「各地域留日学生　大学・学校別数（一九四五年九月二〇日現在）」によれば、この時六三五名の留学生がまだ日本で学んでいたとされ、千葉医大にも「蒙古」学生が二名、また千葉医大臨時附属医学専門部に「中華民国」からの留学生が一三名いたと記録されている[14]（前者はいわゆる「蒙疆政権」からの派遣留学生と思われる）。

筆者が作成した留学生一覧（図表1-1）で、一九三九年以降に「中華民国」から入学した学生は五名である。この五名が、仮に四五年九月二〇日現在、千葉に残っていたとしても、さらに十名近い留学生がいたことになる。しかし、残念ながら、上記史料は「一三名」という数字を示すのみで、氏名の記載がない。一方、同窓会名簿に載る「専門部」卒者は先に挙げた二名だけである。十数名の学生が実際この時期に在学していたのか否か、現状では確認するすべがないため、留学生総数に加えていない。

一方、「大東亜共栄圏」の諸地域から、国費留学生を招く「南方特別留学生招聘制度」が始まり、一九四三年度に一期生一〇四名、四四年度に二期生一〇一名を受入れている[15]。このうち一期生のタイ学生四名が、四五年四月、千葉

図表1-2　千葉医専・医大における在籍留学生の特色（1899～1947年）

（単位：名）

地域名	医薬別	入学者	卒業者	卒業率	中退者	中・卒不明
中国	医学	162	113	70%	45	4
	薬学	59	50	85%	9	0
	計	221	163	74%	54	4
「満州」	医学	0	0	0%	0	0
	薬学	1	0	0%	0	1
	計	1	0	0%	0	1
台湾	医学	12	6	50%	4	2
	薬学	15	15	100%	0	0
	計	27	21	78%	4	2
朝鮮	医学	30	21	70%	8	1
	薬学	3	1	33%	2	0
	計	33	22	67%	10	1
計	医学計	204	140	69%	57	7
	薬学計	78	66	85%	11	1
	総計	282	206	73%	68	8

出典：図表1-1から作成した。

医大附属薬学専門部に入学したものの、「宿舎なく、通学不可能のため、日本語学校再入学」し、翌四六年一月には帰国したとされる。さらに、二期生のジャワ出身学生が一人、四五年四月千葉医大専門部に入学し、さらにその後、四九年四月慈恵医大本科に入り、五三年三月卒業したとされる[16]。しかしながら、これらの記録は千葉大学側に残っておらず、実態が不明なため、これらも、「留学生名簿」から外している。

2　国・地域別、専門別の特色

千葉医専・医大に在学した二八二名中、中国（清国、中華民国）籍の学生が二二一名（七八％）と大多数を占めた。また、朝鮮は三三名（一一％）、台湾は二七名（一〇％）だった[17]（図表1－2）。専攻別では、医学が二〇四名（七二％）、薬学が七八名（二八％）に分かれたが、卒業率については、薬学が高かった。

3　年次別在籍者・入学者の特色

近代日本で学んでいた中国人留学生の総数については、「序」で示した。一方、千葉医専、医大の留学生数は、どの

図表1-3　千葉医専留学生在籍数の変遷（1899～1922）

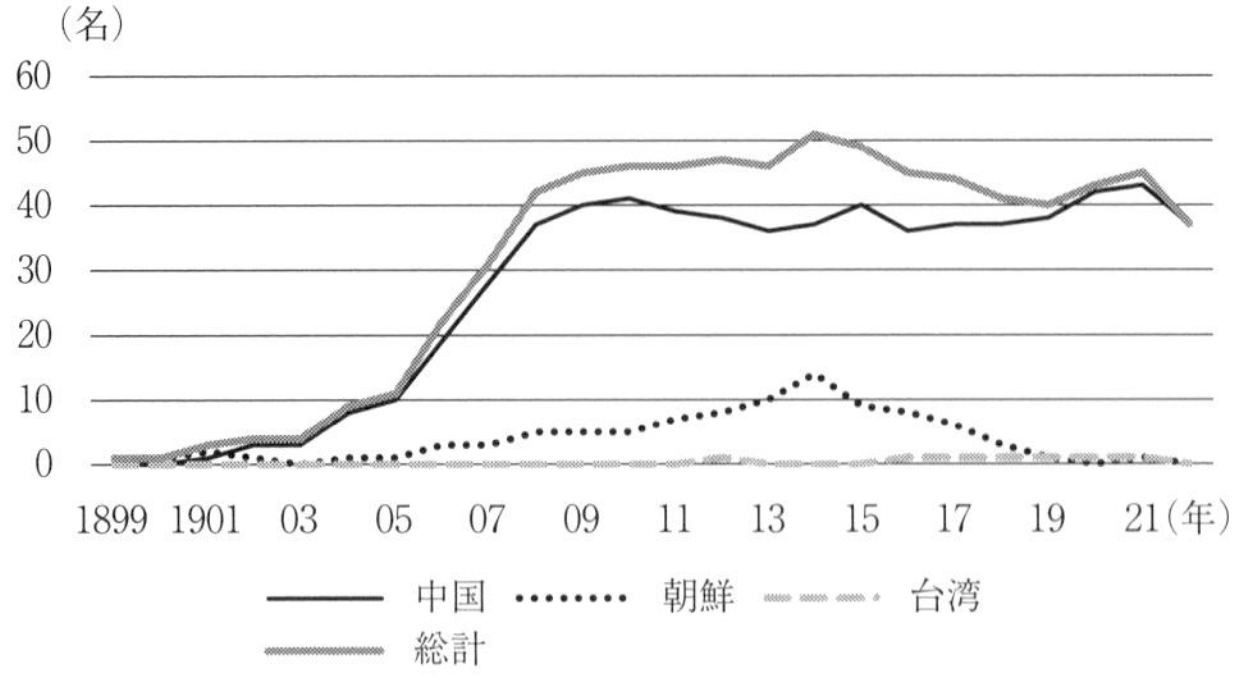

図表1-4　千葉医大留学生在籍数の変遷（1923～45）

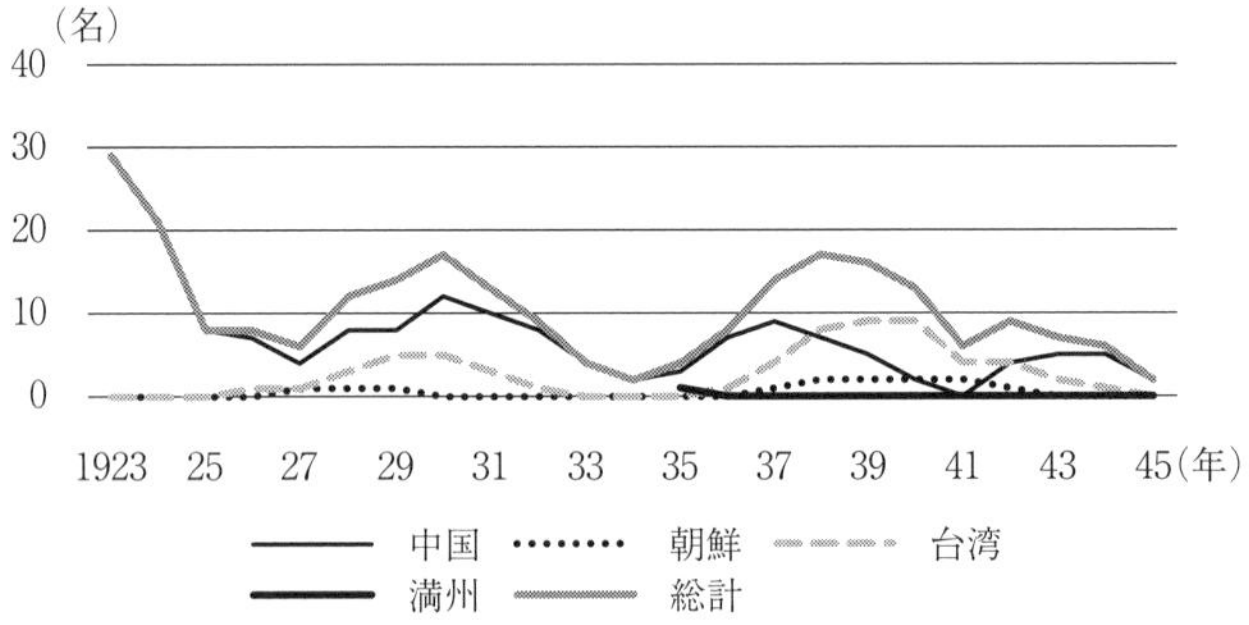

出典：図表1-1から作成した。

ように推移していったのか。図表1-3・1-4は医専と医大に入学した中国・朝鮮・台湾留学生数の推移である。中国学生については日露戦争後から増え始め、とりわけ「五校特約」により、一九〇八年から一〇名の中国留学生入学枠が用意されたため、四〇名前後が一五年間在籍し続ける。この時期の千葉医専医学科一学年の在籍数は、全体で一〇〇名前後、薬学科は二〇名前後であった。留学生は定員外だったが、在籍生のそれぞれ一割程度を「五校特約」時代に受入れていたのである。辛亥革命の影響を受けた一九一二年を除き、入学者は安定していたが、特約が廃止された二三年以降は在籍者が減っていく。しかし、敗戦時まで数名が在籍し続けた。

4　各国留学生の出身地域などの特色

(1)　中国留学生出身地域の特色

千葉医専・医科大時代の中国留学生二二一名のうち、出身省がわかっている学生は一八五名（八四％）である。最も多かったのは、浙江省出身者で、全留学生の四分の一にあたる。隣の江蘇省出身者も多く、両省で半分近くを占めた。また、広東や福建など南部出身者がそれに続き、北部から来ている学生は少数派であった。なお、浙江省は日本への留学生派遣を早い時期から実施していた地域で、派遣数もトップクラスであった。魯迅・蔣介石・秋瑾など著名な人物も輩出している[18]。

(2)　朝鮮留学生出身地域の特色

一八九九年入学の朝鮮留学生が最初の留学生であったが、一九四五年までに三三名が在籍していたことが確認できる。そのうち、出身地域が判明しているのは、二五名である。その半数は京城（現在のソウル）出身で、平安道がそれに次いだ。総数が必ずしも多くないので、傾向や特色は論じにくいが、中部から北部地域からの留学生が多かったようである。

(3)　台湾留学生の特色

台湾から入学した二七名については、その出身地欄に「台湾」としか書かれていないケースが一七名で、三分の二を占める。その他は、台湾各地から来ているが、東部地域からは少ないように思える。また、専攻分野は薬学が五六％であった。中国出身者での薬学専攻者が二七％、朝鮮に至っては九％しかいなかったのと比すると、台湾からの

図表1-5　台湾医学者の日本留学先

	校名　（現在）	人数	百分比
1	東京医学専門学校（私立東京医科大学）	212名	18.6%
2	昭和医学専門学校（私立昭和大学医学部）	135名	11.8%
3	岩手医学専門学校（私立岩手医科大学）	108名	9.5%
4	日本大学医科（日本大学医学部）	86名	7.5%
5	東京女子医学専門学校（東京女子医科大学）	67名	5.9%
6	日本医科大学	64名	5.6%
7	九州医学専門学校（私立久留米大学医学部）	63名	5.5%
8	名古屋帝大医学部	40名	3.5%
9	長崎医科大学	34名	3.0%
10	九州帝大医学部	30名	2.6%

出典：卞鳳奎『日治時期　台湾留学日本医師之探討』2011年、107頁から作成。

留学生は薬学志望が多かったようである（この点、本章三6の証言も参照）。

また、医学薬学を専攻した台湾学生の留学先の特色を卞鳳奎の研究（前掲）を参考に明らかにしておきたい。同書は、台湾で発刊されている『台湾医師名鑑』掲載の医師三三九七名のうち、一一四〇名を元留日医学生とし（全体比三四%。同書四四六頁）、留学先も示している。その最多校は、東京医学専門学校の二一二名だった。それを図表1-5で示したが、七位までが私学で、八位にようやく官立の名古屋帝大医学部が登場する（ちなみに、同書では、千葉医大の卒業者は四名のみとされているが、筆者がまとめた図表1-1では入学者は一二名、卒業できたのは六名であった）。次章で、千葉医専が中国留学生受入れ校のトップであったこと、その他も官立がほとんどであったことに触れるが、台湾人の留学先は私学が中心であったようである。こうなった理由として、植民地下の台湾学生は、日本内地の官立学校に入ることが難しかったこと、その一方で、富裕層の子弟が私立の医学校に進んだことなどが指摘されている[19]。

また、卞の著書から、子弟のほとんどを日本に留学させた富裕層の事例を紹介したい。たとえば、八名の子どもをすべて日本留学させた林汝言である（八二頁）。すなわち、長男の①林澄波は東京高等工業学校、②林澄瑩は、千葉医専を中退し、新潟医専、③林澄清は大阪府立医大、④林江柳は第一高等学校（同校で最初に学んだ台湾人だったとのこと）、⑤林貫世は東京慈恵医大、⑥林鑽燧は法政大学経済、⑦林澄秋は東京農業大学、⑧林澄洲は法政大学英文科および中央大学法学科で学んだと言う。②の林澄瑩【100】は、一九一二年に千葉医専初めての台湾留学生として入学しながらも中退していたのだが、新潟医専に移り、卒業したことが同書から明らかになった。

さらに、別の史料によれば、台中市名士の盧壬興は、長男の盧茂川【227】を千葉医大薬学科（一九三〇年卒）に留学させたほか、兄弟全員を日本留学させている。[20] 次男は大阪商大、三男は早稲田大学政経科、四男も早稲田の法科、長女は明治大学、次女は九州大学でそれぞれ学ばせたという。ここからも、台湾の有力者が子弟を積極的に日本留学させていたことを確認できる。[21]

一九〇五年の科挙制度廃止が、中国人の海外留学を促した一因であったことを「序」で触れた。必然的に、それは伝統的な知の世界にいた知識人＝「読書人」たちの人生選択を大きく変えていく。とりわけ、日本領に組み込まれた台湾人の日本留学には複雑な想いが付随していたとする見解が残されている。「日本領台後は〔略〕官吏となることを目的とする読書人社会が、内地人官吏の配置によりて、全然その機能を封鎖されてしまい、一般良民社会を同等なる階級に堕落するやうになった。〔略―日露戦争の勝利で台湾の清国復帰も容易に見込みがつかなくなり〕読書人社会は、日本の統治下において、日本流に社会的地位を獲得する外に道はないと考え、爾来その子弟をして日本の新教育を受けしむることに努むるようになった。東京留学生の増加したのも、その為めである。〔略〕しかるに、折角東京まで留学して学業を修めても、台湾に帰っては官吏になれない。何のための学問修業であるか、訳が分らなくなる。〔略〕また一方においては、支那から来た留学生は東京において、同様に学問して支那に帰れば、直に相当な、もしくは相当以上の高官に任ぜられる。本島人留学生は羨望に堪えない。と同時に台湾を顧みて、不平に堪えない」云々。[22]

この史料は、一九二〇年代に台湾議会設置運動が隆盛した背景を探るための論評だが、大陸からの留学生とは異なる煩悶を抱えていた台湾人の心理を代弁しているだろう。[23]

本書の叙述は総体として、留日学生が母国の「近代化」に担った役割を評価する面が多いが、植民地下の台湾およ

図表1-6　文部省直轄学校に在籍した中国留学生数の変遷（1907年→1914年）

学校類別		学生数 計	学校名（学生数；1907年→1914年）
帝国大学		45→101	東京（35→45）、京都（10→20）、東北（※→33）、九州（※→3）
官公立大学		19→　0	札幌農科（19→0）
高等師範学校		46→ 82	東京（44→72）、広島（2→4）、東京女子（※→6）
官公立専門学校	高　校	58→134	一高（31→62）、二高（5→14）、三高（13→13）四高（0→5）、五高（3→11）、六高（0→11）、七高（6→10）、八高（0→8）、
	高等農業	9→ 10	盛岡（9→0）、鹿児島（※→10）
	高等工業	98→198	秋田鉱山（※→4）、東京（73→140）、京都工芸（2→9）、大阪（23→30）、名古屋（※→14）、熊本（※→1）
	高等商業	41→ 42	東京（41→27）、神戸（※→3）、山口（※→5）、長崎（※→7）
	医学系	19→ 79	千葉（18→38）、金沢（※→1）、岡山（※→12）、長崎（1→28）
	その他	28→ 20	東京聾唖（0→1）、東京外語（15→0）、東京美術（4→12）、東京音楽（9→7）
計		363→666	

注：※印は1907年段階で創立されていなかった学校。
出典：外務省記録文書『在本邦清国留学生関係雑纂　第一、第二』（二見剛史・佐藤尚子「中国人日本留学史関係統計」『国立教育研究所紀要』第94集（アジアにおける教育交流）1978年、から作成した。

び朝鮮の若者たちに様々な葛藤を生じさせたことを看過するものではないことは明言しておきたい[24]。

5　他大学と千葉医専・医大の留学生受入れの異同・特色

ここまで、千葉医専・医大における留学生受入れの特色を一瞥してきた。本項では、同校の留学生受入れの特色を全国の関連学校の中で位置づけておきたい。図表1-6は、文部省直轄学校に在籍していた中国留学生数が、一九〇七年度と一四年度でどう変わったのかをまとめたものである。前者における在籍者は三六三名で、東京高等工業学校（現・東京工業大学）が七三名で最大の受入れ校だった。そして、医科系では一八名在籍の千葉医専が他を引き離した第一位だった。一方、一四年に至ると、全体数は六六六名とほぼ倍増し、千葉医専も三八名（二・一倍増）を受入れている。他の医専でも、長崎が一名から二八名に、岡山が〇名から一二名に大きく増やした。医学系は教育・学問の性格上、他の教育分野に比べ収容能力に限りがある。そうした意味からも、千葉医専が「五校特約」の十五年間、全国でトップの四〇名前後の医薬留学生を受入れ続けていたことは、改めて認識・評価されるべきであろう。

三　千葉医専・医大留学生の留日生活の一端

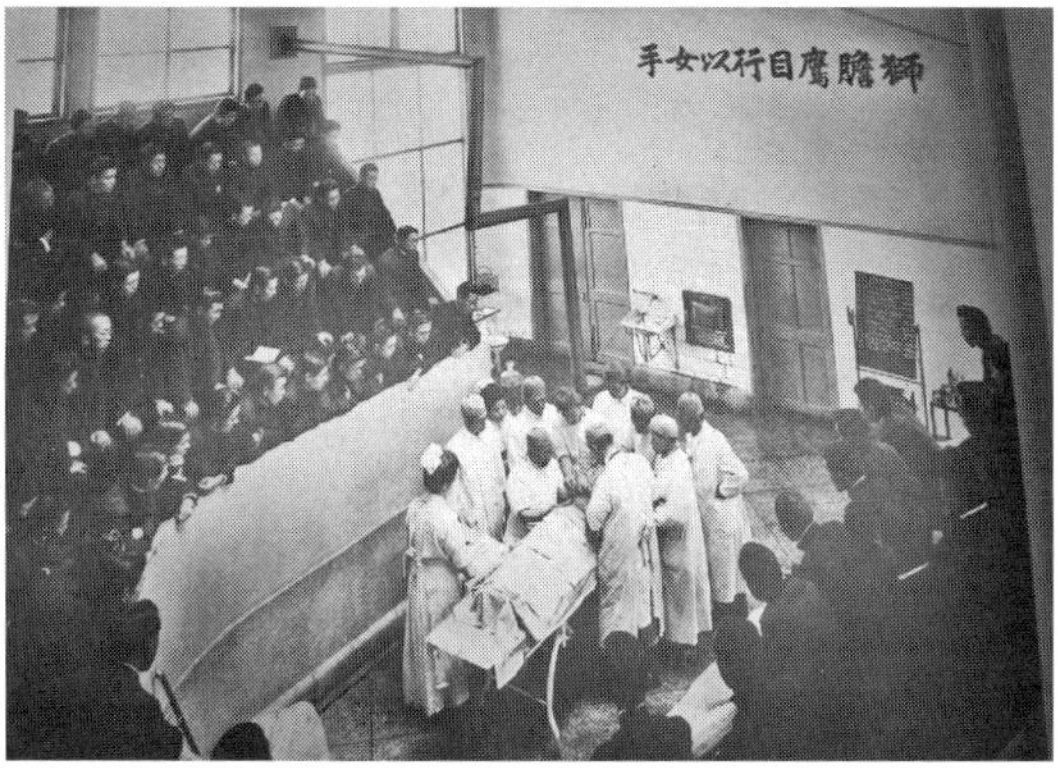

写真1－3　外科授業風景（1921年）

壁に掲げられた文字は「獅胆鷹目行以女手」で、外科手術の心得を説いている。
（『千葉医学専門学校卒業アルバム1921』千葉大学附属図書館亥鼻分館所蔵）

1　千葉医学専門学校のカリキュラム

当時の官立学校は、学校の概要（在籍者名も含む）を『××学校（大学）一覧』という冊子にまとめ、毎年出版していた。そこで、『千葉医学専門学校一覧』の一九〇一年版と一九一四年版に載せられている「学科課程」から、当時どのような科目が置かれていたのかを確認しておきたい。

まず創立された一九〇一年の「医学ノ科目」は、「解剖学、生理学、病理学、薬物学、内科学、外科学、眼科学、産科学、婦人科学、衛生学、法医学」であり、「外ニ副科トシテ倫理学、独逸語、物理学、化学、体操ヲ課ス」とされていた。それが、一九一四年に至ると、「修身、独逸語、化学、解剖学、生理学、医化学、衛生学、細菌学、病理学、薬物学、内科学、外科学、皮膚病学、黴毒学、耳鼻咽喉科学、眼科学、産科学、婦人科学、精神医学、法医学、体操」となった（傍線は、一四年に追加された科目。以下同じ）（写真1-3参照）。

一方、「薬学ノ科目」は、「化学、薬用植物学、分析学、衛生化学、裁判化学、生薬学、薬局方、調剤学、製薬化学、薬品鑑定」とされ、「外ニ副科トシテ倫理学、独逸語、鉱物学、物理学、体操ヲ課ス」とされた。それが、十三年後には、「修身、独逸語、鉱物学、化学、薬用植物学、生薬学、分析学、衛生化学、裁判化学、薬局方、薬品鑑定、調剤学、薬化学、機械学大意、薬品工業学、体操」に転じている[25]。

十数年の学問の発展に伴い、新たな科目が加えられたことがわかるが、それとともに、「倫理学」が「修身」に替えられたことは、高等教育機関でも「思想問題」が浮上してきたが故の対処と考えられる。

なお、中国留学生は「漢方医学（中医学）」的知識ではない、新しい「西洋近代医学」を学ぶために来日している。そうしたなか、薬学科に設けられた「薬用植物学」、「生薬学」が伝統的学知とどのようなバランスを取った講義がなされていたのかは、きわめて興味深い。

2　医薬学術団体・学会との関わり

千葉医専の留学生たちは、学術研究に勤しむ意志が強く、学術団体さえ創設した。本項では、それらから留日学生が中国の近代医学発展に積極的に貢献した側面を見ていきたい。

(1)　中国医薬学会

これは、一九〇七年に、千葉医学専門学校内に設立された団体で、雑誌『医薬学報』を出版する母体でもあった。同誌は〇七年一月に第一号（図表1-7）を発刊し、事後隔月刊で一二冊出た。一九〇九年二月から月刊になり、さらに一二冊発刊の後、停刊されたという。編集は、方擎【20】が担当したとされる[26]。

図表1-7　『医薬学報』第1号（1907年1月）目次（抄）

発刊辞（張脩爵）
論文
医薬学之価値（王若儀）、創立製薬会社為当今講求実業之急務（汪與準）、西洋医学史（沈王楨）、自然界之観察及動植物之区別（薛宜琪）ほか
学説
〇解剖学　解剖学之沿革（汪行恕）、〇比較解剖学　人之猿類的起源（劉慶綬）ほか、〇生理学　体温（方擎）、〇薬物学　鴉片説（王若儀）ほか、〇内科学　肺結核之予防療法（侯毓汶）、〇外科学　狂犬病（王若儼）、〇花柳病学　梅毒論（王若儼）、〇衛生学　普通消毒法（沈王楨）、〇化学　蛋白質之反応（彭樹滋）ほか、〇衛生化学　飲料水之検査法（張脩敏）、〇製薬化学　明礬、軽粉（汪與準）。
雑録
肺結核免疫法之新発見、凍瘡之洗療法、体格与遺伝之関係ほか。
通俗講話
座浴法（方声洞）、育児法（沙世傑）
通信
日本製薬会社調査概略（汪與準）

注：「雑録」には、筆者の名前は入っていない。

二〇〇〇年に中国で出された『中国医学通史　近代巻』は、「一九一二年の民国建国から抗日戦争に至る間は、西洋医薬雑誌の発展成長期であった。辛亥革命後に社会の空気が変わり、西洋医学の医院と医学校は日ごとに増えた。また、新文化運動の影響で、西洋医薬雑誌が続々と誕生した」と叙述し、その先駆けとして「一九〇七年、留日学生が、中国医薬学社編集出版の『医薬学』、中国国民衛生会編集出版の『衛生世界』を日本で創刊した」と明記する。前者は千葉医専の「中国医薬学会」と『医薬学報』のこと、後者は金沢医専学生による団体と雑誌である。同書には、近代中国で出された「主要西洋医薬雑誌」三九二誌が出版年次等の情報とともに、一三頁にもわたり掲載されている。一八八〇年の『西医新報』（広州、編者はアメリカ人）が最初で、次いで八六年の『医学報』（広州）、八七年の『博医会報』（上海）、一九〇六年の『衛生学報』（上海）、〇六年の『医学知新報』（広州、編者はドイツ人）、それに続く六番目に〇七年二月の『医薬学報』（日本・千葉医学専門学校）、七番目に〇七年六月の『衛生世界』（日本・金沢医学専門学校）が挙げられているのである[27]。

一八八〇年に西洋医学雑誌の第一号が出されてはいたものの、

千葉医専留学生が創刊した『医薬学報』がここに位置付けられているのは驚くべきことである。この雑誌が近代中国で発行された四百余雑誌のうち、最も早期の一つであるとすれば、千葉の留学生たちが、中国の近代医学にもたらした影響は非常に大きいものがあったと言えよう。

『医薬学報』誌は、日本国内で確認できていないが、北京の中国国家図書館で、第一号（一九〇七年一月）から第一一号（一九〇八年一一月）の所蔵が確認できている。そこに載せられた記事の中から興味深いものをいくつか日本語に訳し、紹介しておきたい。

① 学会の規約（第一号［一九〇七年一月］の巻末所収）

中国医薬学会規約

一　名称　中国医薬学会

二　宗旨　新理《ママ》を輸入し、実学を研究し、以て我国医界の改革、薬学の進歩を謀《ママ》る。

三　会員　日本千葉医学専門学校医薬二科に留学する学生が之を組織する（本会は草創まもないが、同人により組織され、日本欧米各医薬学校への留学者および内地医薬界諸君に対して、内外の別なく本会に同情を表する者すべてが随時入会できる。千葉の一隅に限らず、中国医薬界の前途となる）。

四　職員　会員の推薦により二名（庶務一名、書記一名）が会を処理する。半年で交代し、延長はできない。

五　事業　暫くは学術・交通の二部を置く。実力が拡張した後は、他の部を増設する予定とする。

学術部

（甲）『医薬学報』の発行

学報部職員　総編輯（一名）が学報を編輯する。会計（一名）が学報の収支を担当する。発行（一名）が学報を発行する。みな半年で交代し、延長はできない。
編輯員　本会会員は全体がこれを担当する。
経済　　本会会員は全体がこれを担当する。
発行期　二ヶ月に一冊、継続的に発行する。
(乙) 学術の研究
本会会員は、学校の授業のほか、特別研究を各科で開会し、成績報告、学理演説をする。
交通部
(甲) 通信機関部
国内通信員　各地の医薬界の情報を処理する。
外国通信員　日本欧米医薬界の情報を処理する。
(乙) 実地調査部
国内調査　内地の医薬界の事業をすべて調査し、本会の改革振興を図る。
外国調査　各国医薬界の旧事業および新しい発明の調査を承け、それを模範とする。
附設運動部
(甲) 陸上　庭球
(乙) 水上　端艇
六　開会　毎年例会を二度開き、会事を報告する。職員は、臨時会議を必要に応じ、開会する。
七　仮事務所　日本千葉県千葉町寒川新田一千一百五十六番地　辻川方

② 「発刊の辞」（第一号〔一九〇七年一月〕一～六頁）

時は丙午〔一九〇六年〕の秋にあたり、同人は「中国医薬学会」を組織することにした。そして翌年春をもって当機関誌雑誌の準備をしっかり行い、第一編の誕生を用意した。この発刊の辞を掲げる私は、医薬のことに携わり、生死を骨肉のように重んずる。また一人の学報者としては、啓蒙の責任を負っている。いま試みに、医薬学報の歴史を国内で探し、我が中国医薬の学を顧みると、それは遠く神農黄帝に胚胎するが、金元以降、医薬学の作者は皆無であった。かつ学報の名称もまたここ十年以来の創見で、すなわち本編の体制をもって論じれば、真に空前絶後の作となる。将来「中国医薬学会」の勢力は膨張し、後の医界巨匠として、二十世紀に異彩を放つであろう。〔中略〕

ああ、二十世紀の曙光が、いま麗しく東にとどろく。本報はこの時機を利用し、我が医界勃興の先導となす。医薬のことは、ひたすら浮説で勝つのではなく、必ず長年の経験に頼らなければならない。本報の目的はすなわち医薬を攻究することにあり、ひたすら盲従し、責任逃れすることなく、必ず最新の学説に頼ることにある。さらに、本報の目的は、医薬を輸入し、同化を尊ぶことに頼るのではなく、固有の習慣及び確かな国学は必ず保たなければならない。本報の目的はすなわち表章にあり、その性質は純科学的であり、宗教的ではない。故に弛まず束縛されない思いが、どんどん強くなっている。本報で発生する現象がこのようであれば、私は予言者ではないが、身代わりとなって、これを祝う。

③ 創設一周年記念大会の様子（第九号〔一九〇八年五月〕九～一二頁）

「本会記事」「本会週年〔一周年〕紀念大会記事」

本会は、丙午（一九〇六年）冬に成立し、翌年春正月、学術部の組織により『医学報〔医薬学報〕』を隔月一冊発行した。出版以来、同人たちは力不足ではあるが、苦心を重ねた結果、幸い経営は順調にいった。発刊以来、国の内外を問わず、連携し、入会する者が百余人にも上った。戊申〔一九〇八年〕は本会が成立し、学報を発行して一周年であるため、同人たちは協力と慰労をするため、茶話会を千葉の方君の住まいで開いた。また東京で大会を開くこと、その趣旨を発表することが提議され、同志間の連携を得た。それは一挙両得なので、多数がこれに賛成した。陽暦五月五日に、東京神田・中国青年会を借り、本会一周年紀念大会を開くことが決議された。この日は日本の大祭日でもあり、各校が一律休暇となるためである。張修爵君の提議により、すべてのプログラムが以下のように決まった。

一　報告
二　演説
三　学術講演（医科薬科両部を兼ねる）
四　余興（演劇・音楽・幻燈を兼ねる）数種

方法と順番を議論した後、臨時選挙を行い、幹事を以下のように決めた。

機械部　王儀〔王若儀〕君、侯毓汶君、王儼〔王若儼〕君、張修敏君
書記部　張修爵君、華鴻君、汪行恕君、銭楽真君
演芸部　劉慶綬君、沙世傑君、王麟書君、王琨芳君、李鳴陽君
庶務部　沈王楨君、方擎君、方声洞君
会計部　薛宜琪君、呉道益君

選挙が終わると、各部による職務が始められた。機械部は、この日の学術講演に必要な各種機械や薬品等を借り、また購入した。書記部は、『大会紀要』一冊を編纂し、開会趣旨や講演要旨を掲載した。本会で簡章改訂を行った後、当日来会した諸君にそれを渡した。事前に駐日公使の李君に了承を得、また本会に賛同した楊君、過君、鐘君、貴君等がそれぞれ祝辞を最初に述べた。また、演芸部と賛同した李君、白君、蔡君など十余人が、新劇「新蝶夢」を作っ

た。また庶務部は会場組織を整理した。会計部は経費支出を扱った。

開会の日、午前八時に各員すべて（遠隔地在住を除く）がまず会場に到着し、一切を準備した。十二時頃には、人々が入場券を争って求め、また前売券を持って到着した人が踵を寄せた。そして遂に、午後一時開会した。この日の式次第は次のようであった。

一　開会報告の辞　（侯毓汶君）
二　祝辞　（副監督張君、銭崇潤君、喬宜斎君、謝祖元君）
三　演説　（王儀〔王若儀〕君、汪行恕君）
四　学術講演の甲　開腹術の動物試験（王儼〔王若儼〕君、沈王楨君）
五　学術講演の乙　鬱血療法（侯毓汶君）
六　学術講演の丙　電気治療の原理及びその応用（張修爵君）
七　学術講演の丁　裁判化学上砒素の検査（彭樹滋君、張修敏君）
八　学術講演の戊　愛克斯〔エックス〕光綫の実践およびその説明（王儀〔王若儀〕君）
九　余興の甲　二人羽織（李濤痕君、白鶴汀君）
十　余興の乙　ピアノ独奏（潘英君）
十一　余興の丙　バイオリン独奏（馮〇〇（ママ）君）
十二　余興の丁　琵琶独奏（施頌伯君）
十三　余興の戊　胡琴、琵琶合奏（〇〇〇（ママ）君）
十四　余興の己　「新蝶夢」新劇（李濤痕君脚本）
十五　医事幻燈　①細菌標本、②救急法、③梅毒、④肺結核（王儼〔王若儼〕君、沈王楨君）

十六　閉会

閉会は、午後十一時を過ぎていた。この日、券を買って入場した者は約六百名で、特別招待を受けた者も二百名いた。新聞記者や本会会員なども約百数十名で、合計千人余集まった。この日は、十分な施設も提供できず、趣味も浅薄で、来会諸君の希望を満足させることができなかった。しかし、参加者は盛会であったと言い、各担当の余興は皆を満足させ、雷のような拍手が響いた。つまり、本会は、諸君の参加を得て、満足のいく成果を得られた。本会は会員全員の尽力を得ずに、この成 績《ママ》を上げることはできない。一言、深謝を表したい。

④　卒業生の送別会の様子（第一一号［一九〇八年一一月］、一頁）

「本会記事」

本会会員王儀〔王若儀〕君、王儼〔王若儼〕君、侯毓汶君は、本年秋をもって千葉医学専門学校を卒業した。ここに陽暦九月二十六日、特別会を開き、別れを告げる。その冒頭、庶務幹事の劉慶綬君が開会の理由を報告し、次いで、沈王楨君・張修爵君が送別の祝詞を述べ、終わると、王儀君・侯毓汶君が相次いで立ち、答詞を述べた。王君が述べた概要は、中国医薬学の前途は、我が医薬学会が絶大な希望と責任を負っている。すなわち、医薬学会会員諸君は、僕等とともにそれを担う希望を持たない訳にはいかない。本会会員の一人として、今回卒業帰国し、必ず本会の勢力を拡張することを目的とし、将来の中国医薬学改良に尽力し、微力をもって自賛することを決してしない。今日、諸君が本会の名義で僕等のために小宴会をしてくれたこと、また本会に願望することを述べたところ、割れるような拍手が響き、その後も会員の演説が多く続き、また晩餐会も開かれた。

⑤「留学日本医薬学校同人姓名調査録」（『医薬学報』第六号、［一九〇七年一一月］）

千葉医専に事務局を置く「中国医薬学会」の会員名簿と同一か否かは決め難いが、一九〇七年秋段階で、千葉医専の学生たちが把握していた留日医薬学生の氏名・在籍先を示す資料であることは間違いないため、図表1-8として併せて紹介しておく。名前がある九四名のうち、最大勢力は千葉医専の二六名であった。ついで、同仁医学校[28]の一六名、長崎医学専門学校（現・長崎大学医学部）一一名、大阪府立高等医学校（大阪大学医学部）八名、仙台医学専門学校（東北大学医学部）六名、私立東京医学校（日本医科大学）五名、金沢医学専門学校（金沢大学医学部）五名、東京医科大学薬科[29]四名、京都府立高等医学専門学校（京都府立医大）四名、私立東京薬学校（東京薬科大学）四名、熊本《（原史料ママ）》私立医学専門学校（熊本大学医学部）三名、東京女医学校（東京女子医大）一名、京都医科大学医科[30]一名、となっていた。

以上、『医薬学報』に載せられた千葉医専留学生たちの動静がわかる史料を五点に分け、紹介した。雑誌「発刊の辞」に込められたきわめて強い決意、一周年記念会に千人もの人々が参集したとの記事、また帰国を前にした学生が「中国医薬学の前途は、我々の中国医薬学会が絶大な希望と責任を負っている」との自信に満ちた答辞などから、当時の留学生の熱き想いが伝わってくるだろう。

このような気概で帰国した彼らの活躍については、第二章で紹介していく。なお、図表1-1として付した名簿には、既に職業遍歴等が記載されているので、そちらも参考されたい。

(2) 中華医学会

一九一五年二月に、中国で設立され、「医家の交誼を強固にし、医徳医権を尊重し、医学衛生を普及し、華洋医学

図表1-8 「留学日本医薬学校同人姓名調査録」(1907年)

番号	名前	出身地	在籍校／専攻	千葉への入学年	千葉への卒業年
1	王若儀	江蘇・漂陽	千葉医学専門学校医科	1904	1908修了
2	王若儼	江蘇・漂陽	千葉医学専門学校医科	1904	1908修了
3	侯毓汶	江蘇・無錫	千葉医学専門学校医科	1904	1908畢業
4	張脩爵	江蘇・上元	千葉医学専門学校医科	1905	中退（1909）
5	沈王楨	浙江・海寗	千葉医学専門学校医科	1905	1909畢業
6	張脩敏	江蘇・上元	千葉医学専門学校薬科	1905	1909畢業
7	彭樹滋	江蘇・呉縣	千葉医学専門学校薬科	1905	1908修了
8	方　擎	福建・侯官	千葉医学専門学校医科	1906	1910修了
9	方声洞	福建・侯官	千葉医学専門学校医科	1906	中退（1911）
10	沙世傑	江蘇・崇明	千葉医学専門学校医科	1906	1911修了
11	劉慶綬	江西・清江	千葉医学専門学校医科	1906	1910修了
12	汪行恕	安徽・歙県	千葉医学専門学校医科	1906	1910修了
13	呉嘉鈞	安徽・懐寗	千葉医学専門学校医科	1906	1910畢業
14	熊震球（輔龍）	江蘇・武進	千葉医学専門学校医科	1906	1911修了
15	闞（戴）行健	江蘇・泰興	千葉医学専門学校医科	1906	1911修了
16	華　鴻	江蘇・金匱	千葉医学専門学校薬科	1906	1909修了
17	薛宜琪	江蘇・武進	千葉医学専門学校薬科	1906	1909修了
18	銭楽真	江蘇・無錫	千葉医学専門学校医科	1907	中退（1909）
19	呉道益	浙江・銭塘	千葉医学専門学校医科	1907	1911修了
20	王琨芳	湖北・恩施	千葉医学専門学校医科	1907	1911修了
21	白雲章	直隷・定州	千葉医学専門学校医科	1907	1911修了
22	王　衡	直隷・定州	千葉医学専門学校医科	1907	1911修了
23	李鳴陽	直隷・定州	千葉医学専門学校医科	1907	中退（1909）
24	王麟書	江西・東郷	千葉医学専門学校薬科	1907	1910修了
25	谷鐘琦	直隷・定州	千葉医学専門学校薬科	1907	1911修了
26	謝祖恵	江蘇・武進	千葉医学専門学校薬科	1907	中退（1907）
27	王煥文	江西・東郷	東京医科大学薬科		
28	胡晴崖	広東・順徳	東京医科大学薬科		
29	曾　貞	江西・吉水	東京医科大学薬科		
30	鮑　鑅	広東・香山	東京医科大学薬科		
31	蒋履曾	江蘇・宜興	京都医科大学医科		
32	韓清泉	浙江・慈渓	金沢医学専門学校医科		
33	厲家福	浙江・銭塘	金沢医学専門学校医科		
34	銭崇潤	浙江・海寗	金沢医学専門学校医科		
35	周　威	江蘇・江寗	金沢医学専門学校医科		
36	湯爾和	浙江・銭塘	金沢医学専門学校医科		
37	李　檈	直隷・南営	仙台医学専門学校医科		
38	馮志道	湖北・武昌	仙台医学専門学校医科		
39	韓錦堂	直隷・南営	仙台医学専門学校医科		
40	趙世晋	江蘇・江寗	仙台医学専門学校医科		
41	石錫祐	直隷	仙台医学専門学校医科		
42	荘紹周	浙江・奉化	仙台医学専門学校薬科		
43	戴棣華	江蘇・舟徒	長崎医学専門学校医科		
44	孫家樹	江蘇・上元	長崎医学専門学校医科		

番号	名前	出身地	在籍校／専攻	千葉への	
				入学年	卒業年
91	冷景寿	湖南・益陽	私立同仁医学校医科		
92	郭徳裕	貴州・永盃	私立同仁医学校医科		
93	裘二楽	江蘇・金匱	私立同仁医学校薬科		
94	羅兆寅	湖南・益陽	私立同仁医学校薬科		

出典：「留学日本医薬学校同人姓名調査録」『医薬学報』第6号、1907年11月。

界を連結する」ことを旨とする学会である。当初の会員は二三二名だったが、各地に支部を持ち、中国医学界を代表する団体に成長し、一九三〇年代には会員数二八〇〇名にも及んだ。学術活動、医学書の出版、公共衛生と予防医学の推進、優れた医務人員の養成など、近代医学の発展に大きな貢献をしたとされる。一九三七年には、千葉医専OBの金宝善【122】が会長に就いている。[31]

(3) 中華民国医薬学会

一九一五年八月に、日本で医薬学を学んだ帰国留学生と国内の医薬専門家が、中国で組織した団体。会長は、金沢医専出身の湯爾和で、創始者の一人に、侯毓汶【7】がいる。ここに加盟した著名医家の多くは、中華医学会会員にもなっていたとされる。[32]

(4) 中国薬学会（中華薬学会）

現在の中国で、最大かつ最古の薬学研究団体「中国薬学会」は、一九〇七年に創設された「中華薬学会」を起源としている。八万人の会員を擁する同学会は、学会創設百年を記念した『中国薬学会史』を二〇〇八年に発行した。創立時は会員が二七名しかいなかったとされるが、[33]創設地は日本の東京であり、初期メンバーには千葉医専薬学科の留学生も含まれていた。

以下、長い引用になるが、『中国薬学会史』から一部を翻訳し、その概要を紹介しておく。

第一章　中華薬学会の日本東京での創建と早期学術活動（一九〇七～一九一〇）

番号	名前	出身地	在　籍　校　／　専　攻	千葉への入学年	千葉への卒業年
45	倪紹雯	浙江・慈渓	長崎医学専門学校医科		
46	李　勲	江蘇・上元	長崎医学専門学校医科		
47	陸宗翰	浙江・海寗	長崎医学専門学校医科		
48	陳　榻	江蘇・泰興	長崎医学専門学校医科		
49	孫　銘	江蘇・泰興	長崎医学専門学校医科		
50	于　琛	江蘇・泰興	長崎医学専門学校医科		
51	于　璟	江蘇・泰興	長崎医学専門学校医科		
52	徐　梁	江蘇・六各	長崎医学専門学校医科		
53	姚昶緒	江蘇・婁縣	長崎医学専門学校薬科		
54	劉東海	直隷・天津	大阪府立高等医学校医科		
55	蔣可宗	江蘇・嘉興	大阪府立高等医学校医科		
56	林懿均	江蘇・鎮江	大阪府立高等医学校医科		
57	孫洞環	浙江・寗波	大阪府立高等医学校医科		
58	黄實存		大阪府立高等医学校医科		
59	胡貽清		大阪府立高等医学校医科		
60	汪尊美	江蘇・上海	大阪府立高等医学校医科		
61	耿　漢	江蘇・上海	大阪府立高等医学校医科		
62	陳　巍	浙江・紹興	京都府立高等医学専門学校医科		
63	呉景澄	安徽・寗国	京都府立高等医学専門学校医科		
64	蔣士杰	江蘇・蘇州	京都府立高等医学専門学校医科		
65	蔡文森	江蘇・無錫	京都府立高等医学専門学校医科		
66	葉干蘭	湖北・武昌	熊本私立医学専門学校医科		
67	張仲山	直隷・清苑	熊本私立医学専門学校医科		
68	郭会雯	湖北・黄岡	熊本私立医学専門学校医科		
69	呉　栯	江蘇・陽湖	私立東京薬学校		
70	趙橘黄	江蘇・陽湖	私立東京薬学校		
71	伍　晟	江蘇・陽湖	私立東京薬学校		
72	呂烈熙	安徽・旌徳	私立東京薬学校		
73	顧　琳	江蘇・江寍	私立東京医学校		
74	華景奭	江蘇・無錫	私立東京医学校		
75	蔣肇梁	江蘇・元和	私立東京医学校		
76	謝介石	江西・南康	私立東京医学校		
77	謝寿石	江西・南康	私立東京医学校		
78	鮑麗華	広東	東京女医学校医科		
79	黄以章	広東・鶴山	私立同仁医学校医科		
80	戌献璠	浙江・慈渓	私立同仁医学校医科		
81	朱宗顕	広東・新寗	私立同仁医学校医科		
82	范紹洛	江蘇・金匱	私立同仁医学校医科		
83	張稷臣	広東・香山	私立同仁医学校医科		
84	畢寅谷	湖北・石首	私立同仁医学校医科		
85	黄孟祥	湖南・益陽	私立同仁医学校医科	1907	1911修了
86	劉震東	四川・華陽	私立同仁医学校医科		
87	劉　績	湖北・黄岡	私立同仁医学校医科		
88	田龍端	湖南・益陽	私立同仁医学校医科	1908	1914修了
89	李勝泌	四川・奉節	私立同仁医学校医科		
90	尚懐孝	四川・雙流	私立同仁医学校医科		

第一節　中華薬学会創建の時代背景

一、西洋薬学の伝入〔中略〕

二、早期薬学人材の培養と留学（四～六頁）

一九〇七年日本と清政府は五校特約を結び、各省の公費負担による日本留学生の派遣を行い、短期間で数万名が渡日した。それ以前にも各種のルートを通じた渡日学生はいた。当時の日本側の公文書によれば、一九〇五年から一九三九年の三四年間に、二三の医学専門学校が四一四名の中国留学生を受入れた。これによれば、日本の中国薬学留学生の数は、欧米留学生より遥かに多かったことがわかる。

三、日本薬学およびその学会組織

日本の医薬学術団体の影響を受け、留日学生もこれに倣った最初の学術団体を、相次いで建立した。日本の資料によれば、当時日本で創られた学術団体には、「中国医薬学会」（一九〇六年〔原文ママ〕、千葉医学専門学校）、「中国国民衛生会」（一九〇七年、金沢医学専門学校）、「中国精神研究会」（一九〇七年、神戸）、「中華薬学会」（一九〇七年、東京・千葉等）、この中で、中華薬学会の成立は当時すでに二〇余年の歴史を持つ日本薬学会と密接な関係を持っていた。一八八〇年に創設された日本薬学会は、日本で最も早くできた学会の一つで、活発に学術活動をし、多くの会員がいた。学術雑誌として『薬学雑誌』等を発行していた。早期に留学した薬学生は、この日本薬学会に参加し、会員になった。一九〇七年に留日中国学生が多くなった後、こうした外部環境の影響と薬学の人材を集中することによって、中国薬学界最初の学術団体が時代の要求に応じて現れたのである。

第二節　日本・東京での中華薬学会創立（六～七頁）

日本に早い段階で留学した薬学界の精鋭たちは、中国薬学の発展のため、一緒に行動し、中国薬学史上最初の学術団体を作ろうとした。一九〇七年冬〔一九〇八年説もある〕、留日薬学生であった王煥文、伍晟、曽貞、胡晴崖、鮑栄等が発起し、学術団体の設立が決定した。成立大会は水道橋・明楽園で挙行され、東京および千葉で学習と研究をする薬学生が集まった。その中心は、王煥文、華鴻【30】、徐錫驥、趙橋黄、伍晟、王程之、鮑栄、史金塘、仲鳳鳴、金体選、胡晴崖などであった。中国最初の薬学学術団体は「中華薬学会」と命名された。清末の中国で続々と設立された中国医薬学術団体中で、地方性を持った団体としては「上海医務総会」（一九〇六年）や留日学生が設立した千葉の「中国医薬学会」（一九〇六年）などがある。しかし、初めから全国性をもって成立し、薬学発展に務め、今日に至る学術団体の中では、「中華薬学会」こそが最も初めに創られ、最も長く継続している団体となった。〔下略〕

第三節　中華薬学会第一期年次会（七～八頁）

中華薬学会成立後、一九〇九年〔一九〇八年説もある〕、水道橋で第一期年次会が開かれた。そこには二〇名の代表が参加し、それ以外の七名は都合がつかなかった。これら二七名は、江西、江蘇、浙江、広東、四川、山東、湖南、河南の八省出身で、東京帝国大学薬学科、東京薬学専門学校、明治薬学専門学校、九州医科大学薬学科、千葉医科大学〔当時はまだ「医学専門学校」〕、長崎医科大学薬学科、熊本医科大学薬学科の七つの薬学学校、すなわち当時の日本のおもだった薬学関係学校に所属していた。〔中略〕

一九一一年、中国で驚天動地の変化が発生した。孫文が指導する辛亥革命が満清政府を打倒し、中国の封建社会制度を終わらせようとしたのである。中国国内の革命形勢の盛り上がりを受け、当時の在日薬学留学生は続々帰国し、国家のため、社会的服務のため、学んだ知識を活かす準備をした。また初期段階の中華薬学会も、速やかに活動の拠点を中国に移すことができた。つまり、この学会の設立後の新しいページを開くことになったのである。

これらの叙述から、一九〇六年（前掲『中国医学通史』は一九〇七年とする）[34]に千葉医専留学生が結成した「中国医薬学会」が、やはり最も早期の学術団体であったと見なされていること、それが「地方性」を持つ団体とされるのに対し「全国性」を持つとされた「中華薬学会」創設にも千葉医専留学生が関わっていたことがわかる。なお、後者は、会合への出欠者二七名の名前を挙げているが、千葉医専所属は、華鴻【30】と薛宜琪【31】の二名だった。

その後、一九一七年に東京で「留日中華薬学会」が組織されている。中国の国情が安定しない状態が続き、「中華薬学会」大会は一九一二年の第二期大会以降、開かれていなかったので、東京での開催を第三期年次会と数えることにしたという。この年次会で、千葉医専の劉文超【146】が副会長に推されている。劉文超は、上海で開かれた一九二六、二七年の年次会で幹事に、一九三五、三六年に理事に就いた。また、潘経【117】が、一九四二、四三年の年次会で理事に、一九四七年に監事になっている（一一～二七頁）。

このように、千葉医専・医大留学生は、中国の医薬学史上に残る団体の創設に関わり、何名かは役職も務め、中国医薬界の発展に貢献したことを、学会の「正史」からも窺うことができるのである。

3　留学生たちの政治的社会的運動への参与

(1)「辛亥革命」前後

留日中国学生は、政治運動にも積極的に関わった。一九〇五年八月に東京で、孫文や黄興等が中心となり設立した中国同盟会に、留日学生が多く参加したのは周知の通りである。また辛亥革命勃発に伴い、千葉医専の医薬留学生は、紅十字隊（赤十字隊）を組織し、故国に赴いた。これは、特記すべき事項なので、第六章において詳述したい。

本項では、革命後の史料を一つだけ紹介しておきたい。一九一三年二月に孫文が来日した際の在日華僑による孫文歓迎会出席者および同年に日本各地で結成された国民党支部のリストが残る。[35] この「東京支部職員・党員」名簿（四二九名掲載）の中に、千葉医専生である田龍瑞【50】、何煥奎【62】、劉之綱【66】、潘経【117】の四名が含まれていた。このうち、何については、紅十字隊の活動を終え、復学した千葉医専学生と本国の政治活動との関係を記す外務省史料（一九一三年七月）に、千葉側のリーダーとして名前が出てくるが、それについては第六章第四節で紹介する。

(2)「二十一ケ条要求」前後

一九一五年前後の新聞[36]から看取できる千葉医専留学生の政治的動きを紹介しておく。

a.「留学中の支那学生」『東京朝日新聞』房総特報、一九一五年三月一三日付。

「千葉医学専門学校に在学中なる支那留学生は約三十余名あり。彼等は日支交渉開始以来、寄寄会合協議しつつあるが、仮令如何なる事あるも、断じて帰国せずと言ひ居れり」。

b.「千葉に留学の支那学生動揺」『朝日新聞』東京版、一九一五年五月九日付。

「千葉県《ママ》医学専門学校に在学中なる支那留学生は約三十余名あり。日支の風雲急を告ぐるや、在京の支那公使は軽挙妄動戒むる為め、五日特に『専心勉強せよ』との訓電を寄せたるが、彼らは之に安んぜず、学資の中絶を憂慮し、医科四年呉祥鳳（二十七）外二十四名の生徒は、六日夜猪《ママ》の鼻山に秘密会合をなし、対時局策の協議を遂げ、七日朝何れも学校に休校届を提出し、同日午後三時旅費調達の為、上京し、支那公使館に監督を訪問したるが、遂に夜に入るも帰校せず、当分は帰校せざる模様なり」。

c.「支那留学生と革命乱　東京留学生団と提携」『東京日日新聞』一九一五年一二月一〇日付。

「千葉医学専門学校支那留学生は、今回本国に革命騒動勃発に付き、学生間の進退を決すべく種々協議の末、四年生余継敏外三名を委員に選みて、上京せしめたるが、委員等は上京後、直に東京留学生と万事の打合せをなし、結局右問題に就ては、将来東京留学生団と一致の行動を執る事を申合せ、八日帰葉したり」。

d.「支那留学生の短銃携帯出願」『東京日日新聞』房総版、一九一七年九月二九日付。

「段内閣の反対者。千葉県《ママ》医学専門学校支那留学生劉仙信（二八）は、二十八日午前十時千葉警察署に出頭し、短銃携帯許可願を差出したるが、同署にては大事を取り、直に許可証を与えず、目下可否を取調中なり。而して、表面の理由は護身用と云ふにあれど、同人は段内閣成立以来口を極めて段を罵倒し居たりと云へば、目的の那辺にあるかは、蓋し想像に難からざるべく、用意ならぬ揣摩憶測さへ加へられ居れりと」。

ごく簡単に解説を加えておくと、aとbは、一九一五年一月に大隈重信内閣が、袁世凱政権に突きつけたいわゆる「二十一ケ条要求」をめぐる留学生たちの対応ぶりである。bの日付である五月九日は、中国側がそれを受入れざるを得なくなった日で、「国恥記念日」として記憶され続けたことは周知の通りである。一方、cは、一九一五年一二月一二日に袁世凱が帝政を宣言していくことに反対する留学生たちの動きと思われる。なお、dに名前が見える「劉仙信」は筆者が作成した留学生名簿には見えない。しかし、中国人は「字」（あざな――実名以外の名前）を用いることも多く、同時期に留学していた「劉」姓を持つ人物である可能性は残る。

(3)「五四運動」前後

中国で五四運動が起っていた頃、留日中国学生はどのような生活を送っていたのだろうか。羅宗洛（日本敗戦後の台湾大学初代学長となった人物）によるこの時期の回想に、彼の友人であった千葉医専留学生の趙師震【192】・湯紀湖【197】が描かれている。少し長くなるが、紹介したい。

一九一九年は五四運動が発生した年で、留日中国学生も影響を受けざるを得なかった。この年から私は口語文体を用い、友人との文通を始め、新知識・新思想を吸収した。私は南洋中学の同級生だった張忠道、趙師震、湯紀湖と一緒に、丸善書店に行き、英米の進歩的雑誌を購入し、皆で輪読をした。最初の約束では、自分で買った雑誌の重要論文を各人がまとめ、一冊すべてを読む労を省こうとしたが、みな勉強が忙しくて、私を除いては公約を守ることができなかった。私はこれに大変不満を持ち、自分で処理した方がよいと思うようになった。

〔中略――一九二〇年の夏休み、房州に避暑と水泳の練習に行った。〕房州は東京に近い海水浴ができる景勝地だった。水は清く砂は白く、波はない。しかもこの地は生活費が低廉で学生が避暑するのに絶好の場所であった。〔中略〕房州に行く途上か帰る時か、はっきり記憶していないが、千葉医専で学んでいる趙師震に面会した。彼はバイオリンを買って、学習し始めていた。彼は、『君も買えよ』と言って、すぐに楽器店に連れて行き、私の替わりにバイオリンを一個買ってくれた。[37]

この回想からは、丸善で購入した雑誌を仲間内で輪読し、新思想を積極的に吸収しようとしていたこと、夏季休暇は海水浴[38]をゆっくり楽しみ、またバイオリン演奏さえしていたこと等がわかる。つまり、この時期の留日学生は、政治的には困難な情勢に囲まれつつあったが、研究室内外の生活を謳歌できる状況はまだあり、その中で将来の糧を培っていたのである。

4　千葉での日常生活

羅宗洛の回想から、留日学生の「日常生活」の一端を窺うことができるが、こうした史料はたくさん残っている訳ではない。そうした中、一九三〇年に入学した葉曙【239】の自伝『病理三十三年[39]』には、千葉医大病理学教室の馬杉復三教授の下で学んでいた様子が詳しく書かれている（第二章でも一部を紹介する）。

ここでは、葉の課外活動の思い出を二つ紹介しておきたい。同大のサッカー部は毎年岡山医大と定期戦を開くなど活動が盛んであった。同部に所属していた葉は、商船学校との練習試合で三点取り、五対一で大勝した。翌日の新聞千葉版に、その戦況が報道されるや、千葉市内に噂があっと言う間に広がり、葉の名前を、食堂や喫茶店、麻雀クラブ、コーヒー館すべてが知るようになった云々。また、ある日、友人から「千葉県師範学校でバスケットの試合をやりたいが人数が足りない。一緒にやらないか」と誘われた葉は参加し、試合にも勝った。それをきっかけとして、千葉医大に正式なバスケット部が誕生した云々（四五五頁）。

葉は、学業以外でも、千葉での留学生活を十二分に楽しんでいたのである。

さて、葉の時代から十数年も前の新聞に、「千葉医専留学生の日常」を彷彿させる記事が掲載されている。内容が相当豊富なので、長文に亘るが、すべて紹介したい。

○「雑煮餅を待つ支那留学生」『東京日日新聞』房総版　一九一六年一二月二二日付。

千葉に残留せるは僅かに三十五六名《ママ、以下同じ》…絣の着物に小倉の袴…日本人と異りがない…大部分に共同生活…油っこい豚の料理…雑煮は大好物…日本婦人と結婚…毎月の学費は二十五円から三十五円…

千葉医学専門学校に入学中の支那留学生は、一時数十名を算したが、本国に動乱が勃発したり、政府に内訌が起こったりする度に漸次減少して、目下各学年を通じて、僅かに三十五六名《ママ》過ぎない。是等の留学生は、日本に数年滞在して、我国の事情に精通し、日本語を巧みに操り、而かも絣の着物に小倉の袴を附け、駒下駄を穿いて▽洋杖を振りながら大道を散歩する姿は、日本人と些少の異りがない。中には横浜或は神戸などで生れて、全然故国の山水を知らぬ者も六七名居る。千葉の留学生は下宿生活をするものが殆ど稀で、大部分は三四人づつ共同で借家し、自炊生活を営んでゐるが、下女を使ってる者は極めて少く、大概は順番交代で油っこい豚肉のお国の

料理に

▽舌鼓を打ち深夜まで高声で快哉を続けてゐる。留学生一同は千葉の豚肉を非常に喜んで、本国産以上の美味であると賞讃する。本国では過般改暦の結果、お正月も新暦を使用するやうになつたが、長年の慣習は依然として旧暦を慕つてゐる。留学生は日本料理を何んでも好んで食べる。分けても、正月の雑煮餅は大好物で、子供の様に今から

▽待ちかねてゐる有様だが、千葉町には南京料理が一軒限りで、加之に満足な料理が出来ないから、時々友人を誘ひ、団体を作つて、東京や横浜に態々南京料理を喰べに行く。目下千葉町に世帯を持つ日本婦人を娶り、可愛い子供を儲けて、楽しい家庭を作つてゐる者が五人ある。何れも、新しいお父つさん振りを発揮し、親子三人で

▽活動を見物に出掛ける。東京辺りの学生には、甘言を以て散々婦人の節操を弄んだ揚句の果に、愈々学校を卒業すると、無断で本国に失敬する不徳義漢が沢山居るが、千葉の留学生にはそんな者は無い。孰れも

▽聖人孔子様の教訓を能く守つてゐる。学業も却々侮り難き成績を有する者がある。支那人の先天的特性として、金銭の事には頗る細密で、一箇月間の共同生活費に仮令一銭の端銭を生じても、必ず公平に頭割にする。学資として本国から毎月送金して来ると、金額は勿論一様ではないが、二十五円か三十五円位迄の見当である。従つて

▽留学生総体が月に千円位宛の金を千葉町に落とす訳になる。歳末から新年の学校休みには内地に在住する親戚等に遊びに行つて、其家で新年を迎へる者が多い。尤も財政に窮乏を告ぐる連中は、自炊の家庭に燻つて例の豚の丸揚でも食べながら、新春を迎へるさうだ。

新聞記事ゆえ、針小棒大な部位はあるだろうが、千葉医専留学生たちの微笑ましい生活ぶりの一端を伝えてくれている。和食を好きにはなったものの、時々横浜まで中華料理を食べに行くこと、五名が日本人の配偶者を持っていること、かれらの消費活動が千葉町に与える経済効果も少なくないこと等は、ある程度の実態を反映しているものと思

われる。

5　「放蕩」する学生たち

先に見た「東京には女性を騙す不徳義漢がいる」との評価についてだが、日露戦後から急増した留日学生の中に、その種の人物がある程度含まれていたことは事実である。そうした事情を、虚実ないまぜに描いた『留東外史』[40]は、中国の通俗書として人気を呼んだとされる。それらの文脈とは異なり「孔子様の教訓」を遵守しているとまで高評された「真面目な」千葉の留学生の中にも、「放蕩者」がいたと目される新聞記事がある。以下の引用では実名表記を仮名としている。

a.「留学生の退校処分」『千葉新聞』一九〇九年六月一九日付。

「千葉医学専門学校清国留学生医科三年生AとBの両人は、在学以来非常の放蕩者にて、去月以来三週間の停学を命ぜられ居りし者なるが、少しも謹慎の様子無く、反ってAは千葉町吾妻町の芸者屋千歳家抱へX（二三）に夢中となり、終に同人を身受けして、旭町に妾宅を構え、又Bは同じく竹の家抱へY（一八）を呼び込みて、日夜の差別なく騒ぎ廻りし結果、学校側に於ても、終に捨て置ずとなし、右両名に対し、去る十六日退校処分を為したり」。

b.「放蕩から支那学生自殺未遂――千葉医専の生徒」『東京日日新聞』房総版、一九一九年七月二〇日付。

「千葉医学専門学校薬学科二年生中華民国C（二三）は、十七日朝東京市小石川区指ケ谷奥谷方より、無断家出し、行方不明となり、十八日埼玉県浦和町に於て自殺を計りたるが、目的を達せず、奥谷方に引き渡されたり。同人は六月二十日迄、千葉町字市場笹吉某方に止宿し、酒食に身を持ち崩して、同町字正面横町支那料理中華亭に百余円の借金あり。三月下旬より、千葉病院産婆見習生某とも醜関係あり。同所の為、五百余円を費消したる事実ありと」。

登場人物は仮名としたが、Cの姓は、諸史料に見えないため「自称千葉医専生」の可能性もある。一方、AとBは確実に在籍していた。それのみか、先に紹介した「中国医薬学会」の一周年記念会で研究報告をしていた人物である。留学生の「千葉での日常生活」を明らかにする本項で、真偽不明な新聞記事を紹介する事には、躊躇もある。しかし、留日中国学生に対する「まなざし」（差別的偏見的側面を含む）の中には、こうした「影」の部分も刻印されていたことを無視することはできないと考え、敢えて挙げていることを諒解いただきたい。

実はこうした「偏見」をめぐる、極めて興味深い史料が残っている。一九一八年、東京高等師範教授の諸橋轍次（漢学者）が、同時代の中国の現状を嘆き、かつ批判する随想「破国の俤」を発表した[41]。これを目にした千葉医専留学生が、匿名で諸橋に「反対攻撃」の手紙を投じた。諸橋は「憂国の美しい情念から起こったものと思ふから、茲に謹で御答する」とした上で、次のような論弁を展開した。「僕の『破国の俤』には成るほど支那の現状に慊らぬ点から、かしここ其の弊を摘発したところが多い。併し此は衷心中華民国の諸君の反省を促して、麗はしかりし歴史と共に将来も美しく栄えて欲しいといふ自分の満腔の赤心から呈した苦言である。僕は決して某君がいふが如き「先天的に支那を恨む性質のある男」でもなければ、「軍国侵略主義権勢主義に依って充たされてゐる男でもない」。（略）事実が事実であるならば、其は飽くまで心を拡大にして、他山の石と反省してほしい。某君に答ふる所は此の一言である[42]」云々。

この遣り取りのその後は不明である。ただいずれにしても「真面目」に学んでいる学生にとって、「不徳義漢」的な攻撃、まして母国への「誹謗」的言論は許されないものであったことは理解できるところである。

6　太平洋戦争下における台湾留学生の思い出

戦前期とりわけ戦中期の留日学生たちは、戦後日本との複雑な関係性もあり、日本留学の思い出を積極的に公開している人は少ない。そうした中、太平洋戦争下の千葉医科大学附属薬学専門部で学んでいた廖継思【276】が、二〇〇一〇年に日本語で書いた自叙伝[43]は、往時を知るための貴重な証言になっている。その一部を引用・紹介しておきたい（なお、以下の小見出しは筆者が付したものである）。

①　戦前期台湾と日本での薬学修学の状況

〔一九四〇年前後の〕台湾では薬学を学べる学校がなく、日本内地でも薬学を志す人が受験できる学校は少なかった。旧制高等学校や専門学校を終えて（三年）、入学する大学程度の薬学部（三年）が東京帝大と京都帝大に各一校あったきりで、学生も研究者を志す人が大部分で、学生数も少ない。一般の人はいわゆる「薬専」を受験する。それも官立（国立）は、千葉、金沢、長崎の医科大学附属が三校（各定員五〇名、戦時中は六〇名になる）、公立は富山、岐阜、熊本の三校〔私立は八校、女子薬専が三校〕あった程度である。毎年送り出される学生数は一二〇〇名程度で、街の薬局、病院薬局、製薬会社、問屋の広い範囲をカバーしていた。（八五頁）

②　一九四二年頃の千葉の風景

予備校〔城西補習学校〕時代、秋葉原から先へは行ったことがなかったから、千葉の印象は行商のオバさんと芋だけだった。実際にもその通りで、津田沼を過ぎると、電車は丘陵が起伏する畑の真ん中をひた走りに走る。駅間の距離もぐんと長くなる。だから入試の試験場の下見に行った時は、こんな田舎に……というのが第一印象だった。駅から薬学部がある医大附属病院の裏まで歩くと三〇分かかるのである。（八七頁）

③　一九四二年の台湾留学生たち

〔一九四二年四月の新入生に対する〕歓迎会が行われる。全校一五〇名しかないのに、全員が入る講堂は本部までいかなければならない。新入生が前列に並び、二年生、三年生が後ろに陣取ってがやがや発破をかけたり、野次をとばしたりしている。〔略〕まだ童顔の学生もあり、大人の上級生の前でおどおどしている。〔略〕台湾の歓迎会には学部（二一名だけだった）、臨時医専、薬学専門部の全員が集まったが、総勢九名に過ぎなかった。（九六頁）

④　自由な学風を持つ千葉薬専

そろそろ学校に慣れてきた頃、天長節がくる。講堂に学生が並び（式典は学部、臨時医専、薬専合同である）、教育勅語を奉じて学長がそれを奉読し退場すると、それで祝賀式典が終わる。台中一中でカメ校長に皇民化教育でしばられた人にとって、まさに文化ショックだった。カメ校長なら、ここで一時間位講話をするばかりかのちには講話の内容を生徒に書かせ、級主任がそれを採点しなければならないから、級主任もやはりまじめに聞いている。〔略〕

千葉薬専は官学にしては自由の空気がみなぎっていた。官学がどのくらい優遇されているかというと、授業料が年間八〇円、実験費というのが十円、他に校友会費が十円、しめてそれだけである。それも二期に分けて納める。私立の薬専では授業料だけで、一学期一五〇円していた。全校の定員は一五〇名だが、さまざまな理由で実質一五〇名に満たない。教授が六名、助教授が二名で、学生は××教授と呼ばず、大抵××さんだった。（九八頁）

⑤　課外活動の楽しみ

臨時医専の二年上に台中一中の先輩、鄭さんがいて、同クラスに恒春出身の周さんがいた。背が高く頭一つくらい高い。高い分、手足も長く、ピンポンではどんな球でも拾ってしまうので、勝ちっこなかった。彼のアパートと近かったので、よく訪ねていった。一方の鄭さんからは、文化方面の手ほどきを受けた。学内のレコード鑑賞会によく誘ってくれた。日比谷公会堂の音楽会に連れて行ってくれたのも鄭さんだった。（九九頁）

⑥　戦時下千葉の食料事情

千葉のよさが身にしみて分かったのは食べ物からだった。〔略〕千葉には寒川という小さな川が市内を流れて、それが海に注ぐところに小さな河口港がある。〔略〕魚も貝類も学生にはわけてもらえた。これにたっぷりの野菜をいれた自己流のジンギスカン鍋で舌鼓をうつのが楽しみだった。〔略――ほかに、同窓の台湾人学生〕と二人だけの秘密があった。ヘチマと食用蛙である。日本人はこの二つのものを食べない。〔略〕あるとき下宿の小母さんと近所の小母さんの話を聞いたことがある。「ヘチマがまだ柔らかいのに無くなるんだ。どうしてだろうね」と言っていた。まさか私が食べたとも言えないから、その後はなるだけ遠く離れたところで失敬することにした。食用蛙は最高のご馳走だった。これは元来学部で実験用につかっていたのが逃げ出して野生化したもので、丸々と肥っており、われわれの目には垂涎の的だった。台湾にはこんなに大きな蛙にはめったにお目にかかれない。〔略〕鶏肉よりもうまいのに、日本人はどうして食べないのだろうかといつも話した。戦後の物資統制は府県単位で行われていたので、東京では配給が難しくなっていたリンゴやナシ、それにサトイモなどが千葉では簡単に買えた。（一〇〇〜一〇四頁）

⑦　台湾と日本の軍事演習の違い

夏休み前に定例の軍事演習がある。例年富士山麓の演習場で行っており、ついでに登山していたが、交通事情が悪くなっているので、県内の一ノ宮演習場にかわった。台湾の演習は湖口の演習場で一週間おこなわれるが、それに比べるとはるかに楽で半分あそびムードだった。夜はストーム、焚き火を囲んで大騒ぎするのがきまりで、これで新入生の行事が完了する。〔略〕帰路、日蓮上人ゆかりの勝浦に一泊。どう見ても遊山気分で、台湾の軍事演習とはちがったものだった。演習がすむと夏休みに入った。われわれが入学した昭和一七（一九四二）年までは、このように一学期が過ぎたし、一年も正常だったが、次の年からそういうわけにはいかなかった。勤労奉仕が加わり、その分学科が削られるのである。（一〇七頁）

⑧　夏休みの楽しみ――海水浴

夏休みのもう一つの行事は泳ぎだった。海岸まで歩いて二〇分程度、そこから和船を漕いで外海へ出る。遠浅なので、そこでも十分背が立つ。東京からほとんど毎週のように友人が来て泳いで帰っていく[44]。もっとも最大の楽しみは、千葉で芋や海産物をたべることだったらしい。（一〇七頁）

⑨　志願兵制度開始とそれへの対応

この年（一九四三）の秋、台湾人の志願兵制度が発布された。翌日、早速千葉医大全学の配属将校・渥美大佐から呼び出しがあり、「志願兵制度ができたがどうするか」と質問された。「あと一年ですから、学業を完成してから専門分野で志願します」と答えたら、「うむ、よし」とそれで終わった。文科系の人はそうはうまくいかなかったらしい。」（一一三頁）

廖継思の回顧は、昨日見聞きしたが如くすべて生き生きとしており、往時の状況を彷彿させるものである。その意味で、きわめて重要な史料と考えている。しかし、一方で、これは晩年に書かれた回顧で、かつ「日本時代」を懐かしむ傾きが強いこと（そもそもが「日本語」で書かれた回顧である）には留意する必要があるだろう。戦時下日本で学んでいた留学生たちの「実像」については、さらに慎重に検討を進めていかなければならないと考えている。(45)

写真1－4　千葉医科大学正門・本館

（『千葉大学医学部八十五周年記念誌』1964年、口絵）

おわりに

一九三一年四月、千葉医科大学（写真1－4）二年の王烈【240】が、ある雑誌に母校の紹介をしている。「千葉医大は相当に古い歴史を持って居ります。〔略〕本学に於ける諸先生方は吾々留学生に対して、相変わらず非常な熱情と親切を尽され、同学もよく了解して、互いに心持よく勉学の方面にも交遊の方面にも、国籍を超えて和気藹々として居ますから、吾々の本学に於ける学生生活は非常に愉快なものであります。

〔略〕当地は一般の人が倹朴醇厚、風習も良好なので、学校に於ける師友以外の人々もまた親切にしてくれるのは心から嬉しく思います[46]」云々。

また、一九三六年八月に中国視察をした東京帝大医学部長・永井潜が、北平大学医学院教授中の四名が千葉出身であったことについて、こう述べている。「千葉は夙に医専時代から中国の留学生には大いに同情し関心を持たれていたので、所謂蒔いた種が今芽を出したので、千葉出身者は中国では多数重要な位置にあるのであります。〔略、中国・青島で同仁会が第一回医学大会を開いた際、千葉出身の日本人教員、元留学生、青島の衛生課に勤めている若い人が多く出席し、同窓会である「猪《ママ》の鼻会」が開かれるなどしており〕同学出身者教育の事業が非常に楽しい、実に意味深いものである事を痛切に感じたのでした[47]」。

「五校特約」の一つに選ばれた千葉医専は、確かに熱心に中国留学生を受入れてきた。王烈、永井潜の談話は、医専・医大が留学生に注いだ教育的情熱とその成果を、内も外も評価していたとの内容を含むだろう。

こうした環境下で学んだ学生たちは、母国に戻り、どのような活躍をしていくのだろうか。また一九三七年七月の日中戦争勃発とその泥沼化は、現役留学生、さらには帰国留学生たちにどのような影響を与えていくのだろうか。それらの検討は次章で果たしていきたい。

注

（1）日本の五つの官立学校に、清国留学生の受入れ特別枠を設けたこと。「序」でも触れたが、五校で総計一六五名受入れる約束であり、医薬薬学系は千葉医専が指定校となった（呂順長「清末『五校特約』留学と浙江省の対応」『中国研究月報』中国研究所、一九九八年二月号、参照）。

（2）『千葉大学医学部八十五年史』一九六四年（以下『八十五年史』と略す）。『千葉大学医学部百周年記念誌』一九七八年。

（3）『千葉大学薬学部百年史』一九八九年。

（4）『千葉県統計書』による。なお、一九一二年の県内人口の第一位は、本銚子町一万九九六一〇名、第三位佐原町一万五九六七名、第四位船橋町一万三九五五名、第五位銚子町九九二〇名だった。明治初年は銚子町域の合計が千葉町を上回っており、この段階でも銚子の合計は二万九五三〇名であった（千葉県史料研究財団編『千葉県の歴史』通史編　近現代一、二〇〇二年、七二一、七二三頁）。

（5）花岡和夫「過ぎし日を顧みて」前掲『八十五年史』五七一頁。

（6）増島信吉編『千葉町案内』千葉町案内発行所、一九一一年四月。

（7）前掲、花岡「過ぎし日を顧みて」五六九頁。

（8）郭沫若「私の学生時代」一九四二年四月（『郭沫若自伝２』平凡社東洋文庫、一〇〇頁、一九六八年）。

（9）前者は、一九三七年六月に作成された資料である（中国・上海図書館蔵）。後者は、上海東南医学院教員中の日本留学経験者五八名の一覧であり、同学院の後継校となった安徽医科大学から、二〇〇八年千葉大学医学部にもたらされた（見城「戦前期留日学生の帰国後の活躍とその評価」『国際教育（千葉大学国際教育センター）』第三号、二〇一〇年、一〇三～一〇六頁）。

（10）卞は台湾史研究者で、同書は、二〇一一年、台湾・博揚文化事業有限公司から発刊されている。

（11）見城「千葉医学専門学校・千葉医科大学の留学生をめぐる諸史料について」『国際教育』第七号、二〇一四年、八八～九〇頁。廖氏からは、二〇一四年二月まで数度にわたり、電子メールにて直接ご教示をいただいていたが、残念ながら、氏は二〇一五年一二月に逝去された。

（12）学生の「中退年」についてであるが、『千葉医学専門学校（医科大学）一覧』などの在籍者名簿から名前が削除された年をもって「中退年」と見た。医科大学の『一覧』では、情報が相対的に少なくなり、一九三〇年代末以降はほとんど確認できなくなる。そのため、この時期は『同窓会名簿』から留学生を抽出した。しかし、『同窓会名簿』には「入学」年次の記載はない。よって、その時期の学生の入学年次は逆算に基く推定であること、中退した場合は拾いあげる術がない（在籍者数に参入できていない）ことを補足しておく。名簿作成に用いた史料は本文中に示したが、それ以外に「中国留日学生監督処文献」（早稲田大学図書館蔵）や東京都立中央図書館蔵「実藤文庫」所蔵史料も参考にした。とりわけ、実藤文庫に収められている『日本留学中華民国人吊調（第六～一〇版）』（興亜院政務部作成、一九四〇年）は、日本の諸学校が中国学生を受入れた初期から一九三九年ころまでの卒業生の姓名、卒業年度、原籍、備考（現職など）をまとめ、それのみか「中途退学者」（入学年月、退学年月）も挙げていて、極めて貴重な史料である。ちなみに、この『調』で、千葉医専・医大の卒業生・在学生は総数一五二名、中退者四二名とされている。
(13) 前掲『八十五年史』一二五頁。
(14) 外務省外交史料館蔵戦後期外務省記録Ｉ　1.1.0.1『在本邦諸外国留学生関係雑件』第1巻。なお、この史料の存在は、田中剛「日本敗戦前後の中国人留日学生政策」(森時彦編『長江流域社会の歴史景観』京都大学人文科学研究所、二〇一三年)から知った。なお、原史料では「留日学生現在員数」として、「中華民国　二九〇名、満州国　八三名、蒙疆　四九名、南方各地域　二一三名、総計六三五名」と示されている。そして、それぞれの地域からの学生の所属学校別を示す表の中では、「蒙古留日学生一覧」と名付けられ、千葉医大の二名を含む四九名の所属が示されている。
(15) 江上芳郎『南方特別留学生招聘事業の研究』龍渓書舎、一九九七年、倉沢愛子編『南方特別留学生が見た戦時下の日本人』草思社、一九九七年。
(16) このジャワ学生は、帰国後、インドネシア厚生省医務局長やトリサティ大学医学部教授に就いたとされる。彼を含む「南方特別留学生」すべての氏名や履歴は江上著作に載せられている(三四〇、三七二、三七三頁)。戦後の活動についても、江上の調査(三二五頁)による。
(17) 台湾および朝鮮からの学生たちは、「大日本帝国」の内部に包摂されていくが、本書では、これらの学生も、「留学生」として処理していく(「序」参照)。
(18) 浙江省の留学生派遣の特色は、前掲、呂順長「清末『五校特約』留学と浙江省の対応」参照。また省による経費負担については、呂の論考のほか、大里浩秋「『官報』を読む」(大里・孫編『中国人日本留学史研究の現段階』御茶の水書房、二〇〇二年)などを参照。
(19) 許雪姫は、植民地台湾で医学校に進学できた若者は、裕福な家庭が多かったことを明らかにしている。さらに海外で医学を学ぶ場合は、日本内地の医学校ではなく、「満州医科大学」などで学び、「満州国」で医療に従事した台湾人も少なくないという(許雪姫「日治時期台湾人的海外活動──在『満州』的台湾医生」『台湾史研究』第一一巻二期、二〇〇四年、許「日本統治期における台湾人の中国での活動」『中国21』第三六号、二〇一二年)。
(20) 林進発編著『台湾官紳年鑑』(民衆公論社、一九三四年)、『台湾人士鑑』(台湾新民報社、一九三七年)などを参照にして、台湾の楊建成がまとめた「日治時期台湾人士紳図文鑑定(稿本)」のウェッブ版から知り得た情報である(二〇一七年一〇月一五日閲覧)。

http://blog.xuite.net/wu20130902/wu20130902/10029655-%E5%9B%9B%E7%94%B7%E4%BA%8C%E5%A5%B3%E7%95%99%E6%97%A5%E5%90%8D%E6%A0%A1+%E5%8F%B0%E4%B8%AD%E5%B8%82%E5%85%A8%E5%AE%89%E5%A0%82%E8%97%A5%E6%88%BF%E5%8F%8A%E5%8F%A4%E8%91%A3%E5%95%86+%E7%9B%A7%E5%AE%89。

(21) 呉文星が作成した「新・旧社会的リーダー階層関係表」は、台湾の地主・資産家が子弟に対し、どのような教育（学歴）を与え、その子弟たちが、どのような履歴を経て、新しい社会的リーダーになったのかを二三四名の事例を挙げて、具体的に示している（呉『台湾の社会的リーダー階層と日本統治』交流協会、二〇一〇年、二三三～二六六頁。原著は一九九二年の発刊）。

(22) 柴田廉「台湾議会運動の心理的解剖」『台湾同化策論』晃文館、一九二三年、二七一～二七二頁。

(23) こうした事情については、前掲、呉『台湾の社会的リーダー階層と日本統治』を参照。前掲の許論文も、それらの背景についての参考文献となる。

(24) たとえば、ロー・ミンチェン『医師の社会史――植民地台湾の近代と民族』（法政大学出版局、二〇一四年）などの視座も参照にしている。

(25) 『千葉医学専門学校一覧』自明治三四年至明治三五年、一九〇二年、一七頁、『千葉医学専門学校一覧』自大正四年至大正五年、一九一五年、二二一～二二三頁。

(26) 徐友春編『民国人物大辞典』河北人民出版社、一九九一年。

(27) 鄭鉄涛・程之范編『中国医学通史　近代巻』人民衛生出版社、二〇〇〇年。「第八章　近代西洋医学雑誌の出版と医薬学術団体」「第二節　主要西洋医学雑誌の創刊」五〇八、五一〇頁。原文の中国語を筆者が日本語に適宜翻訳した。

(28) 「東京同仁医薬学校」は、同仁会（日本の医療関係者が一九〇二年に設立し、東アジア諸国への医療技術提供や連携を目的としていた）が、一九〇六年早稲田大学校内に清国学生を主たる対象として作った学校である。ただ、資金の欠乏等で一九一一年ころには、経営不振となり、在学生はすべて千葉・長崎・金沢などの官立医学専門学校に転校していったという（丁蕾「近代日本の対中医療・文化活動――同仁会研究（二）」『日本医史学雑誌』第四六巻一号、二〇〇〇年三月）。なお、表1-1の【85】、【88】の学生は、一九〇七、〇八年にそれぞれ千葉医専に入学したことが確認できている。

(29) 一九一九年東京帝大医学部薬学科となる。

(30) この「京都医科大学医科」は、京都帝大医学部の前身である。

(31) 前掲『中国医学通史』五二五～五二六頁。なお、崔月黎編『中国当代医学家薈萃』（吉林科学技術出版社、一九八七年）の「公

共衛生学家　金宝善」項目では、金が中華医学会会長を務めた時期を、一九三四年から四一年としている（三八六頁）。
(32) 前掲『中国医学通史』五二七頁。
(33) 中国薬学会編『中国薬学会史』上海交通大学出版社、二〇〇八年、一頁。
(34) さねとう・けいしゅう『中国人日本留学史』（くろしお出版、一九六〇年）も、同会の発足を一九〇七年としている（四一九頁）。よって、二者が取っている「一九〇七年成立」説を、筆者も踏襲したい。
(35) 孫中山記念会編『孫文・日本関係人名録（増訂版）』（二〇一二年）中の「孫文関係在日華僑一覧表（一九一三年）」による。
(36) この項で挙げる七つの新聞史料は、中国近代史研究者の川島真が紹介したものである（川島「近代の中国と千葉――中国留学生への目線」『敬愛大学総合地域研究』第三号、二〇一三年三月）。なお、川島の論考は、敬愛大学総合地域文化研究所の共同研究「近代日本におけるアジア人留学生の『日本体験』の再検証」の最終報告の一環をなすものであるが、筆者もこのプロジェクトに参加し、「近代千葉の留学生――千葉医学専門学校と千葉高等園芸学校を中心に」と題する小稿を寄稿している。家近亮子氏を代表とするこの共同研究の全貌は、同誌の一〇三～一三四頁に収められている。
(37) 李東華ほか編『羅宗洛校長与台大相関史料集』国立台湾大学出版中心（台北）、二〇〇七年、五七頁。
(38) 中国留学生の支援団体であった「日華学会」は、一九二三年から、千葉県館山に、中国留学生専用の避暑施設を設置し、毎年多くの学生がそこで夏を過ごしていた。中国には「海水浴」文化がなく、これも「近代体験」のひとつであった（見城「近代千葉における中国留学生と海水浴体験」『千葉史学』第六〇号、二〇一二年）。ただ、慣れない運動のため、水死者もまま出た。現中国国歌である「義勇軍行進曲」の作曲者・聶耳は、一九三五年、湘南の鵠沼海岸で、友人と遊泳中、水死している。享年二四歳であった（岡崎雄兒『歌で革命に挑んだ男』新評論、二〇一五年）。
(39) 伝記文学出版社（台北）、一九七〇年。葉は一九三四年に卒業し、上海の東南医科大学教員を経て、戦後は台湾大学教授となり、のち「台湾病理学の父」とまで称される成果をあげる（陳夏紅「葉曙――台大医事話当年」『周刊　文化中国』二〇〇八年四月六日号）。
(40) 木山英雄「『留東外史』とは何か」（前掲『中国人日本留学史研究の現段階』所収）。
(41) 諸橋「破国の俤」は、雑誌『武道』に、四回連載された（一九一八年九月号から翌年一月号まで）。
(42) 諸橋「千葉医専在学の某支那留学生に答ふ」『武道』一九一八年一二月号。
(43) 『いつも一年生』と題する著書（財団法人台北市台中一中校友会文教基金会発行、二〇一〇年七月）は、「中学一年生」、「薬専一年生」、「サラリーマン一年生」など、自らの人生の節目を「一年生」と捉え、叙述している。

(44)　前掲、見城「近代千葉における中国留学生と海水浴体験」参照。

(45)　それらについては、見城「太平洋戦争下における留日中国学生の夏季錬成団」(『人文研究（千葉大学）』第四二号、二〇一三年)、見城「戦時下日本における「満州国」留学生たちの「修錬」活動」(『人文研究（千葉大学）』第四六号、二〇一七年)、見城「戦時下日本における「満州国」留学生たちの運動会」(『国際教養学研究（千葉大学）』第二号、二〇一八年)、で多少考察を加えている。

(46)　王烈「消息（千葉）」(『日華学報』第二二号、一九三一年四月号）九二～九四頁。

(47)　永井潜「中華民国医界視察談」(『同仁』一九三六年一〇月号）一〇二頁。

第二章　医学薬学を学んだ留学生たちの帰国後の活動

第一章では、千葉医学専門学校・千葉医科大学で、医学薬学を学んだ留学生の動向をまとめてきた。続く本章では、彼らの帰国後の動向や現代中国における評価を見ていきたい。

なお、本章で個別の（元）留学生に焦点を当てて論ずる場合は、第一章に掲げた留学生名簿（図表1-1）の通し番号を、【xx】のように名前に後に付していくことをお断わりしておく。

一　千葉医専・医大留学生の帰国後の活躍

1　留学生・日本人卒業生の就職概況

本節では、千葉医専・医大留学生の帰国後の活動について紹介していく。まず、第一章で挙げた千葉医専・医大留学生の卒業後の職業を便宜的に七種類に分けたものを図表2-1とした。この分類は、卒業生がどのような職に就いて、社会貢献をしたかに重きを置いたため、一人の人物が複数の仕事を遍歴した場合は、それぞれ「一」と数える延べ数とした。その結果、総数は二六九名となった。また留学生全体の動向を把握するために、朝鮮・台湾の卒業生数も含んでいる。

図表2-1　千葉医専・千葉医科大留学生の卒業後の職業（1899〜1945 年）

種別	人数（名）	比率（%）
教官	72	27
勤務医（病院勤務）	57	21
開業医（薬局自営）	56	21
軍医	42	16
政府・官庁	20	7
会社・工場	16	6
諸学校	6	2
総計	269	100

出典：図表1-1より作成。

図表2-2　千葉医専・千葉医科大在学生の卒業後の職業（1926年まで）

種別	人数（名）	比率（%）
開業医	2,099	65
勤務医	570	17
官庁・会社	407	12
軍医・薬剤官	150	5
学術研究	47	1
総計	3,273	100

出典：『千葉医科大学一覧』1926年版。

この一覧によれば、千葉の留学生は卒業後、医学校教官に就いた者が最も多く（二七%）、次いで勤務医・病院勤務と開業医・薬局自営が二一%と拮抗し、軍医が一六%であった。しかし、朝鮮・台湾出身者で、軍医および医学校教官になった人はいない。一方、朝鮮出身者の開業医は八名、勤務医が九名いるので、この数を減じ（総計を二五二名とし）、中国卒業生のみの百分比として算出すると、医学校教官の比率が二九%、軍医が一七%になる。つまり、中国出身者は、帰国後、母国の医学校教官として、若い学生たちの教育に当たった人が最も多かったことがわかるのである。

また留学生の職業の特色を明確にするため、第一高等中学校医学部時代からの日本人卒業生（一九二六年まで）の職業と対比してみたい。図表2-2の職業分類名は、典拠史料とした『千葉医科大学一覧』（一九二六年版）に拠ったが、「医学校教官」になった卒業生がどこに分類されているのかは不明である。仮に「学術研究」であるとすれば、その数は四七名に留まるが、中国人卒業生で「教官」になった人が七〇名近くいたので、おそらく元留学生の職業は反映されていないものと思われる。

いずれにしても、千葉医専・医大の日本人卒業生の実に三分の二は開業医になっていた。勤務医の数を合せると全体の八〇%にのぼり、同校が日本各地で、地域医療に従事する医師を着実に養成していたことが改めて認識できるのである。

2　中国で医学校の教官になった卒業生たち

(1)　浙江省立医学（医薬）専門学校

先に、千葉医専・医大の卒業生の中で、中国の医学校教員に就いた人数が七二名であることを示した。以下では、いくつかの勤務校に即して、紹介していきたい。

中国近代史研究者の小島淑男によれば、中国における医学は漢方の伝統と勢力が大きかったため、西洋式の医学校は民国期になってから創設されたものがほとんどであった。その先駆けが、杭州に設立された浙江省立医学専門学校である。[1]当時浙江省での西洋医学が英国人宣教師経営の学校に牛耳られていたことに反発した日本留学組が、浙江省の公費で一九一二年六月に設立し、一九一三年には薬学科も増設され、浙江医学専門学校から医薬専門学校へと改名された。

同校の「日本留学組」の中でも、千葉医専出身者は校長歴任者を輩出するなど中心的に活躍した。一九三五年前後までの主な教員を図表2-3に掲げてみた。[2]一方、外務省外交史料館に残る「昭和一〇年四月浙江省立医薬専門学校教職員ニ関シ報告」[3]は、さらに驚くべき事実を伝える。すなわち、一九三五年三月段階で同校の「医科」には二四名の教授（校長一名、専門担当一七名、教養担当六名）がいたが、そのうち校長を含む一〇名が千葉医専・医大出身者によって占められていた。「薬科」でも一五名（専門担当八名、教養担当七名）中の二名が千葉医専卒業生であった。まず「医科」では、校長が王佶【198】。「解剖」は朱仲青（朱其輝【61】と同一人物か）。「生化・生理」余継敏【87】、「眼科・日本語」孫遵行【168】、「薬物」章志青【226】、「胎生・局解」黄曽燮【148】、「診断」張輔襄（張家輔【203】か）、「外科・整形外科」林鏡平【185】、「耳鼻咽喉」邵岩（巌）【235】、「公共衛生」丁求真【49】。一方、「薬科」では、「生薬」を徐伯鋆【238】が担当していたほか、医科の眼科教授であった孫遵行が、「日本語」教授もしていた。[4]

図表2-3　千葉医専留学生で、浙江医薬専門学校の教員になった主な人たち

1	李定【45】	1905年日本に私費留学。清華学校を経て、08年9月浙江省の官費で千葉医専に入学。13年卒業。帰国後、23年浙江省立医薬専門学校の三代目校長に就く。その後、浙江省立伝染病院院長、浙江省長公署高等衛生顧問となる。また浙江省政府から、医学教育視察のため、欧州へ派遣され、帰国後の36年河北省立医学院解剖学主任教授となったとされる。
2	余継敏【87】	1909年中央大学予科に入り、その後、浙江省官費で、11年千葉医専に入学。16年卒業。帰国後、浙江省立医薬専門学校の教員を務め、24年には学校の教務を司どるようになった。
3	丁求真【49】	1905年日本に私費留学。宏文学院を経て、08年浙江省の官費で千葉医専に入学。14年卒業して帰国。15年赤華女子学校を創設。その後、浙江医学専門学校の教員になったが、17年からアメリカ留学。26年浙江省立医薬専門学校校長に就く。杭州では武林病院も創設した。
4	朱其輝【61】	1908年私費で日本に留学。09年浙江省の官費で千葉医専に入学。14年卒業。27年丁求真が辞職した後，校長に就く。
5	王佶【198】	1919年私費で日本に留学。20年浙江省の官費で千葉医専に入学し、25年卒業。35年校長に就任。

出典：呂順長「清末における浙江省留日学生の帰国後の活躍」(2002年）から作成したが、一部は興亜院政務局編『日本留学支那要人録』(1942年）も参考とした。

この報告は杭州の日本領事代理・松村雄蔵が広田弘毅外務大臣に一九三五年三月二九日付けで送ったものであるが、そこには「当地浙江省立医薬専門学校に於ては、最近ドイツ留学出身の校長辞任し、其の後釜として、我千葉医大出身王佶就任したるが、これと共に、教授連に異動あり。結局別紙名簿の通り、本邦留学生出身者圧倒的大多数を占むるに至れり。既報の通り、今回同校が久振りに学生の渡日見学旅行を行うに至りたるは、円為替安、対日好転等にも原由するも、前述の如く本邦出身教職員勢力の挽回せることも見逃すべからざる現象なり」と、日本（千葉）留学組の勢力伸張を大きく評価していた。日中関係がきわめて行き先不透明なこの時期に、中国の医学校の医科教授総数二四名中、日本のOBや訪問経験者が一九名、薬科一五名中では八名が日本関係者であることに、外務省サイドが意を強くしたのは頷けるところである。

一九三七年六月に発行された『浙江省立医薬専科学校一覧』（中国・上海図書館所蔵）に、同校の校歌が掲載されている。その歌詞（李樹化作詞）からは、中華民国の医薬界を担う若者たちに託した理想が表現されているので、日本語に訳したものを、参考として示したい。

民族の復興はまず体を強くすることだ。我々は医薬を研究し、我々は衛生を提唱し、国民健康を増進する。これは我々の責任だ。この責任は重大で、軽くない。我々仲間は真の学問を要求し、我々仲間は忠実な心を必要とする。仁粛で勤朴な精神を発揚する。学校を愛し、国を愛し、人を愛する。

人生の苦痛は疾病だ。我々は医薬を研究し、我々は衛生を提唱し、人民の痛苦を解除する。これは我々の責任だ。この責任は重大で、軽くない。我々仲間は真の学問を要求する。我々は忠実な心を必要とする。幸せな国、民を利し、功成ることを希望する。心を一つにして力を合わせて、前進する。(5)


最後に余事を加えると、一九〇九年前後の「杭州医学校」（浙江医学専門学校とは無関係と思われるが、詳細不明）に、千葉医専出身の島田伝之助が教員として在籍していたことがわかっている。(6)

(2)　北京医学専門学校、北京大学医学院

一九一二年創立の北京医学専門学校は、浙江医学専門学校設立にも関与した湯爾和（金沢医専卒）を初代校長とし、千葉医専関係者も多く勤務していた。たとえば方擎【20】は同校の教授に就く。のち方は北京政府陸軍部軍医長、北京首善医院院長なども歴任している。(7)朱其輝【61】は、ドイツのベルリン医大でも学んだ後、浙江省立医薬専門学校長に就く。さらに浙江大学の衛生学教授を経て、一九三六年から北平大学医学院内科学教授兼附属医院長にも就いた。(8)呉祥鳳【64】は卒業後、ドイツとアメリカへ留学を重ね、帰国。北平大学医学院内科主任教授を経て、一九三三年同医学院院長となり、北京大学教務長も務めた。(9)蹇先器【141】は北京医学専門学校教員を経て、一九二八年北平大学医学院教授、さらに北京大学医学院教授に就いた。(10)

なお、一九三六年八月に北平大学医学院を訪問した東京帝大医学部長・永井潜の視察談によれば、訪問時の正教授二一名のうち一〇名が元日本留学生で、その内訳は千葉と九州出身者が四名ずつ。岡山と京都が一名ずつであったと

いう。(11)

(3) 江蘇（蘇州）公立医学専門学校、上海東南医学院（医科大学）

一九一二年に設立された江蘇公立医学専門学校（蘇州）には、彭樹滋【17】、沙世傑【23】、許普及【52】、孫遵行【168】が教授を務めていたが、一九二四年に閉校されてしまう。

それを惜しんだ郭琦元【169】、李祖蔚【186】、湯紀湖（蠡舟）【197】、葉曙【239】らが、一九二六年五月、同校を上海の地で再建し、私立東南医学院（のち医科大）とした（初代校長は郭琦元）。(12) 湯紀湖は、二四年卒業後、上海東南大学医学院医務長、一九三六年に教授となった。また、湯と同期の趙師震【192】は、上海東南大学医学院教務長代表、南通医学院医科教授兼内科医長。一九三六年に東南大学教授に就いた。浙江省立医薬専門学校に勤めていた邵巌【235】は、のち同校に転じている。陳倬【171】も同校教授であった。二五年に卒業した張錫祺【207】は、上海東南大学医学院眼科教授、上海自然科学研究所研究員嘱託を歴任した。張は、湖北第一陸軍医院に軍医として勤務していた経験も持つ。(13) 同じ年に卒業した張效宗【217】も同医学院の教授を勤めている。

(4) 江蘇省南通医学専門学校、南通医科大学

江蘇省南通市は、清末から民国初期に活躍した民間企業家・政治家の張謇(14)が、日本をモデルとし、近代的教育や社会公益事業を展開した地方都市で、上海に隣接している。張謇は自らの理想の一環として南通医学専門学校を設立したが、(15) その学校の責任者に据えられたのは、千葉医専出身の熊輔龍【24】であった。同校の教師はほとんどが日本留学組であり、また外国人教師として日本人、ドイツ人を雇っていたため、日本語・ドイツ語を学ぶ必要があったという。(16)

またその後身の南通学院医科（南通大学医学院、南通医科大学）には、金子直【63】、黄家政【109】、趙師震【192】、許枏【193】、黄裕綸【219】、章志青【226】等が、教授などの肩書きをもって勤務していた。一方、闞行健【25】、李希賢【76】、李復真【107】、金銘裕【135】は、南通市内の医院などで働いていたことが確認できる。

(5)　江西省立医学専門学校

一九二一年、何煥奎【62】や東京医学専門学校を卒業した曽貞らが設立し、初代校長には何煥奎が就任している。李属春【139】、劉清淑【159】、旋迪【204】も同校で教員をしていた。

3　中国に帰った留学生中の千葉医専・医大出身者の比率

千葉医専・医大ＯＢの多くは、新たに創設された西洋式医学校の教員に就いたが、それだけでなく、日本留学経験者の中で、最大勢力であった。図表2-4は、同仁会（日本の医学界の一部が中国医学界との連携・協力支援を目指して設立した団体。後に詳述）が一九三〇年にまとめたものだが、これによれば、千葉医専・医大のＯＢは一五四名で他を引き離した第一位になっている。第二位は長崎医大の一〇二名で、東京帝大医学部出身者は第三位の九〇名に過ぎなかった。さらに魯迅が一時在籍していた東北帝大医学部に至っては、二〇名しかいなかった[17]。

さらに、一九三四年、外務省が中国駐在の各領事館等に依頼した調査への回答も、同様な傾向を示す。すなわち、ここでの医学系の留日学生総数は四二一名とされ、同仁会資料とは数が異なるが、出身校別では、千葉医大が八六名で第一位、以下、長崎医大六五名、東京医専三八名、九州医大三二名、東京女医専二七名がトップ五であった。また、薬学系では、判明している帰国日本留学生六五名のうち、千葉医大薬学科が二七名で四割を占め、以下、東京薬専一一名、長崎医大薬学科九名、東大医薬八名、富山薬専四名などであった[18]。

図表2-4　留日中国医学生の出身校（1929年頃まで）

学校名	卒業生数（名）	比率（%）
千葉医大	154	20
長崎医大	102	13
東大医学部	90	11
東京医専	62	8
東京女子医専	62	8
九大医学部	37	5
愛知医大	37	5
岡山医大	28	3
日本医大	27	3
大阪医大	24	3
東京慈恵医大	21	3
東北大医学部	20	2
京都府医大	18	2
東京薬専	15	2
帝国女子医専	13	2
金沢医大	10	1
京大医学部	9	1
慶大医学部	7	1
熊本医大	7	1
富山薬専	5	1
その他	41	5
総計	789	100

出典：『同仁医学』1930年9月。

この二つのデータは、千葉医専・医大卒業生の多さを明確に伝えてくれている。そして、彼らは中国の近代医学教育が草創される段階で教員等として活躍していくのだが、その実相について、次節で具体的に紹介していきたい。

4　中華民国における医学校と元留日学生たち

一九二九年までの「中華民国医学校卒業生総数」[19]を図表2-5として掲げた。これに拠れば、一八八六年以降に卒業生（総計は三八一六名）を出した医学校は全国で二四校あったが、その中で、浙江医専は全体で二番目に多い五五六名（一五％）の医学生を輩出していた。さらに、千葉医専出身者が多かった五校（浙江医専、北平大学、南通医大、上海東南医大、江西医専）の卒業生合計は一二三〇名を数え、全体の三二％に上る。

さらに、一九二九年に中国人がまとめた「中国医薬教育之現況」は、海外で医薬を学び帰国した人数について、ドイツ帰り二〇余名（一九二四年調べ）、英米五〇余名（二六年）、日本一二〇名（二〇年）にのぼるとし、その「うち、千葉医大、最も多し」と記している。[20]

一方、同仁会が一九三〇年に発行した『中華民国日本医薬学出身者名簿（第四版）』には、一一〇〇余名が掲載されている。そして、「中国における新医の現在数は如何と見るに、およそ五千名と註せられている。そのうち三千五六百名は中国内の諸学校卒業者であるというから、残りの千四五百名が諸外国に留学したもので、その三分の二が日本医薬学の出身者ということになる。何とすばらしい勢ではないか」とのコメントが添えられていた[21]。これらから、中華民国の医学界で、元日本留学者（とりわけ千葉医専・医大ＯＢ）が高い比率を占めていたことがわかるが、在漢口の外交官も「医学界に於ける本邦留学出身者の勢力は、遥かに欧米出身者を凌ぎ、当地に於ては数に於ても、また地位に於ても、全然本邦留学出身者の独占舞台たるかの観を呈す[22]」との報告を一九三五年にしており、日本留学生の数が欧米留学者に比して断然多かったのは確かであったようだ。

しかし、中国医薬界での実際の影響力は、欧米組の方が強かった。一九三六年に中国の医学状況を視察した東大医学部長の永井潜は「残念なことに現在日本は負けている。中国の医事衛生を左右する力はほとんど英米派に握られている。〔略〕英米の力が跋扈しているのであるが、かように日本派の圧迫されている主な原因は何処にあるかといえば、どうも足並みの揃わないことであります。中華民国の卒業生と母校との間に密接な連絡をつけた民国文化の事業に関係ある諸団体相互の

図表2-5　中華民国における医学校および卒業生数一覧（1929年まで）

No.	学校名	第一期卒業年	1929年までの卒業者数（名）
1	天津海軍医学校	1886	197
2	浙江私立広済医学校	1889	134
3	私立広州夏葛女医学校	1902	176
4	北平陸軍軍医学校	1906	773
5	国立北平大学医学院	1916	363
6	私立南通医科大学	1916	171
7	浙江省立医薬専門学校	1916	556
8	上海国立同済大学医科	1917	175
9	遼寧医学専門学校	1917	158
10	南満医学堂	1917	161
11	上海私立南洋医科大学	1920	260
12	上海私立同徳医学専門学校	1920	93
13	華西四川協和大学医科	1920	37
14	湘雅医学専門学校	1921	51
15	北平協和医科大学	1924	39
16	山東私立女医学校	1925	49
17	遼寧同善医学専門学校	1925	133
18	私立上海東南医科大学	1926	107
19	江西省立医学専門学校	1926	33
20	山東医学専門学校	1927	35
21	河北大学医学院	1927	63
22	広州国立中山大学医科	1927	33
23	私立青島医学校（同仁会）	1928	5
24	満州医科大学	1929	14
	計　24校		3816

出典：金子直「中華民国医師の調査」『同仁』1930年２月号。

協同工作が、最も大切でありましょう。由来中国に対する日本の政策の失敗は、軍部と外務との調子が揃わなかったためだとさえ言われているではありませんか[23]」と指摘していた。

ところが、問題は永井の言うような「足並みが揃わない」ことだけではなく、やはり中国に対する軍事的強圧的態度が大きな要因であった。しかし、それだからこそ、日本政府は日中関係の糊塗修復を図るため「文化工作」に力を注いでいく。医学関係も例外ではなかった。

5 「同仁会」と元留日学生たちとの連携と葛藤

(1) 同仁会とは何か

一九三〇年代において、日中関係の齟齬を糊塗する役割の一端を担わされたのが、同仁会である。そもそもこの会は、日露戦争前の一九〇二年に創設され、「清韓其他亜細亜諸国に医学薬学およびこれに随伴する技術を普及せしめ、かつ彼我人民の健康を保護し、病苦を救済する」ことをその「目的」とし、「清韓其他亜細亜諸国に対し、医学校薬学校・医院および薬局の設立」をすること、「留学生および薬学生の留学を勧誘し、かつその留学生を保護し、修業の便を与えること」などの実施を標榜した団体である[24]。

実際にはアジア全体というよりも、中国との関係を中心に据え、一九一三年には、北京に同仁会医院を、また漢口や青島等にも病院を建設し、さらに日本人医師派遣による現地指導も行なった。さらに日本留学中の中国医薬学生との懇親会（後述）などを開き、関係性の強化にも努めようとした[25]。また日本人医学生を夏休みに中国に派遣し、現地の事情を研修させる事業も展開していた。一九三七年の夏には、同仁会が経営する北京医院、漢口医院、青島医院、済南医院（写真2-1参照）に一五名を送り出している。千葉医大生の神谷博達・大場芳雄も派遣学生に選ばれ、七月一五日青島に到着したが、すでに盧溝橋では日中両軍が戦闘を開始しており、研修の目的を果すことはできなかったという[26]。

こうした活動にもかかわらず、同仁会機関誌『同仁』には、「米国留学者は米国の医師団体と連絡を取って、社交上においてもまた学術上においても立派な団結が出来ております。これは、英国仏国ドイツ留学者もまた同様であります」。一方、「留日医師の数は随分多いのでありますが、今日〔一九三一年初め〕まで、之に類した団結はなく、上海在留の邦医が五十名あっても平素何等の連絡がありませんから、留日医師と面識のある者もほとんど無い〔略〕何等かの方法によって、もっと完全に提携が出来ねばならぬものだらう[27]」など、元留日学生と現地日本人の提携の貧しさを嘆く論考が掲載されていた。創設期の「理想」は措くとして、日中関係が悪化していく中、同仁会は難しい立場に置かれていたのである。

写真2−1　同仁会済南病院

（絵葉書、筆者蔵）

(2)　留日中国医薬学生や帰国留学生との連携

このような問題を改善するためか、同仁会発行の雑誌には元留日学生の論文がしばしば掲載されている。千葉医専卒業生の著作として確認できたのは、「南京衛生部」の肩書きを持った金子直【63】が、「論中医〔漢方医〕之運命」（『同仁会医学雑誌』一九三〇年三月号）など数本を投稿しているほか、黄裕綸（南通医大教授）【219】の「判定輸血適否之簡易法」（『同仁医学』三一年一〇月号）、沈王楨【13】「軍人外科之管見」（同三一年一一月号）などである。

また一九二八年一月には、中国語版の『同仁会医学雑誌』も発刊される。

そして二九年七月号からは「民国医界名士録」という連載が始まり、全部で四六名が登場したが、そこに千葉医専・医大出身者は一〇名含まれていた。名前だけ挙げると、金宝善【122】（二九年七月号）、朱其輝【61】、金子直【63】、侯毓汶【7】（以上、同年一〇月号）、丁求真【49】、郭琦元【169】（以上、同年一二月号）、李定【45】（二九年七月号）、王佶【198】（三〇年二月号）、鄧光済【105】（三〇年七月号）、湯紀湖【197】（三〇年九月号）である。さらに、二九年二月号には「千葉医科大学教授医学博士松本高三郎先生」という記事も掲載されている。そこでは、松本が一九二四年から二八年まで学長を務めていた略歴とともに、「千葉医大は専門学校時代より、民国留学生を頗る歓迎し、そのため、松本先生の薫陶を受けた者は少なくない（原文中国語）」との紹介がなされていた。

留日学生との親睦を図ることを目的とする「中日医薬学生懇話会」も、年に二回東京で開催され、たとえば第六回懇話会（一九二九年一一月）には、留日中国学生五七名（うち千葉医大生七名）、日本人学生二一名、来賓一六名（留日学生監督・姜琦、外務省文化事業部長・坪上貞二、東京帝大医学部部長・林春雄ほか）、同仁会会員一六名の計一一〇名が参加している。[28]

さらに、母国で教員となった元留学生が教え子を引率し、同仁会を表敬訪問するケースも少なくなかった。二九年四月には、浙江省立医薬専科学校学生二〇名が、孫遵行【168】等の引率で、さらには三五年四月にも同校の学生四一名が章志青【226】の引率で訪問を果している。後者は二週間あまりの滞在で、千葉医大や東京の医学校・病院、また工場見学、さらに日光・京都・奈良へ廻り、神戸から帰国の途に就いている。[29] 同年九月にも、上海東南学院院長・郭琦元【169】、教授・陳卓人（倬）【171】の来日歓迎会が同仁会によって催されている。[30]

中国医学関係者との座談会が『同仁』誌に掲載されることも一再ならずあった。三五年七月に東京で行われた「中国医界名士座談会」は一〇名（中国六、日本四）によるものだったが、千葉医大ＯＢの陳卓人と医大皮膚科副手であった王烈【240】が出席している。[31] 翌三六年八月にも「中華民国医事衛生座談会」が開かれ、一三名（中国六、日本七）の出席者中には、湯鑫舟（紀湖、東南医学院）【197】と章志青（浙江医薬専）【226】が含まれていた[32]。

さらに、同仁会は一九二七年から「華文医薬学書刊行会」を立ち上げ、日本の医学書を中国語に翻訳出版する企画を開始した。四二年までに三一種類発刊し、三版を重ねた好評書もあったというが、ここにも千葉医大関係者が関わっている。小澤修造著『内科学』は、蹇先器【141】が全四巻を翻訳した（第一巻は、呉祥鳳【64】ほかとの共訳）。蹇は、『皮膚及性病学』、『泌尿科学』の翻訳も行っている。茂木蔵之助著『外科学』全三巻の訳者には、李祖蔚【186】、孫遵行【168】が加わった。また一方で、千葉医大教授であった長尾美知ほか共著の『小児科対症療法』、筒井八百珠ほか共著『臨牀医典』が他大学の元留学生の手によって翻訳出版されていた。さらに、葉曙【239】が、井上善十郎『近世衛生学』、石川信夫『簡明看護学』、伝染病研究所編『細菌学実習提要』を、柳歩青【274】が東京高等歯科医学校編『歯科医学』を、陳希声【254】が宮川米夫『人体寄生虫学』をそれぞれ翻訳する旨も、一九四三年の発刊物に予告されていた[33]。

以上のような同仁会の活動は、中国の医薬関係者との連携を強め、相互協力関係を構築した側面も大きかった。実際に、この翻訳は、学術性・実用性ともに高く、中国人のニーズにも十分応え、売れ行きが好調であったという[34]。しかし、満州事変、さらに日中戦争勃発により、日本の影響力を強める文化工作的要素が前面に出て、反発を買っていく側面を見逃すことはできないだろう[35]。一九三二年は、同仁会設立三〇年の節目であったが、次のような本音あるいは愚痴が機関誌に載せられている。「支那内地における同仁会の病院事業は多年の努力にも拘らず、支那側の歓迎する所とならず、患者側よりも感謝を受けておらず、いわゆる文化侵略の手先と看做され、今は色々の点において、かえって手を焼いておる〔略〕病院の位置は常に日本人に便利の中心地に選ばれてあり、支那人に対する一視同仁の精神は大いに疑わしい〔略〕支那人を眼中に置いていないと曲言する者がある。〔略〕各国が各自の優越感を振り廻して高圧的、否時として覇道的態度を以て、支那に臨んだという従来の行き方には今後大いに戒慎を要するものがあろう。〔略〕同仁会の経営には、一もこの高圧、強制の跡を認めないのであるが、しかも尚ほ文化侵略として、之を曲解する者があるという。これほどの見当違いが世の中にまたとあろうかと、我々は言いたくなる」[36]。

これは同仁会幹部が、中国側に「曲解する者がある」と断言し、嘆く文章だが、他方では冷静に見ている関係者もいた。すなわち、日本で医薬を学び中国に戻っている者の「現在の状況はどうかと申しますと、久しい間続く排日の関係で、日本に留学した学生は、時に多少の消長がありましたが、何れかと云うと大体において余り得意でない。〔略〕日本留学出身者であるが為、近頃〔三五年末〕は比較的振るっていないようです。今日どんな病院に行きましても、また医学校へ行きましても、日本留学出身のお医者様は非常に少ない」の如くであった。現実主義に立つこの論者は、それに続け、「しかしそのうちまた勢力を盛返す時期が、政治的に変化を呼起して来るのぢゃないかと思います。日華の関係が深くなればなる程、一番利益を受けるのは日本留学生だろうと思います。〔略〕さらに留学生を親切に世話し、安心して勉学出来るように尽力することは、日本と中国との連絡を密にして、東洋の文化を高揚させる上に、最も大切な最も意義あることぢゃないかと思います[37]」との希望的観測を表明するのであった。

盧溝橋事件からちょうど一年経った一九三八年夏、占領下の北京に日中の学者たちが集い、両国の文化的連携を強固にし、相互連携により「東亜学術」振興を図ろうとする「東亜文化協議会」が創設された。この会を構成する学問分野の一つとして置かれた「医学部会」の会長には金沢医専出身の湯爾和、医学部長には森嶋庫太（京都帝大教授）が選出された。さらに千葉医専出身の呉祥鳳【64】が医学部副部長に、評議員（日本人九名・中国人四名）中には、同じくOBの方擎【20】と侯毓汶【7】が、それぞれ就いた。中国側要職六ポストのうち三つを千葉の卒業生が占めており、これは千葉関係者の役割の大きさを改めて認識できる事例となるだろう。しかし、この協議会は、日本が侵略的意図で主導した組織であるとして、後に批判を蒙ることになる[38]。つまり、元留学生たちは、日本との友好連携を模索しながらも、一九三〇年代末から四〇年代の政治力学の中で、結果として「日本の文化工作の協力者」となってしまう悲劇的局面に立たされていくのであった。

日本留学経験者の帰国後の「交流連携」については、戦時下に至ると、きわめて複雑な要素をはらんで行かざるを得なかった。そうした彼らの評価は、現代中国でどのように為されているのだろうか。それを次節で見ていきたい。

二　現代中国で評価されている千葉医専・医大卒業生たち

1　人物事典

現代中国で発刊された一三種の人物事典等に見いだせた千葉医専・医大卒業生（中退者含む）一〇名を整理したのが図表2-6である。[39]本節では、まずこれら一〇名の経歴や現代中国での評価についてまとめていく。また、「現代中国における評価」という観点からは、『人民日報』紙上での論評も気になるため、一九四六年から二〇〇六年[40]までの記事検索を行い、そこに関係者名を見い出せた場合は、その概要も加えていくこととする。

(1)　侯毓汶（侯希民）【7】

一八八二〜一九七四。江蘇省無錫生まれ。一九〇四年千葉医専入学、〇八年卒業。[41]ハルピン防疫総局主任、奉天高等医学堂教務長、北京陸軍医院院長、天津市衛生局、北平市衛生局局長等を歴任。中華医薬学会会長にも就いている。一九四一年に千葉医大から医学博士号を授与された。また戦時下においては、「華北政務委員会」農務総署署長等を歴任した。

一方、新中国では、平原省[42]衛生局顧問、平原省医科学校副校長、保定医学専科学校副校長などを務めた。その結果、

「長きにわたり、中等衛生医学教育に従事し、基礎的な衛生学の知識を持った若者の教育に貢献した」との評価が与えられている。(43)

(2) 方擎（方石珊）【20】

一八八四～一九六八。福建省福州生まれ。孤児として養母に育てられた。生活のため、薬局兼診療所で働いていたが、日本への官費留学試験に合格した。一九〇六年千葉医専に入学、一〇年卒業した。在学中は、仲間とともに『医薬学報』を発行、その主筆を務めた。(44) 一方、在学中の仲間の多くは、革命を目指す中国同盟会に入る者が多かった。

における千葉医専関係者の評価

6	7	8	9	10
呉祥鳳【64】	金宝善【122】	劉文超（歩青）【146】	趙師震【192】	張錫祺【207】
1886～1956	1893～1984	1891～不明	1899～不明	1898～1960
1915卒	1918卒	1918卒	1924卒	1925卒
北平大学医学院院長ほか	北京医学院教授ほか	上海東南医学院教授ほか	上海東南医学院教授ほか	上海東南医学院、安徽医科大学教授ほか
	○（第8巻）			
	○（医務界的先輩、公共衛生学専家）			
	○（公共衛生学家）			○（眼科専家）
	○		○	○
	○			○
	○			○
○（1932～37年院長）	○（1954年教授）			
	○			
	○			○
		○		

図表2-6　現代中国発行の事典類

	掲載書籍名	評価の視座	1	2	3	4	5
	（氏名）		侯毓汶（希民）【7】	方擎（石珊）【20】	方声洞【27】	王潁【56】	喩培倫【59】
	（生没年）		1882～1974	1884～1968	1886～1911	1889～1977	1886～1911
	（卒業年）		1908卒	1910卒	1911中退	1911中退？	1911中退
	（略歴等）		北洋軍医学校教授、北京市衛生局長ほか	北京医学専門学校教授ほか	辛亥革命烈士	方声洞夫人	辛亥革命烈士
1	中国社会科学院近代史研究所編『民国人物伝』1978～96	中華民国時期の知名人士			○（第4巻）		○（第1巻）
2	李新、任一民『辛亥革命時期的歴史人物』1983	革命烈士			○（為国損躯烈士）		○（黄花崗烈士）
3	李向明『中国現代医学家伝略』1984	医学者					
4	趙矢元『中国近代愛国者百人伝』1985	革命烈士			○		○
5	崔月黎『中国当代医学家薈萃』第1巻、1987	医学者					
6	徐友春『民国人物大辞典』1991	中華民国時期の知名人士	○	○	○		○
7	劉継増・張葆華『中国国民党名人録』1991	国民党名士			○		○
8	『中国人名大詞典：当代人物巻』1992	現代中国の名士	○	○			
9	周棉『中国留学生大辞典』1996	元留学生			○	○	
10	徐天民編『北京医科大学人物志』1997	北京医科大関係者					
11	鄭鉄涛・程之苑編『中国医学通史（近代巻）』医学人物項2000	近代中国の代表的医家					
12	劉国銘編『中国国民党百年人物全書』2005	国民党名士			○		○
13	中国薬学会編『中国薬学会史』2008	中国薬学会の名士					

従兄弟の方声洞（後述）や方声涛なども加盟したため、方擎も参加したいと考えたが、一人っ子であるため思い留まり、勉学に集中したという。

一九一二年に南京臨時政府陸軍部軍医局局長に就き、北京政府陸軍部軍医司司長、中央防疫処処長などを歴任。ハルピンでペストが流行した際は、予防活動に従事した。また北京医学専門学校教授にもなる。一九一六年、北京に首善医院を創設し、院長と内科主任となる。のち、北京大学医学院公共衛生系主任、北京師範大学講師も歴任。日中戦争時には、日本語が堪能なことから日本軍の協力要請を受けたが、拒否した[45]。

新中国誕生後は、中華医学会の総幹事、副会長を歴任、また中央防疫委員会、中国紅十字会、北京防痨〔結核〕委員会でも重要な役割を果たし、北京衛生局顧問、中国パキスタン友好協会副会長などにも就いた。しかし、新中国に貢献してきた仲間ともども、文化大革命の時期に批判されたことに対し、抗議の自殺を遂げたとされる。

方擎の一生について、ある評伝は「苦学して名医になり、人助けを喜びとし、目先の利益に捉われず、権力を恐れなかった。日本留学で西洋医学技術を導入し、薬局と医院を設立し、公共衛生の促進に生涯を捧げた。その功績は極めて偉大である。しかし、前例のない文革の悲劇の中で、怨みを飲んで生涯を終えた。しかし、人の心に真理はある。彼の精神は長く生き続けるだろう。近年の中国では政治、経済と共に医療と公共衛生の方面の事業も著しい進歩がある。これを見て、方先生の魂も慰められるだろう[46]」との評価が与えられている。なお、七名の子息がいたが、それぞれ大学教員などに就いている。

〈『人民日報』紙にみる方石珊〉

方の名前は、一九五〇年から六六年にかけての『人民日報』に一〇五件も見つけることができる。これは、千葉OBの中で、最大の件数となる。以下、その主要な記事と概略を紹介したい。

まず、一九五〇年五月、「アメリカ帝国主義」への対抗を意図する「中国人民救済代表会議」の代表団の一人となり、朝鮮戦争（同年六月勃発）において、「中華医学会主席」および「北京医薬衛生界抗美〔米〕援朝聯合委員会主任委員」の立場から、アメリカが細菌戦を展開する可能性について懸念を表明した。そのため、調査団メンバーとして朝鮮に赴いている。停戦後は、核兵器廃絶に反対する記事にも方の名前を見いだすことができる。

また、一九五三年五月にオーストリアで開かれた「世界医学会議」に、中国代表団団長として出席し、医学者の立場からの世界平和実現を呼び掛けた。また、北欧諸国やパキスタンなどの外交使節の訪中に際し、医学界の代表として歓迎式典等に出席している記事も多い（中国パキスタン友好協会副会長であったことは、先に触れた）。

日本との関係では、一九五五年一一月に、日本医学代表団（名誉団長―慶応大・阿部勝馬、団長―衆院議員・堂森芳夫）が北京を訪れた際、中国科学院院長・郭沫若、中国人民保衛世界和平委員会副主席・廖承志とともに、「中華医学会副理事長」の立場で接見している。

一九六三年一〇月、中国日本友好協会が北京で成立し、日本側からは、石橋湛山、鈴木一雄（日中貿易促進会責任者）、宮崎世民（日中友好協会理事長、宮崎滔天甥）、大西良慶（清水寺住職）、西園寺公一（日中文化交流理事、西園寺公望孫）らが出席した。中国側は名誉会長に郭沫若、会長に廖承志が就いたが、方もこの設立大会に出席している。

以上の如く、方は、新中国における医学界の代表として、平和運動、また世界会議に多く関わっていた。さらに、訪中した国賓の歓迎会に臨席するなど、国際交流の場でも大きな役割を果たし、新中国に著大な貢献をしていた。にもかかわらず、文革期に批判を浴び、自死を選ばざるを得なかったところに、彼の矜持また屈辱と失望を察することができるのである。

(3)　方声洞【27】

一八八六〜一九一一。福建省侯官生まれ。運輸業を営んでいた父は、開明的な思想を持っており、子どもを次々に日本留学させた。声洞も一九〇二年、兄姉に従い、渡日し、成城学校で軍事学を学んだ。日露戦争では、ロシアと日本に翻弄される清朝に不満を持ち、一九〇五年八月、孫文が東京で同盟会を創設した際、声洞は、兄、姉、二人の兄嫁とともに、参加した。清朝政府は、そうした情勢を懸念し、私費留学生が日本で軍事学を専門にすることを禁止する。

声洞はそれに失望したが、国に何らかの貢献をするために、一九〇六年千葉医専に入学した。熱心に勉強を重ね、特に病理学の研究に詳しかったという。中国留学生総代表、同郷会議事部長、同盟会福建支部部長などの職務も担当し、他方で、秘密裏に革命活動に従事していた(47)。

一九一一年初め、同盟会が広州蜂起の準備をしていることを聞き、当初は、日本で後方支援をする役割を担うはずだったが、仲間に「才能は全くないが、医学を数年学び、その心得は少しある。蜂起が始まれば、軍医が必要である。革命への貢献を志している以上、参加しなければならない」と述べ、参加意志を強く示した。卒業は七月の予定だったが、三月に千葉医専に休学届を出し、中国へ向かった。そして四月二七日、辛亥革命のリーダーの一人・黄興の指揮下で、広州で蜂起したが、そこで犠牲になった。享年二六歳。この知らせを聞いた千葉医専校長の荻生録造は、「惜しい人物を喪った」と嘆いたと伝えられる。同地で亡くなった同志とともに黄花崗に合葬され、「黄花崗七十二烈士」として、現在も顕彰されている(48)(写真2-2参照)。

(4)　王顥【56】

一八八九〜一九七七。福建省福州生まれ。一九〇八年、方声洞と結婚し、日本に渡る。一九〇九年同盟会に入る。

一九一〇年、長男の賢旭[49]を出産後、千葉医専生となり、産科を学んだという[50]。広州蜂起のため、声洞が帰国し、千葉に残された王纇は、その心境を、後にこう書いている。「私はただ一人千葉に残った。孤独で寂しく、不安な気持ちに溢れ、寝食もよく取れなかった。深夜には道路で酔っ払いが大声を挙げるのが聞こえ、私を一層心細くさせた[51]」。声洞の死後に帰国した。

一九一四年、慈恵産科医学校を卒業後、北京の首善病院産科主任となる。以後、産科医師に専従した。声洞が「我が国の貧しい婦女は生育のために死んでしまうことが多い。将来、学問を成就し、帰国した時には自分の医院を創り、貧しい婦女のために尽くすべきである」と語っていた遺志を大切にした所以と言う。

写真2−2　中国・広州市「黄花崗七十二烈士の墓」
（筆者撮影）

一九二八年、体が弱かった弟を病気で亡くし、また老母の世話をするため、自宅で開業した。さらに資金を集め、声洞を記念する産科病院を創設しようと奔走したが、資金不足により、設立できなかったとされる[52]。

〈『人民日報』紙にみる王纇と方声洞〉

一九六一年一〇月、辛亥革命五〇年を記念して、『辛亥革命回憶録』第一集が発刊された。『人民日報』（同年一〇月八日付）には、同書中に、方声洞夫人である王纇が「憶声洞」という原稿を寄せたこと、その内容は「近親者の立場から、革命先導者の人物像と革命家の日常行動について、丁寧に描かれ、人を感動させる」との紹介が見える。さらに同年一〇月九日付には、「首都今日挙行辛亥革命紀念大会」の記事が載り、そこで、王顥など革命を経験した「老人たちが熱心な座談を行った」と伝えている。

一九六三年三月には、「黄花崗七十二烈士殉難五十二周年」の式典が広州で行われ、ここでも王顥は座談会に参加している（三月三〇日付）。また、「孫中山誕辰百周年記念準備委員会委員」二七一名中の一人にも選ばれている（六五年一〇月二五日付）。以上から、王顥は、辛亥革命の先導者となった烈士・方声洞の妻として、その歴史顕彰の場面で声洞を想起させる役目を担っていたこと、また王顥自身も新中国で、医師として貢献していたことがわかるのである。

なお、一九五一年一〇月二七日付「全国婦女一年来抗美〔米〕援朝運動中的貢献」の記事中に、中国や朝鮮の人民戦士を支える「模範的女性医務従事者」としても登場している。

(5) 喩培倫【59】

一八八六〜一九一一。四川省内江生まれ。子どもの頃は歴史故事を好んだが、のち機械に興味を持ち始める。一九〇五年、弟とともに日本に渡り、東京で警監の勉強をした後、大阪高等工業学校に進んだ。〇八年夏、東京で中国同盟会に参加。清朝打倒運動に積極的に関わり始める。革命のためには、爆弾製造技術も必要と考えた喩は、千葉医学専門学校薬学科に転学して、化学の研究をした。爆弾の製造中、ケガをしたこともあるが、最終的には製造法を完成させた。

そして、一九一一年四月二七日の広州蜂起に、自らが製造した爆弾を持って参加。しかし、清朝軍に捕捉され、のち処刑された。方声洞と同じ、黄花崗に埋葬され、英雄とされている[53]（写真2-3参照）。

〈『人民日報』紙にみる喩培倫〉

一九九〇年五月三日付けに掲載された「黄花崗壮士・饒国梁」は、「黄花崗七十二烈士」の一人であった饒を紹介する記事だが、広州での蜂起の際、同じグループにいた喩の略歴についても比較的詳しく紹介している。

⑹　呉祥鳳【64】

一八八六～一九五六。浙江省嘉興市出身。一九〇九年千葉医専入学。在学中の一一年、辛亥革命紅十字隊に参加。日本に戻り、一五年卒業。一七年四月国立北京医学専門学校内科教授に招聘される。一九年一〇月から二一年九月まで、米国ジョンポプキンス大学で研修。二七年九月、国立北平大学医学院附属院長になり、同時に北平協和医学院兼職教授となる。三〇年、北平で猩紅熱が流行した際、豊富な経験と高度な医療技術を発揮し、医学生と患者に評価された。また医療と看護業務を機能化するための病院機構改革にも手腕を発揮した。三二年八月～三七年九月の間には、北平大学医学院の院長を務めた。

一九三三年三月、日本軍が華北に迫り、古北口で激戦をした時、軍事委員会北平分会と人民自衛指導委員会と連合し、重傷者の治療にあたった（のち政府表彰を受ける）。日中戦争勃発後、一部の教師を連れて西安に赴き、西北臨時大学医学院の建設に参加した。戦勝後は、南通医学院に招かれた。彼は、内科学、精神病学の専門家で、孫文が一九二五年、病に倒れた時には、治療にあたったとされる[54]。

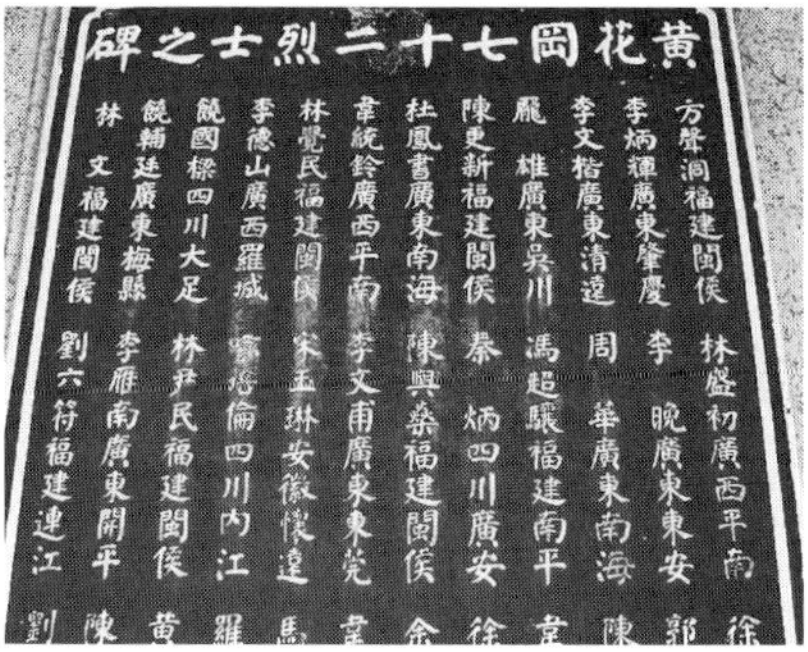

写真2－3　中国・広州市「黄花崗七十二烈士の碑」（一部）

右上隅に「方聲洞」、二段目左から４番目に「喩培倫」の名前。（筆者撮影）。

（7）　金宝善【122】

一八九三〜一九八四。浙江省紹興の貧しい家庭に生まれる。一九〇七年入学した紹興中学堂で、魯迅にドイツ語などの指導を受ける。魯迅の影響の下、学内外の民主革命運動に積極的に参加した。魯迅の小説中に登場する「辮髪を切る学生」のモデルの一人であったという[55]。中学校卒業後、南京水師学堂、さらに杭州医科専門学校に転入し、医学の学習を続けた。

一九一一年官費留学生として来日し、日本語修学の後、一四年千葉医専入学。そこでは、主に内科学を修めた。一八年卒業後、東京帝大伝染病研究所に入り、伝染病学と生物製品の製造技術を専攻。修了後の一九年に帰国した。

その後、北洋政府内務部所属中央防疫処の技師となり、ペスト等の防疫作業に従事した。一九二五年から、北京医学専門学校および北京軍医学校において、伝染病学と防疫学を講義し、衛生防疫の人材養成に貢献した。二六〜二七年、米国ポプキンス大学に留学し、公共衛生学を学んだ。帰国後は、杭州市衛生局局長、さらに南京国民政府衛生部の保健司司長に就いた。三四年から四一年まで中華医学会会長を二期務めた。日中戦争期は、中央衛生署署長として、日本の細菌作戦などに対応するため、防疫や衛生行政に奔走した。

戦後は、国民政府の衛生部政務次長となった。欧米に派遣され、各国衛生政策の調査をするとともに、ＷＨＯが創設された時、中国代表として発起人の一人になった。帰国後、衛生行政の改革に努めようとしたものの、国民政府がその建言を聞き入れなかったため、失望し、四八年春に辞職。上海医学院衛生学系教授に一時就いたが、同年九月、家族とともに、米国に渡り、連合国善後救済総署児童救急基金会医務総顧問となった。

一九四九年、新中国が誕生した際、大変よろこび、米国で新中国のための募金集めに奔走した。五〇年、中国政府から帰国要請を受けた金は、友人たちの反対を押し切り、五一年二月に帰国した。その後、衛生部技術室主任などを歴任し、五四年四月、北京医科大学衛生学系主任兼保健組織学教授に就く。同年一二月、第二期全国政治協商会議委員に当選。中国紅十字会常務理事や『中華衛生雑誌』主編にも就く。また自らが中心になって中華医学会衛生学会を作り、同会第一期主任委員、中国科普〔科学普及〕協会委員などの職に任ぜられた。

ところが、五七年、右派のレッテルを貼られ、一切の職務を追われた。六〇年に名誉回復した後は、北京医学院で英語や日本語教育にあたり、さらに英・独・仏・露語の衛生科学技術情報資料の翻訳事業に従事した。文化大革命中、再度攻撃を受け、辛酸を味わったが、名誉回復を得た後、全国政協委員に当選、併せて北京医学院衛生系名誉主任に任命された。最晩年には、『英漢予防医学名詞詞匯』の編纂事業も行っている。

このような波瀾に満ちた金宝善の業績は、「国と民を利する視点によって、現代医療衛生制度を我国に建設するために、大変な努力を行った[56]」とされ、具体的には、以下の成果を挙げたと評されている。①防疫事業の建設。②海港検疫権回収による、中国の検疫機構の建設（一九二九年に、金が中心となり、「全国海港検疫条例」を制定し、各地の検疫事業を中国人の手に取り戻した）。③現代医療衛生制度の建設。④衛生実験研究機構の建設（一九三二年、彼が中央衛生設施実験処の建設を主導）。⑤地方郷村と辺境の衛生機構建設など。つまり、金は衛生行政を中心にした近現代の医療関連事業に極めて大きな貢献をした人物として評価されているのである[57]。

〈『人民日報』紙にみる金宝善〉

金宝善は、近現代中国の「公共衛生学」の第一人者と目されていた。『人民日報』紙上への登場回数は、一九四九年六月から一九八四年一一月まで、三八件に上り、方石珊に次ぐ。

例えば、ソ連の文化芸術代表団が、一九四九年一〇月一二日に南京を訪問した際、代表的文化人として歓迎会に参加した記事、朝鮮戦争勃発に際し、アメリカ留学経験者たちが、アメリカへの抗議声明を五〇年九月二八日に出したが、金も「公共衛生専門家」として名を連ねた記事などがある。

また「私の思想変遷」という論文を一九五一年一二月二五日付に署名入りで発表している。かつて日本やアメリカに留学し、特にアメリカの影響を受けたことを反省し、人民中国の建設邁進を誓う内容であった。一方、方石珊と同様に、朝鮮戦争時、アメリカが細菌戦を行うことへの懸念を「中央衛生部技術室主任（細菌学家）」の肩書で、厳しく指摘している。

一九五七年五月六日の紙面には、衛生予防の不十分さを指摘する論文が掲載された。すなわち「我々は都市から農村部に至るまで医療事業を大きく発展させたが、予防工作の発展は非常に乏しい。医学教育全体も同じである。衛生部教育司司長は、文章を書けば、医療のことばかりを談じ、予防については語っていない。診察はするが、予防はしない。そのために患者が増えていく一方である」云々。ところが、この発言が不興を買ったためか、「右派」のレッテルを貼られてしまう。同年八月九日付の「北京医薬衛生界右派分子紛々現形」という記事中で、「北京医学院衛生系主任・金宝善（元国民党衛生署長）は自分で『衛生専門家』と名乗る『右派分子』である。社会改善運動の中で、事実を歪曲し、欠点を誇張し、成果を抹殺し、解放後の衛生事業は『全く不十分』と罵っている」の如き批判を受けてしまう（同僚の副主任からの批判文さえ掲載されていた）。しかし、六〇年一一月二五日付に、「金宝善など二六〇名が改悔の意を示したので、右派のレッテルを取り外す」という短い記事が発表され、三年の歳月を経て「嫌疑」を晴らすことができたことがわかるのである。

なお文革時にも批判を被ったことは、先に述べた通りである。上記（六〇年一一月）の記事の後、金宝善の名前を再び『人民日報』紙上で確認できるのは、七八年四月八日に北京で開かれた「外国科技図書展覧会に著名老科学者、医学者が参観」という記事中であった。そして、翌七九年二月三日付で、「北京市が誤って『右派』と見た同志二三五人の名誉回復をした」との記事に、金の名前が現われた後、社会的活動を再開することができた。七九年六月には、さっそく中国人民政治協商会議の第五期全国委員に選出され、また辛亥革命七〇周年記念準備委員会委員に就任し、式典にも参加している（八一年一〇月一〇日付）。

一九八四年一一月一一日に九二歳で亡くなった際には、「公共衛生専家金宝善追悼会、在京挙行」との追悼記事が載せられている。金宝善について振幅激しい評価を見せてきた『人民日報』紙も、最終的には彼の功績を評価するところに落ち着いたことがわかるのである。

(8)　**劉文超（劉歩青）【146】**

一八九一～没年不明。陝西省三原県生まれ。一九一八年千葉医大薬学科卒業後、上海亜林化学製薬廠の技師を経て、上海新華薬行経理に就く。また上海東南医学院教授も歴任した。一九二〇～三〇年代には、中華薬学会の幹部（副会長ほか）に就いていた(58)。

(9)　**趙師震【192】**

一八九九～没年不明。上海生まれ。一九一九年上海南洋中学卒業。二〇年千葉医専入学、二四年卒業。帰国後、江蘇省立医科大学薬理学講師、ハルピン私立医院内科副主任、南通医学院内科教授、同院長。青島市立医院内科主任、陝西省立伝染病医務長、上海東南医学院内科教授等を歴任する。新中国誕生後は、上海東南医大が安徽省に移り、安徽医学院となった後も同学院の内科教授を続ける。一九五〇年から五二年まで上海中華書局で、また五六～六二年において人民衛生出版社で、医薬関係書の編集出版にも関わった。

なお、学生時代の趙が、羅宗洛（戦後の「台湾大学」初代学長となった人物）の回想中に登場し、最新の洋書を読んだり、また海水浴やバイオリン演奏などを楽しんでいたことは、第一章で紹介した通りである。

⑽　張錫祺【207】

一八九八〜一九六〇。福建省泉州市生まれ。四歳の時、父を喪い、一〇歳で母に随って日本・神戸に渡る。日本で小中学校を修了した後、中国の官費生試験に合格し、一九二一年千葉医専に入学。二五年の卒業後、同校の附属病院で研究を継続した。二六年日本人の妻とともに、台湾・高雄に行き、光華眼科医院を開業する（三〇年はじめに、同院を上海に移す）。

張は教育にも熱心で、千葉医専同学の湯蠡舟、陳卓人、趙師震などとともに、一九二六年上海東南医学院を創建した。同校の経営が最も困難であった時期には、彼が経営する光華眼科医院の収入をすべて同校の維持経費にしたという。それは、「中国医学教育において、独立自主の旗幟を立て、経費調達に知恵を絞り、東南医学院を復興し、中国で外国人が医科高等教育を独占していることを打破する」[59]ためであった。

一九四五年七月二五日、日本が授与しようとした眼科博士学位授与と学術往来について、張が受諾を拒否したため、日本軍に逮捕されたが、まもなく日本が無条件降伏をしたため、災厄から逃れることができた。

新中国建国後、彼は上海市人民政府の「農村と向き合い、内地に入れ」というスローガンに随い、東南医学院を安徽省に移すことに同意した。学校は合肥に置かれ、安徽医科大学と改名された。ここで、張は院長の職務を務め、また中国科学院安徽分院副院長、中華医学会安徽分会理事長なども歴任した。

張錫祺は、三〇余年、医療に従事し、病人に対しては、なごやかで親しみやすく接した。そのため、著名作家の田漢は、詩を作り、彼を「医徳過人（医徳が優っている人）」と賞賛したという[60]。なお、現在の安徽医科大学には、張錫祺の名を冠した奨学金が存在しており、彼が非常に尊敬されていることを知り得るのである。

〈『人民日報』紙にみる張錫祺〉

張については、一九五五年三月から二〇〇四年一〇月まで、六件の記事が確認できる。安徽省人民委員会委員に選出されたこと、安徽省代表として全国人民代表大会に出席したこと等の記事である。一九六〇年五月二四日付では、短文ではあるが、「全国人大代表張錫祺逝世」とし、その訃報が載せられている。

2　一般書籍類・新聞（『人民日報』）

前節では、「人物事典」等に取り上げられている千葉医専・医大OBを紹介した。「事典」への掲載は、中国の近現代史上における重要人物と認められている証左と考えてよいだろうが、他方、一般図書や関連大学のHPなどでその業績を確認できるOBも存在する。そこで、前節同様、『人民日報』紙上の情報も適宜加え、その他のOBについて紹介していきたい。なお、以下での項目番号は、OBの人物紹介という性格もあり、前節からの通し番号にしている。

⑾　鄧以蟄【79】

一八九二〜一九七三。千葉医専を一九一二年に中退したものの、のち中国の近現代学術史に名を刻す美学者・哲学者になる。仙台医専を中退したにも関わらず、別の分野で顕著な活躍をした魯迅が高評されるのであれば、彼のことを紹介しておいてもよいだろう。

鄧は、安徽省懐寧生まれで、祖先には清代の有名な書道家・篆刻家の鄧石如がいた。一九〇七年に来日し、弘文学院を経て、一〇年、千葉医専に入学。日本で、西洋文化に触れ、また陳独秀を知り、彼の思想の影響を受けたとされる(61)。また、千葉医専留学生が「紅十字隊」を組織し、辛亥革命時の救護活動に赴いた際(62)のメンバーにもなっていたが、医専を中退。のち、早稲田大学で美術史を学ぶ。一二年に帰国後、日本語教師を務め、さらに安徽図書館館長に転じた。一七年、アメリカ・コロンビア大学に留学し、哲学と美学を専攻した。二三年に帰国し、招かれて北京大学哲学系の教授に就任した。また雑誌等に詩歌、劇、美術、音楽等に関する文章を発表し、魯迅、宗白華、司徒喬等との交流を深めた。一九二〇年前後には、中国国内において、鄧は、宗白華とともに中国の美学分野で最も高い評価を受けていた一人であるという。

新中国においても、清華大学、中国大学で美学や美術史を講じた。一九九八年には、『鄧以蟄全集』（全一巻、四八七頁、安徽教育出版社）も出版されている。[63]

なお、兄の鄧初（仲純）【99】も、一九一二年千葉医専に入学し、一九一六年に修了している。帰国後は、北京内務部勤務を経て、山東大学教授になっている。[64] なお、弟の以蟄と同様に陳独秀との交流は日本留学時代から継続されており、「一九三八年夏、重慶に一時滞在していた陳を尋ね、江津へ呼び寄せ、延年医院を開設、晩年の陳を援助した」という。[65]

〈『人民日報』紙にみる鄧以蟄〉

鄧以蟄関連記事は、一九件と比較的多い。初期の記事では、国民党との戦いを制した人民解放軍が北京に入った時、歓迎する「清華大学教授」の一人の中に鄧の名前が見える（四九年二月四、五日）。一方、故宮博物館などの文化財を蒋介石が持ち去ったことを批判する会合が、四十数名の文化人によって行われた際、郭沫若らとともに、厳重に抗議する旨の声明を出している（四九年三月一七日）。鄧は、社会運動にも、積極的に参与しており、「中国文化界が宣言を発表『世界平和擁護大会招集に賛成する』」という記事の賛同者中に名前が見える（四九年四月一一日）ほか、四九年に「中国新史学研究会」準備会の発起人（五十数名）の一人になっている（四九年七月二日）。五一年には、日本が、米英と「単独講和」を結ぼうとしていることを批判し、「ソ連人民、アジア人民、日本人民と団結し、全面的公正的な対日講和を早期に締結すべき」との声明を複数の知識人とともに表明している（八月一九日）。

このような活動のほか、鄧が近現代中国の人文科学者の先駆と評価されていた記事も少なくない。程孟輝「当代中国的西方美学研究」は、「一九三〇～四〇年代から宗白華、鄧以蟄、朱光潜等の先生による西洋美学の紹介と研究が進められた。これらの学者はまさに西洋美学を中国に紹介し、現代中国の西洋美学研究の基礎を定めた尊敬すべき先駆と言ってよいだろう」との高評を与えている（九五年六月三〇日付）。また、「北京大学哲学系創設九〇周年」の記事では、「蔡元培、胡適、蔣夢麟、熊十力、唐鉞、鄧以蟄、梁漱溟（以下、一二名略）などがかつてここで教鞭を執り、現代中国哲学の揺籃となった」と評されていた（二〇〇四年五月一四日）。

⑿　郭琦元【169】

一八九一～一九六四。一九一八年千葉医専入学、二二年卒業。帰国後、上海亜東医科大学教授となる。一九二六年には千葉医専同窓をはじめとする留日仲間と諮って、上海東南医学院を創設し、校長となった。一九三〇年、私立東南医学院と改称し、附属東南医院も設立した（同院長も併任）。この間に、東南高級薬科職業学校も創立している。郭は、教員間の団結を進め、創業の苦しい時期にも医術に専心し、東南医学院と附属医院を上海で最も名声高いものとした。

一九三二年一月に上海事変が起こった際、郭は皆を引き連れ、積極的な救護活動を行った。これが反動派の恨みを買い、一時警察に拘束されたが、家族が宋慶齢などの協力を得て救援活動に奔走したため、釈放された。また一九三七年の日中戦争において、二〇〇名の教員生徒と「中国紅十字会戦地服務団」を創り、戦闘の最前線で救護活動を行った。

日本の敗戦後は、国民政府の委嘱を受け、南京中央病院の接収に当たった。この時、同院には日本から徴集された軍医が五名いたが、三名が千葉医大卒、二名が東大医科卒で、みな顔見知りであったため、接収は順調に行ったとされる[66]。その後、故郷の楊舎に帰った際、医薬が少ないことを知り、郷村医院を出身地に創り、院長も務めている[67]。

郭が初代院長を務めた東南医学院は、浙江省立医薬専門学校と並び、千葉医専ＯＢとの関係が最も深い学校となるのだが、そこに郭校長の戦略と想いを読み取ることもできるだろう。同校については、ある資料では、このように説明されている。

「一九二六年五月、日本から戻った郭琦元先生が発起し、湯蠡舟と繆征中が強い協力をして上海に共同建設したのが東南医大である。『中国科技史料』中の「清末留日医学生及びその中国近代医学事業に対する貢献」には、次のような叙述がある。「上海私立東南医大は、現在の安徽医大の前身である。一九二六年、一一名（その中七名は日本留学経験者）が資金を持ち寄り、創設された。また、教職員の大多数も留日帰国学生で、重要な職位は彼らが担当した。一九二〇年、元留日学生・顧南群が上海に創設した南洋医学院が、一九三〇年に閉校した時、学生は東南医学院に移された。これらによって、東南医学院は、留日医学生が中国近代医学事業の発展に貢献した一事例と見なせることである」云々。[68]

郭琦元は現代の中国で流通している人名辞典類に頻出する訳でも、また自ら医学書を多く執筆した訳でもない。しかし、上海東南医学院において、研究仲間の環境整備や学生の教育に地道な力を注いだことは、留日医薬学生中でも中国に貢献した代表的人物と言えるのではないだろうか。

〈『人民日報』紙に見る郭琦元〉

朝鮮戦争時に、アメリカ軍が細菌兵器を使っている嫌疑があり、「中国紅十字会総会」が一四名の連名で、「我々はアメリカ細菌戦の毒焔を撃滅することを要求する」との声明を出しているが、その筆頭に郭の名前が見える（一九五二年三月二一日付）。

⒀　**湯紀湖**（**湯蠡舟**）【**197**】

一八九六～一九五七。一九二〇年千葉医専入学、二四年卒業。前年からの五四運動の影響を日本留学中に受け、他の留学生とともに「丸善書店」で進歩的な欧米雑誌を求め、新思想を学んだ[69]。二五年に帰国後は、国民革命軍第一軍後方医院医務長、広州第一衛戍病院医務長を歴任し、二六年上海東南医科大学教授、医務長に就いた。日中戦争中は、救護活動に奔走。日本の敗戦時に、救護総隊副総隊長であった湯は、新生の中国紅十字会に対し、被害者救護、復員兵援護をすべきと提案している[70]。その後、上海東南医大が安徽省に移った後、医学院長として、その作業に尽力した。

子息の湯章城が書いた評伝は、「湯蠡舟は、六一年の生涯中、辛亥革命、五四運動、北伐戦争、十年内戦、抗日戦争、解放戦争、国民党政権退去、抗米援朝戦争、および新中国成立初期の発展や多くの運動を経験した。長きにわたる労苦は、彼を遂に病につかせ、一九五七年一〇月、逝去した」とまとめ、湯紀湖の世代の人生が、激動の中国近現代史と重なっていたことを確認できるのである。（なおこの章城は、中国社会科学院上海分院院長や第九期全国人民代表大会代表を務めた人物である[71]）。

〈『人民日報』紙に見る湯紀湖〉

郭と同様に、湯も「現東南医学院長、安徽地区医務工作者協会企画委員会副主任」の肩書を持って、「アメリカが細菌戦を展開することは国際法違反であり、恥ずべき行為である」との談話を出したことが紹介されている（一九五二年二月二八日付）。

⒁　張效宗【217】

山西省出身。一九二一年千葉医専薬学科入学。二五年卒業後、ただちに千葉医大医学科に再入学し、二九年に卒業。帰国後は、陝西省防疫処研究科主任、上海東南医学院教授などを歴任している[72]。

『人民日報』一九五〇年二月二二日付に掲載された「新しい戦争の挑発者を警戒せよ。全国人民はソ連の提案を擁護し、細菌戦犯を厳しく罰することを要求し、死した同胞の仇を取ろう」という記事中の中で、張は「西北大学細菌学教授」の肩書で登場し、「科学者として、日本の細菌戦犯を審議しようとするソ連を支持する」という趣旨の発言をしている。

⒂　**鄭万育【229】**

江蘇省出身。一九二八年千葉医大入学、三二年卒業した後、広西省立医学院産科教授に就き、三六年から浙江省立医薬専科学校教授になっている[73]。

『人民日報』にも登場するが、それは一九五七年八月八日付「希請勿急勿躁（急がないで落ち着くことを願う）」という記事中の批判対象者としてであった。すなわち、「江蘇医学院の右派分子である鄭は、党や社会主義に対して、批判的な謬論をあれこれ述べている。彼は『実際に観る現実と自身の体験とを合わせるまでに、時間が必要なので、急がず、落ち着いて欲しい』と述べているが、それ自体が右派の言い訳にすぎない」云々。この記事の続報をその後の紙上で見出すことができないため、これ以上はわからない。

なお、⑺で紹介した金宝善が「右派」として批判された記事が載ったのは、この翌日の九日であった。金宝善は一九六〇年に名誉回復したことを先に触れたが、鄭のその後については不明である。

⒃　**葉曙【239】**

一九〇八～二〇〇四。湖北省蒲圻生まれ。一九三〇年千葉医大入学、三四年卒業。千葉医大病理学教室で副手を務め、一九三八年医学博士の学位も得ている。一九四三年帰国し、上海東南医大の病理学教授、教務長になる。四六年台湾に渡り[74]、台湾大学医学院病理学科教授となる。同大で四〇年近く研究と教育に従事した結果、「台湾病理学の父」との敬称を得ている。中央研究院評議会評議員も五度務めた。回顧的著書に『閑話台大〔台湾大学〕四十年』、『病理三十三年』がある[75]。なお、後者の叙述を参考に、一章では、彼が千葉医大在学中にスポーツで大活躍したことを、本章後半では、指導教授との逸話を各々紹介している。

⒄　**張斟滋**【249】

山東省出身。一九三六年千葉医大学入学、四〇年卒業の略歴しかわかっていなかった[76]が、その名前を『人民日報』紙上で二件看取できる。一つは「中央人民政府政務院　第四十次政務会議」で、「山東省人民政府衛生庁　副庁長」に任命された由。現職は「山東省濰坊楽道医院院長」となっていた（一九五〇年七月九日付）。また一九五五年三月八日付には、「山東省選出人民委員」に選ばれた旨の記事がある。つまり、これらによって、張が地元山東省の病院院長を務めながら、山東省の政治にも関わっていたことがわかるのである。

⒅　**柳歩青**【274】

一九一三〜没年不明。広東省生まれ。一九三二年に来日し、三八年東京歯科医学専門学校卒業。同年東京帝大医学部歯科学教室入学。四一年千葉医大入学、四五年卒業。同大第二内科学教室助教。四六年帰国。上海・南洋医院内科主任兼第二医学院内科学教授。四九年北京市口腔医院院長に就任。また北京大学口腔系教授も歴任（一九六二年、文革期に大学を退任）。

なお、柳は「医者修業とはかないロマンス」と題する日本留学時の回想を残している[77]。それによれば、一九四五年七月の千葉空襲で、柳も軽いケガを負ったこと。戦争末期には、同級生のほとんどが軍医として召集され、医科大は休学状態となったため、同級生の実家である長野県戸倉の医院で手伝いをしたこと。同地の女性と「ロマンス」もあったが、それは実らなかったことなどが記されている。戦時下の日本において学びを継続していた中国学生は数千人いたのだが、彼らも空襲に遭遇していたことは、こうした証言がないと想像し難いことである。なお、柳が戦後日本で行った特別講演「中国の歯科事情」（一九七八年）が、日本の学会誌に掲載されていること[78]も付言しておきたい。

〈『人民日報』紙に見る柳歩青〉

柳歩青についての記事は、一九七二年八月～一九八五年三月まで六件ある。最初は、一九七二年八月一五日付で、ペルーの歯科協会主席が訪中した際、中国医学界代表の一人として、歓迎会に参加した記事である。八二年五月二日付では、「口腔医学専門家が口腔医学事業を強めることを呼び掛けた――『歯の病気は看てもらいにくい』という大衆問題を切実に解決したい」という見出しの下で、柳が中国の代表的歯科医師として、口腔医学（歯科学）の発展を強く訴えている。さらに孫文逝去六〇周年記念式典に、「各界人士」の一人として参列していたことも確認できる（八五年三月一三日付）。つまり、柳は、中国の歯科医師の中で、もっとも著名な一人として評価されていたのである。

以上、千葉医専・医大を卒業また中退した留学生で、その評価が現代中国で看取できた人物一八名を紹介してきた。この中で最も顕著な活躍をした人物は、金宝善であろうか。紹興での学生時代に魯迅からドイツ語の指導を受け、また小説のモデルにもなったなど逸話には事欠かず、衛生行政体制構築に果たした活躍も目覚ましいものがあった。国民党政権末期にはアメリカ移住も選択したが、新中国の建国に伴い帰国。そこで、二度にわたる政治的迫害に直面したものの、その間は地道な翻訳作業を行い、若手の研究的基礎を作り続けるなど、その起伏に富む人生は近現代中国知識人の一つの典型と言えるかもしれない。

3　千葉医専・医大卒業生が中国で出版した著作

日露戦争前後から増加していった中国留学生たちは、日本で様々な「近代知」を学び、それを母国に持ち帰った。

そして、ある者は日本の学術書を翻訳紹介し、ある者は自ら執筆し、近代中国の学術発展に貢献していった。こうした知の交流・貢献（思想連鎖の回路）を顧みることはきわめて重要であろう。

同仁会が立ち上げた「華文医薬学書刊行会」の支援で、元留学生たちが日本の医学書を中国語に翻訳刊行したことを先に見た。本節ではそれを含め、千葉医専・医大ＯＢが著した専門書や雑誌について把握し得たものを図表2-7として掲げておく[79]。

また著書の「序文」などに、日本留学との関連などが記されている場合は、一部を日本語に翻訳し、示している。数は多いとは言えないが、中国に「新しい医学」を伝えようとする動静を知る好資料となる。とりわけ趙師震の著作をめぐる懐想や推薦文は、元留学生たちの熱い想いを知ることができる内容となっている。

おわりに

「中国が自身で西洋医を育てたのは、清末の『実事白話報』（北京）によれば、王若儼、方石珊、侯希民など留学した医科進士、医科挙人、徐蔚文などの歯科進士との記載があり、彼らが中国最初の西洋医だったと思われる。方石珊氏はのちに北京に首善医院を設立し、新中国建国後は社会活動に参加した」。

この文章は、現代中国で出版されたある「医学史」叙述の一節である[80]。ここで最初の西洋医（原文、「中国第一代西医」）として名前が挙げられている王、方、侯はみな千葉医専の卒業生であった。方と侯の業績は既に見た。王若儼【8】は、一九〇四年入学、〇八年卒業。江西省立医学専門学校校長などを歴任した人物である[81]。卒業帰国後の彼らが、中国における近代医学発展の先導役を務め、さらに辛亥革命後に近代中国社会を作りあげるため、奮闘努力し、しかるべき評価を与えられていること、そこに留学を通じた「知」の友好提携の歴史があったことは、近代日中関係の中で特筆すべき事項であろう。

しかし、一方で、近代日中関係は、日本の軍事的侵攻が大きな影を落としたことも事実である。最後になるが、この点についても簡単に触れておきたい。本章第一節で、一九三八年夏、日本軍が実質的に支配していた北京で、日中の学者が集い、「東亜文化協議会」を発足させたこと、その医学部会の役職者として、千葉ＯＢの呉祥鳳、侯毓汶、方擎が就いたとされることを紹介した（このうち侯と方は「中国第一代西医」という評価を、現代中国で受けていることも先に触れた）。たしかにこの三名が、中国医学界において、重要な役割を果たす一方で、少なくとも日中全面戦争勃発までは、日本の医学者たちと交流を続けていたことは確認できる[82]。

しかし、日中が交戦中の一九四一年に、侯毓汶が千葉医大から博士号を授与されたこと、一方、張錫祺は四五年七月、日本からの博士号授与を拒否したとされていることも紹介してきた。それらは、日本との距離感をどのように定めていくのか、その困難さを示す史料の一つと思われる。しかしながら、抗日戦争勝利後の新中国において、侯、また方や呉も大学教授などの地位を得て、活躍していた事情（前述）を考えると、日本軍の侵略行動について、彼らが抵抗姿勢を貫いたことが戦後の評価に繋がっていったと考えるのが妥当と思われる。

こうしたデリケートな事情が背景にあるためか、元留学生たちが、「抗日戦争」勝利後に「日本医学界」あるいは「千葉医専」との関連や思い出を記していることは、趙師震や葉曙の文章など一部を除き[83]、見出すことができない。そうした側面はあるものの、中国医学の近代化、とりわけ当時の中国で求められていた公衆衛生学の分野で、近現代医学史に名を残す人士を留日医薬学生の中から多く輩出したことは、記憶に留めてよいだろう。

図表2-7　千葉医専・医科大の留学生が中国で出版した著作

番号	名前	卒業19〇年／主な経歴	著作名
1	侯毓汶（侯希民）【7】	08医卒／北京市衛生局局長ほか	①雑誌『衛生叢報』（全五巻責任編集、16年）。②雑誌『民国医学雑誌』（主編、23年、北京民国医学雑誌社が発行。33年の11巻から「東方医学雑誌」と改名。40年、18巻で停刊）。
2	沈王楨【13】	09医卒／北平大学医学院教授ほか	①外科各論講義 第3巻（編、年次不明）、②耳鼻咽喉科学（赤松純一著作を翻訳、48年初版、51年再版）。
		沈王楨訳（赤松純一著）『耳鼻咽喉科学』（48年）弁言　科学が遅れている中国にあって、科学に関する書籍はほとんどすべて国外に求めている。国内の出版に多くを求めることはできない。そのため外国語が不得手な学生たちは、原本の精髄を得ることが難しい。また書物の価格が高く、入手困難で、貧しい子弟は、ただ嘆くのみである。医学は科学の一つであるのに、こうしたことが起こるのは残念なことだ。／時代がすすみ、医学書の新本が続々刊行されている。本社も需要に応じるため、同仁会各科医学訳本を増訂刊行し、学子の便宜とする。ただ時間が慌ただしく、疎漏は免れない。望むらくは、国内の学者からご指摘いただければ、幸甚である。 ※見城コメント（以下同じ）　中国への科学知識の導入は、海外書籍の翻訳によるところが大きく、（日本医学の）訳書出版には大きな意味があることが述べられている。また、抗日戦争勝利後も、同仁会翻訳の医学書が求められていた事情にも注目しておきたい。	
3	方擎（方石珊）【20】	10医卒／北京医学専門学校教授ほか	①日本医学発達史談（28年）、②中国生命統計初歩（29年）、③予防痨病（附、痨病生活指南）（30年）、④「中国衛生行政沿革」『中国医学雑誌』14巻5号、28年。
4	華鴻【30】	09薬卒／浙江省立医薬専門学校教授ほか	①雑誌『薬報』（主編、浙江省立医薬専門学校発刊、全47冊、20～37年）
5	李定【45】	13医卒／浙江省立医薬専門学校教授ほか	①常用処方集（48年初版、49年再版、51年増訂3版、54年修訂版、56年再版）、②局部解剖学（36年初版、37年再版。55年3版、57年第2次印刷）。
		李定『常用処方集』（48年）『常用処方集』は、故李定教授、生涯の代表作である。十余年来、全国から評価の声を受け、医学界では基準になった。李教授は民国一八、一九〔一九二九、三〇〕年にこの書を編輯し、すでに多くの実績を上げており、学識や経験が広大であることは十分に知られている。 ※同書が、李定の代表作であり、中国「医学界の基準」となっていたことがわかる。	
6	丁求真【49】	14医卒／浙江省立医薬専門学校教授ほか	①衛生学綱要　上巻（編、26年）
7	朱其輝【61】	14医卒／浙江省立医薬専門学校教授ほか	①内科全書（呉祥鳳ほか編、上巻19年、下巻同年初版。34年国難後一版。35年3版）

番号	名前	卒業19〇年／主な経歴	著作名
8	何煥奎【62】	14年医卒／江西省立医学専門学校教授ほか	①新中華健康教育（32年）
9	金子直【63】	14医卒／南京政府衛生部ほか	①民族衛生（30年）、②家庭医学（34年）、③通俗衛生（34年。39年4版）、④国際連盟諸政府派遣赴英国及印度研究公共衛生報告（年次不明）。
		金子直『民族衛生』30年。吾国民族は四億人と言われている。しかし、いまだ生死の登記や疾病の調査は実行されていない。最近の推定では、吾民族の死亡率をイギリス、ドイツなどと比較すると、本来死ななくても良い死者は毎年六百万人を越え、病まなくてもよい病人が六千万人以上もいる。この実談は、民族主義者であろうとなかろうと共に注意すべき問題である。／吾民族の繁殖力と南洋一帯の発展は、世界が驚くところである。しかし、花柳病の蔓延とアヘン中毒は吾民族の体質に日々低下をもたらしていることも、有識者がよく知るところである。それのみか、痰を吐くなど汚く不潔な悪習は、特に衛生を害するもので、外国人が唾棄嫌悪すべきところである。これまた民族主義者であろうとなかろうと、共に注意すべき問題である。／私は吾民族の各階級が、上は政治家・教育家・経済学者・法律学者、軍人及び官吏など、下は男女学生、農民や召使に至るまで、ひとしく民族衛生に留意することを望んでいる。 ※方石珊、金宝善など近代中国の公共衛生学に貢献した人物が千葉医専出身者には多かったが、金子直も「衛生」に関する著書を複数出している。この序文は、この問題の克服が、近代中国における喫緊の課題であったことを示している。	
10	呉祥鳳【64】	15医卒／北平大学医学院院長ほか	①内科全書（朱其輝ほか編、上巻19年、下巻同年初版。34年国難後一版。35年3版）、②国立北平大学医学院20周年記念館、序文（33年）、③神経病学（32年）、④呼吸器科之病理与療法（通俗医科大学講座訳本、伊藤尚賢著の翻訳、34年）、⑤胃腸科之病理与療法（同）、⑥泌尿生殖器科之病理与療法（同）、⑦婦人科之病理与療法（同）、⑧産科之病理与療法（同）、⑨小児科之病理与療法（同）、⑩脳脊髄神経之病理与療法（同）、⑪神経衰弱科之病理与療法（同）、⑫皮膚及花柳病科之病理与療法（同）、⑬耳鼻咽喉科之病理与療法（同）、⑭臨床便覧（発行年次不詳）。
11	潘経【117】	16年薬卒／南京軍政部軍医司科長ほか	①西薬配制大全（23年初版、35年三版）、②臨床処方（中文・独文対照、30年）、③薬物便覧（44年）。

12	金宝善【122】	18年医卒／北京大学医学院教授ほか	①衛生行政（42年）、②実施新県制与衛生建設（43年）、③衛生行政問題（44年）、④三十年来中国公共衛生之回顧与前瞻（46年）、⑤平民衛生教育学摘要（発行年不明）、⑥非常時期之公共衛生之回顧与技師（不明）、⑦衛生学及保健組織（不明）、⑧戦時地方衛生行政概要（不明）、⑨英漢予防医学詞匯（85年）、⑩金宝善文集（北医公衛「夕陽紅」編輯組編、２００７年）。⑪「三十年来中国公共衛生回顧与前瞻」『中華医学雑誌』32巻1号、46年。⑫「民国以来衛生事業発展簡史」『医史雑誌』2巻1号、48年。
		金宝善主編『英漢予防医学詞匯』人民衛生出版社（85年）前言　ここ三〇年来、予防医学の重要性は世界各国が公認するところとなり、その発展も迅速である。新しい名詞もまた日々増えており、衛生防疫人員と医薬学校の教員学生の大勢に対する英語中国語対照の辞書作成の必要が迫られてきた。／我国衛生部の衛生教材編纂委員会は、かつて一九五一年にロシア語、英語、中国語対照の『公共衛生学術名詞』を試みに作成した。当時、蒐集した単語は少なく、その後も修訂されていない。私はこうした書物の編纂を長く志しており、このたび北京医学院及び北京医学院衛生系の協力によって、仲間とともに三年かかり、本書を完成させた。（略）本書は、環境衛生と環境衛生医学、労働衛生と職業病学、栄養と食品衛生学、流行病学、衛生統計学、社会医学および衛生事業管理学、児童少年と学校衛生学、軍隊衛生学、公共衛生看護学、放射衛生学、衛生化学と検験、衛生毒理学などの常用名詞を包括し、また近年の新用語も合わせ、一万四千余りを集め、衛生防疫に関わる人や医薬衛生院の教員学生が参考に使うことができるようにした。 ※金宝善は84年に91歳の高齢で逝去するが、その「遺著」となった辞典の序文である。金が文革期等の困難な時期に、こうした作業を進めていたことから、彼が自らの生涯をかけた衛生防疫事業への熱い想いを知ることができるだろう。	
13	蹇先器【141】	20医卒／北京大学医学院教授ほか	①皮膚及性病学（土肥章司著の翻訳、49年初版。51年4版）、②泌尿科学（志賀亮著の翻訳、49年初版。50年3版）。
		増訂弁言　土肥章司博士は、日本の著名な皮膚・性病の専門家である。その著作『皮膚及性病学』の一書は、この分野唯一の巨著である。戦前、北平医大・蹇先器教授が翻訳した後、遂に我国医学界の大きな業績と見なされるようになった。我々はその治療法がやや古くなったことを認め、ゆえに資料収集をし、増訂を行い、現代の需要に適合させるようにした。 ※この『皮膚及性病学』も、同仁会翻訳の医学書である。同仁会自体は軍部の中国侵攻とともに、その協力機関と化し、敗戦後は解散させられるのだが、元留学生と行った翻訳事業については、新中国においても、「医学界の大きな業績」と評価されている。	
14	劉文超（劉歩青）【146】	18薬卒／上海東南医学院教授ほか	①調剤学講義（23年）、②安瓿（アンプル）製造法（35年）。
15	郭琦元【169】	22医卒／上海東南医学院院長ほか	①雑誌『東南医刊』（主編、郭、陳卓人、湯蠡舟ほか。上海東南医学院東南医刊社、29年1月～33年12月、4巻4期停刊）

番号	名前	卒業19○年／主な経歴	著作名
16	陳倬（陳卓人）【171】	22医卒／上海東南医学院教授ほか	①内科診断学（32、35年再版）、②小児嘔吐和腹瀉（51年）、③小児病常識（52年）、④麻疹（発行年次不明）、⑤神経病学（不明）、⑥雑誌『新医薬』（上海中華民国医薬学会、31年、34年の2巻1期から『中華民国医薬学会会志』5巻4期停刊）。
17	趙師震【192】	24医卒／上海東南医学院教授ほか	①孕産婦之友（35年2月初版。49年3版）、②近世内科全書 1～3冊（1冊35年、2冊36年、3冊37年）、③内科診断学（40、45年）、④近世内科学（上冊47年、下冊48年）、⑤薬理学（49、53年。翻訳。元著者不明）、⑥神経病学（ソ連高等医学院校教学用書、E. K. サイフーほかの元本を翻訳、56年）、⑦包特金内科講演集（内科臨床教程、C. 包特金〔パオトァーチン〕の元本を翻訳、57年）、⑧趙氏英漢医学辞典（52、68、76、83年）、⑨人体正常解剖学（翻訳、詳細不詳）。

① 趙師震『近世内科全書』（35年）。

一）郭〔郭琦元〕序〔前略〕趙師震君は、余の同学であり畏友である。束髪読書のすぐれた仲間である。日本に渡り、医学を学び、帰国後、教鞭を取る。その名は国中に知られ、気節をもって自負し、道学をもって自許す。時を得ざるにより、潔然と引去し、市井で退隠す。しかるにまた学の道を忘れられず、十年来の経験を重ね、よく考えた結果、近世内科学を著述して、世に問う。心の苦しみや急時の急においても、学をなすことを忘れることがなかった。すなわち、世教をまとめ、もって後進を啓発した。〔中略〕私琦元は十年軍隊にかかわり、成果を挙げられず、趙君に愧じることは、文字だけではない。いくつか推薦の言葉を語ることによって、少しでもその驥尾についていき、もって自分の励みにしたい。そして趙君の学問がさらに進歩し、後進たちが自分の身において修めることを励むことを望んでいる。この著書の内容は、詳細で意を尽くすものであり、賞賛される。この分野を学ぶ者は、多くのことを知ることができるだろう。〔下略〕

二）陳〔陳倬〕序／我国最近数十年になってから初めて新しい医学が輸入され、新医学、すなわち科学発達の自然な結果であり、陰陽事などの非科学的なことと同列に語ることはできなくなった。しかし我国の科学は落後しており、進歩は遅滞している。医の一道はとりわけ精究しにくい。今日まで、我国の医学界は、なおいまだ翻訳と輸入の時代を脱していない。言いたくはないが、事実である。日本は明治維新以来、わずか七十年、初めはオランダから新医学を輸入し、さらにフランス・ドイツ医学も継続的に取り入れ、政府の提唱と学者の努力とによって、日進月歩の状態である。医術は深くて詳しく、各国の評価も高い。ついに輸入者から転じて、輸出者となった。しかも日本の医者は知識を求めることが甚だ盛んで、国外すべての価値ある新刊物は、数ケ月を待たずして訳本が出版されている。教科書もまた同様である。売れ行きの早さは人を驚かせ、一年から三年の間には必ず改訂新本が出る。これを読む者は最新の知識を獲ることと世界医学の趨勢を覗き知ることができる。その勢いは突飛猛進と言え、その益が尽きることはない。一方、我国を顧みると、果たしてどうだろうか。医学を学ぶ者は多くない。医学界で読書習慣を持つ者はさらに少ない。私はかつて一書を出版し、十数年経つが、いまだ改訂できていない。私はこれを大変後ろめく、愧じ、言葉もない。科学は日進月歩で、今日の新知識が明日にはすでに旧説に属す。十年前の学説は、今日すでに適用することはできない。ゆえに、医学の書において、斬新を求めることが、根拠ある最適の治療となるのである。同学趙師震君は、医学を精しく研究し、江蘇・南通各医大学において教職を歴任した。その講義を編纂し、「近世内科全書」とするところの益は大変大きい。私は本書に目を通したが、詳しくかつ的確で、説理もよどみがなく、内科学上に必要な知識はすべて残すことなく含まれていて、大変喜ばしい。

聞くところによると、趙君は本書編纂にあたり、長く時間がかかったため、途中で新学説と新療法を加えなければならず、およそ三回原稿を変えたそうである。なんと真面目なことだろう。この一書が出たことを知ることは、まさに一世を風靡し、我国内科医書中の傑出と言える。世の医学者はこの一編を宜しく手に取るべきであろう。

三）自序〔趙師震〕。我が国が西洋医学の輸入をはじめてから百年も経つが、新しい医書はいまだきわめて少ない。先輩の方石珊先生【20】が、我国で新しい医学が発達しない原因を「座病である〔実践的でない〕」と痛論していたことに、深く感銘を受けた。この書は、南通医学校教授であった私が、学生の教材としてまとめたものである。当時我国には適当な内科教本がなく、Domarus. Strumpell. Mering. Osler などの名著を材料とし、また自らの経験も加え、教材として編纂し、学生に授けた。一章一編まで、原著から完全に訳したものが多い。考えてみると初めは著作と言えず、出版の意思はなかった。ここに石珊先生の言葉に感ずるところあって、遂に自らの力不足を顧みず、世に問うことにした。

本書は元来学生のために編じたものだが、整理を重ねる際、実地の医学者が購読することも考慮し、改修には実用の適合を求め、材料の取捨選択をし、我国の環境に適合するようにした。世界での新発見を落さないような自覚と十二分の努力を尽くした。

② 趙師震等編訳『内科診断学』序〔40年〕。本書は、亡友許棟材〔千葉医専同窓の許枏【193】のこと〕君の発意により、民国一五〔一九二六〕年江蘇省立医大学生理学教室で、許君が国内に診断学の適切な書籍が乏しいことを鑑み、夏休みを利用して、ドイツ人 Klemperer の世界的名著 Dingnostik der Inneren Krankheiten をそれぞれ半分ずつ翻訳したものである。翌年三月の完成を目指していたが、この年たまたま日本に行くことになり、完成することができなかった。〔中略―一九三〇年、趙が南通医学校校長に就いたこと、自著『近世内科全書』の編纂に当っていたことなどから、翻訳が遅延しているうちに、許君は一九三一年に病で亡くなってしまった。その後も作業は曲折し、一九三七年の上海事変勃発でさらに印刷が遅れるなどしたが、許君の発意から一三年、病没後八年に、ようやく完成した〕。一三年経っても、国内の医書出版はあまり活発でなく、内科診断学の文化においても、今なお適書は少ない。あたかも一三年前の情景と変わりがなかった。戦火迫る国難の中、この書を国民に紹介することによって、泉下の故人に罪がなかったことを告げることができる。

番号	名前	卒業19○年／主な経歴	著作名
			③　趙師震『趙氏英漢医学辞典』（52年）。かつて私は医学校〔千葉医学専門学校〕を卒業した後、同校の生理学教室に進み、二年生理学を学んだ。研究室の主任は酒井〔卓造〕教授だった。先生は同学の間では癇癪持ちとして知られていたが、教室では和気あいあいとしていた。一九二四年のある日、先生が私の研究室に来て指導した。閑談を始めたところ、テーブルの上に、十数版を重ねた恩田重信氏の独日医学辞典があった。これは当時の日本で、もっとも基本的な辞書であり、医学生と医学者は必ず一冊持っていたものである。先生はそこで一つの話をした。それは、この辞書がなければ学業は成らない。正式な高等教育を受けていない人はドイツ語基礎が弱いので、詳しい辞典には感服すべき価値がある、というものだった。／明治時代後期の日本医学はまだ幼稚な状態で、医書もたいへん少なかった。恩田氏のこの辞書が刊行されてから、翻訳が積極的にされる時代に入り、西洋の有名な医書がたくさん翻訳された。大正時代は日本医学の猛烈な発展期であり、遂に欧米をも上回る勢いであった。彼の辞書は後に出版された辞書にも大きな影響を持った。つまり恩田氏の功績は記念碑的な価値があるのだ。／私は当時国を憂い、情感あふれる青年であり、この話が強烈な反応を引き起こし、なんとか翻訳したいと言う熱い衝動が生まれた。ただちに、恩田氏の辞典を翻訳してみたが、試訳に留まり、頭を冷静に戻すことが必要であった。この計画は明らかに幼稚であり、笑うべきものであった。その後も作業は継続することができなかったが、辞典編纂の大きな夢はいつも頭にあって、今日まで忘れることはできなかった。ここ二十年で、少なくない医書が翻訳されたが、時間がない時に、適当な翻訳名がないことに心を痛め、老いてますますその意識が強くなり、本書を出すに至った。 ※千葉医専の元留学生が著した医学書は少なくなかったが、序文等の記載は総じて淡泊で、日本留学時代のこと等を記す事例はほとんどない。そうした中、趙による三冊の自著序文および同学の二名による推薦文は、きわめて貴重な証言になっている。たとえば、陳倬は、20年代の日本医学界の知識流入の速さを「突飛猛進」と表現しているが、それらを彼ら留学生が余すところなく吸収し、母国に持ち帰ったと理解することができるだろう。医学校教員などになった元留学生たちは、その知識をある場合は教室で医学生に伝え、ある場合は、出版の形で人々に広く伝えていったのである。 趙が辞典編纂を志した逸話も興味深い。すなわち、日本の医学界が「独日事典」を得て、急発展したことを、千葉医専の研究室で目撃した趙は、中国で同様の事典を出すことを宿志とし、時間は相当かかったが、遂に発刊したというのだ。趙が苦労した甲斐あって、52年に北京の中華書局から発刊された後、68、93、さらに２００９年にも香港で重版されるなど、現在でも広く流通利用され、古典となっていることがわかる。つまり、千葉医専の研究室で見た恩田版事典と同様に、趙の事典は現在も中国語圏で重要な役割を果たし続けているのだ。それは、ある意味で、時空間を超えた「知」の連鎖伝播の重要な例証となるであろう。
18	湯紀湖（湯蠡舟）【197】	24医卒／上海東南医学院教授ほか	①救護与防毒（36年初版、37年3版）。

19	王佶（王吉人）【198】	25医卒／浙江省立医薬専門学校校長ほか	①実用外科総論　上巻（33年）、②怎様踢足球（サッカーとはどの様なものか、監修、35年）
20	張錫祺【207】	25医卒／上海東南医学院教授ほか	①眼底病図譜（40年）。
21	黄裕綸【219】	25薬卒／南通大学医学院教授ほか	①戦地及一般救護学（39年）。
22	章志青【226】	29薬卒、33医卒／浙江省立医薬専門学校教授	①各科診療手冊（前篇48年初版、49年再版）、②臨床薬理学（48年初版、50年再版、53年3版）、③現代各箇所宝珠冊（50、51年）、④臨床病理検験法（51年）、⑤臨床診断学（53年）。
23	徐伯鋆【238】	32薬卒／浙江省立医薬専門学校教授ほか	①生薬学（34年）、②現代本草生薬学（趙橘黄との共著、34年）
24	葉曙【239】	34医卒／台湾大学医学院教授ほか	①病理学（出版年次不詳）、②応用病理学（不詳）、③病理三十三年（70年）、④閑話台大四十年（89年）
		葉曙『病理三十三年』（70年）。千葉医大病理学教室の馬杉復三先生から、私が書いた研究論文について、「君の実験成績は理想的で、また結論も妥当で、全体の構成も良い。しかし、日本語表現が拙劣で何を言いたいか分かりにくい。特に研究論文は一旦発表すると、取り返すことはできないので、慎重にするべきだ。また自分が発見した新事実を一時的な軽率の態度で結論づけ、折角の成果を他人に取られてしまう事例も医学界にはあるので、気を付けるべきだ」と指摘された。／日本語に少し自信があった私は、返してもらった研究論文に施されていた先生からの修正を厳しすぎると思った。しかし、確認すると、それはすべて理に適ったものであった。特に解剖と組織変化に関する叙述、事実の強調、立証などの論述のテクニックを、先生の修正から学ぶことができ、その後、中国語、日本語、ドイツ語、英語で論文を書くときも、私にとって大きな力になった。 ※戦後台湾で「台湾病理学の父」と称せられた葉の著作は、日本時代のことも相当詳しく書き残しており、参考になる箇所がきわめて多い。ここでは、専門に関わる叙述ではなく、論文の書き方を教授から指導された逸話を示した。魯迅が藤野厳九郎先生から、筆写ノートの日本語修正をしてもらった話はよく知られるが、葉はその後の研究人生に関わるような示唆を馬杉先生から得たことを謝意とともに記している。	
25	柳歩青【274】	45医卒／北京大学教授ほか	①受歯知識与口腔衛生（41年8月）、②臨床口腔診断治療学綱要（診断篇）（51年）

出典：鄭鉄涛・程之范編『中国医学通史　近代巻』人民衛生出版社、二〇〇〇年。北京図書館編『民国時期総書目（一九一一〜一九四九）——自然科学・医薬衛生』書目文献出版社、一九九五年などにより作成。

註

（1）小島淑男「近代中国における留日学生の役割」『歴史科学と教育』（「歴史科学と教育」研究会、千葉大学教育学部）第一五号、一九九六年。
（2）呂順長「清末における浙江省留日学生の帰国後の活躍」（大里・孫編『中国人日本留学史研究の現段階』御茶の水書房、二〇〇二年）。
（3）外交省外交史料館蔵「浙江省立医薬専門学校教職員ニ関シ報告」『東方文化事業　参考資料関係雑件　学校及学生関係　第五巻』アジア歴史資料センターウェブページ、Ref. B05016169000, H-0915. 303~306. 以下、アジア歴史資料センターウェブを引用する際は、英語の略称である「JACAR」を示し、その後にレファレンスコードを付すこととする。
（4）同校の千葉関係者の勤務歴等は、『浙江省立医薬専科学校一覧』（一九三七年）を参照にした。
（5）中国語の原文は以下の通り。「復興民族首在強身、我們研究医薬、我們提倡衛生、増進国民的康健、是我們的責任、這責任、重大、匪軽！。同学們！　要求真学問、同学們！　要有忠実心、発揚仁粛勤樸的精神、愛校愛国愛人。／人生苦痛要算疾病、我們研究医薬、我們提倡衛生、解除人民的痛苦、是我們的責任、這責任、重大、匪軽！。同学們！　要求真学問、同学們！　要有忠実心、期望福国利民的功成、同心合力前進」。
（6）中島半次郎『日清間の教育関係』一九一〇年、三〇頁。
（7）興亜院政務局編『日本留学支那要人録』一九四二年、一九二頁。同書は戦時下の日本（興亜院）が「親日派」との連携などを目的として作成した人物辞典であり、一六〇〇名あまりが掲載されている。その中に、千葉医専ＯＢ九名の名前を見出すことができる。
（8）同右、八五頁。
（9）同右、六一頁。一九四一年頃は、東亜文化協議会常任理事職と北京大学医学部副部長の職にあった。
（10）同右、五一頁。
（11）永井潜「中華民国医界視察談」『同仁』一九三六年一〇月号、一〇二頁。
（12）前掲、小島「近代中国における留日学生の役割」。なお、同論文中では、江蘇医大が閉校された理由、郭たちが上海で再建を図った理由などの詳細については、説明されていない。
（13）前掲『日本留学支那要人録』一三一頁。

（14）張謇とその事績については、陶徳民・姜克實・桐原健真・見城編『近代東アジアの経済倫理とその実践――渋沢栄一と張謇を中心に』（日本経済評論社、二〇〇九年）を参考にされたい。

（15）「南通県医院歴史」（『南通地方自治十九年之成績』張謇研究センター・南通博物苑編集発行（中国・南通）、二〇〇三年一〇月）一五五頁。

（16）呉偉明「張謇の社会事業と日本」（前掲『近代東アジアの経済倫理とその実践』所収）。

（17）小野得一郎（同仁会理事）編『昭和五年六月現在　中華民国日本医薬学出身者名簿』同仁会、一九三〇年。

（18）外務省外交史料館『在本邦留学生調査関連雑件』第四巻「本邦留学満州国及中華民国学生ノ帰国後ニ於ケル状況調査」（東方文化事業上海委員会上海自然科学研究所回答）（JACAR　Ref. B05016132800, H-0887. 0326. 0329）.

（19）「中華民国医師の調査」『同仁』一九三〇年二月号、三六頁。なお、この調査報告は、千葉医専出身の金子直（南京政府衛生部）が行ったものである。

（20）史志元「中国医薬教育之現況」『同仁』一九二九年九月号、二五頁。

（21）「中華民国日本医薬学出身者名簿に就て」『同仁』一九三〇年七月号、一頁。

（22）「本邦留学満州国及中華民国学生ノ帰国後ニ於ケル状況調査」（在漢口日本総領事館　三浦義秋回答）（JACAR　Ref. B05016132700, H-0887. 0218）.

（23）前掲、永井「中華民国医界視察談」一〇八頁。

（24）「同仁会規則概要」『同仁』第一号、一九〇六年六月号。

（25）同仁会側の正史には『同仁会三十年史』（一九三二年）、『同仁会四十年史』（一九四三年）があるが、研究はさほど進んでいるとは言えない。しかし、会長に大隈重信や近衛文麿が就いていたことから、日本が中国大陸への政治的経済的影響力を保つための、いわゆる「支那保全論」を推進する役目を負わされていたとの指摘（細野浩二「所謂『支那保全』論と清国留日学生教育の様態――同仁会・東京同仁医薬学校を例にして」『早稲田大学史記要』第八号、一九七五年）、中国の近代医学発展に貢献した半面、日中戦争以降は日本の文化的慰撫（文化工作）の一翼を担ったとの指摘（丁蕾「近代日本の対中医療・文化活動――同仁会研究①～④」『日本医史学雑誌』四五-四、一九九九～二〇〇〇年）などの先行研究は重要である。また、機関誌として『同仁』（第一次・一九〇六年六月～一六年一一月号）、『同仁』（第二次・一九二二年三月～二四年一一月号）、『同仁』（第三次・一九二七年五月～三八年五月号）、『同仁医学雑誌』、のち『同仁医学』（ともにすべて中国語による。一九二八年六月～三八年五月号）、さらにまた

『同仁会報』(一九四〇年八月～四四年九月号)が発行されている。これらの雑誌に掲載されている諸論文からは、会の内在的意図を読み取ることができる。なお、大里浩秋「同仁会と『同仁』」(『人文学研究所報(神奈川大学)』第三九号、二〇〇六年三月)は、同仁会の概説とともに、『同仁』『同仁会報』の目次を掲げ、有益である。

(26)「同仁会記事――医学生の中国派遣」『同仁』一九三七年七月号、九七頁。「青島医院遂に引揚ぐ」『同仁』一九三七年九月号、三〇頁。

(27)下瀬謙太郎「上海在留の邦人医師」『同仁』一九三一年二月号、一八～一九頁。

(28)『同仁会医学雑誌』一九三〇年一月号、五六～五七頁。

(29)『同仁』一九二九年六月号、五六頁。『同仁医学』一九三五年五月号、八七頁。

(30)「同仁会歓迎郭琦元氏」『同仁』一九三五年一〇月号、一一四頁。

(31)『同仁』一九三五年九月号、一二一～一三三頁。

(32)『同仁』一九三六年一〇月号、一二二一～一三三頁。

(33)『同仁会四十年史』一九四三年、一九六～二〇三頁。

(34)前掲、丁蕾「近代日本の対中医療・文化活動――同仁会研究④」六二〇～六二一頁。なお、丁の評価は、「同仁会が(中国に対する)日本の医学と医療の普及に果した役割は確かに認められ、とりわけ中国医薬書は両国の関係を超えて受け容れられた。しかし、これら以外の活動は、反日運動の抵抗を受け、ついに同仁会のあらゆる目的は一つとして結実を見ることがないままに終わってしまう」(六二三頁)という点に置かれている。

(35)なお、戦時下において、医科大学教員や医学者の一部が、結果として中国侵略に加担した事実を忘れてはならない(西山勝夫編著『戦争と医学』文理閣、二〇一四年、一五年戦争と日本の医学医療研究会編『戦争・731と大学・医科大学』文理閣、二〇一六年を参照のこと)。

(36)下瀬謙太郎「同仁会事業三十年の回顧」『同仁』一九三一年五月号、一〇～一二頁。

(37)山井格太郎「中国医界見聞談」『同仁』一九三六年一月号、六三頁。

(38)この東亜文化協議会の会長を務めたのは、留日経験のある文学者・周作人(魯迅の弟)であった。彼は日本の敗戦後、日本協力者として一時投獄される(『中国大百科全書』中国文学Ⅱ、中国大百科全書出版社、北京、一九八八年、一二九九頁。丸山昇他編『中国現代文学事典』東京堂出版、一九八五年、一〇七頁)。

(39)　この項で紹介する人物は、政府行政職や医学校教員として社会的な影響を持ったと思われる人物を任意に調査し、整理したものである。逆言すれば、二四〇余名全員の資料を渉猟し尽くした訳ではない。なお、参考にした事典類は、二〇〇九年段階で発刊されていたものに限っている。

(40)　このデータは中国・上海図書館所蔵の『人民日報』電子版によるが、検索の下限が「二〇〇六年」になっているのは、筆者による検索作業が二〇〇九年末に行われたためである（前掲の一三冊の事典類についても、その時期に利用できたものに限っている）。

(41)　侯の卒業年次を『中国人名大詞典（当代人物巻）』（上海辞書出版社、一九九二年）は、一九〇五年としている。しかし、『千葉医学専門学校一覧』など学校側の史料は、一九〇四年入学、〇八年卒業としているので、本稿もそれに準じた。なお、それ以外の履歴叙述は、同詞典を主に参考とした。

(42)　現在の河南省、山東省の一部に、国共内戦さなかの一九四九年八月中国共産党が華北平原に新設した省。一九五二年一一月に廃止された。

(43)　前掲『中国人名大詞典（当代人物巻）』。

(44)　徐友春編『民国人物大辞典』一九九一年。

(45)　この記述は、賀宝善「唱導公共衛生的方石珊医生（公共衛生を唱導した医学者・方石珊）」（『書屋』書屋雑誌社（中国）、二〇〇六年第一一期）による。その一方で、前掲『民国人物大辞典』には、戦時下で日本が中国と提携を図ろうとする組織であった「東亜文化協議会評議員に選ばれた」との記述がある。本書でも、雑誌『同仁』誌上から、方が同会評議員に就いた旨の記述を確認している。

(46)　前掲、賀宝善「唱導公共衛生的方石珊医生」。賀の論稿は、方の生涯を概観することができる比較的長文の評伝で、前掲『中国人名大詞典（当代人物巻）』の叙述と併せ、参考とした。

(47)　王顕「憶声洞（方声洞の想い出）」（文史資料研究委員会編『辛亥革命回憶録』第一集、中華人民政治協商会議全国委員会、一九六一年一〇月、六一九頁）。

(48)　この項の叙述は、范啓龍「方声洞」（『民国人物伝』第四巻、一九八四年、中国社会科学院近代史研究所）に多くを拠った。千葉医専・荻生校長の談話は、曽永玲「為国損躯的烈士方声洞」（趙矢元編『中国近代愛国百人伝』一九八五年、三五一頁）に記載がある。しかし、千葉医専側（日本側）の資料から、それを裏付けるものは、現在のところ確認できていない。

(49)　方声洞の長男・賢旭は、辛亥革命七〇周年にあたる一九八一年に、「民革中央候補委員」の肩書で「黄花英烈　光照千秋――紀念先父方声洞殉国七十周年」(『人民日報』一九八一年三月二九日付)、「辛亥英豪　万古留芳――紀念辛亥革命七十周年」(『同』同年一〇月一二日付)を発表し、父への想いを寄稿している。

(50) 前掲、王顥「憶声洞」六一九頁。なお、千葉医学専門学校に、正式な「入学」「卒業」を果たした学生の名前を記録している『千葉医学専門学校一覧』から、王顥が「入学」した事実は確認できない。また、同校は女性を受入れていないはずなので、「自称」であった可能性が高い。

(51) 前掲、王顥「憶声洞」六二一頁。当時の千葉が、きわめて寂しい町であったことは、当時の教授である三輪徳寛の回顧にも見える。すなわち、ある「夜、ひどい風で千葉の海岸は恐ろしいまでに打ち荒れ、家はガタンピシンと鳴り出した。すると、これにおじけづいた女房と女中は夜中にもかかわらず、東京に帰ると言い出し、仕度にとりかかった。僕は『俺は居るからお前達帰るなら帰れ』といふて、寝ていた。その頃の千葉は東京から来たものには恐ろしく淋しい処だった。東京育ちの女はみんな嫌がったものだ。それは僕の女房ばかりではなかった。千葉の教員で、東京生れの女房に土地柄を嫌われて、職を去った人も随分あった。又中には内証で東京に家庭を持って、千葉の本宅にはトランクだけを置いて、ごまかして居た人もあった」(加藤音佐次郎「三輪先生逸話集」鈴木要吾編『三輪徳寛』三輪徳寛先生伝記編纂会、一九三八年、一五五頁)。

(52) 以上の叙述は、前掲、王顥「憶声洞」。また、周棉編『中国留学生大辞典』(南京大学出版社、一九九六年)の「王顥」項も参照した。

(53) 尚明軒「喩培倫」(『民国人物伝』第一巻、中国社会科学院近代史研究所、一九七八年)。

(54) 徐天民他編『北京医科大学人物志』北京医科大学・中国協和医大学聯合出版社、一九九七年。

(55) 金を紹介する参考文献は、①「医務界の先輩　公共衛生学専門家　金宝善教授」(李向明ほか編『中国現代医学家伝略』科学技術文献出版社、一九八四年)、②「公共衛生学家　金宝善」(崔月黎『中国当代医学家薈萃』吉林科学技術出版社、一九八七年)、③高秋萍「金宝善」(中国社会科学院近代史研究所編『民国人物伝』第八巻、中華書局、一九九六年)等、図表2-6で示したように相当数ある。ここでは、もっとも詳しい評伝である③を基本として、再構成した。

なお、魯迅の小説に金宝善が登場するという説は、高秋萍「金宝善」に拠る。同稿はその作品を「辮子的風波」とするが、魯迅の作品にこの名前は見当たらない。一方、短編集『吶喊』(一九二三年)に収められている作品に、「頭髪的故事」と「風波」(ともに一九二〇年)がある。それぞれを検討したが、「頭髪的故事」の中の、以下の箇所の「数人の学生」の一人が、おそらく金宝善であったと捉えているのではないかと思われる。

「宣統元年（一九〇九年）に、ぼくは郷里の中学の監学になった。〔中略―魯迅は辮髪を切っていたため、同僚から警戒されていた。〕ある日、数人の学生が突然ぼくのところへ来て、〈先生、ぼくたち、辮髪を切ります〉って言うんだ。ぼくは〈いかん〉と言った。〈辮髪のあるほうがいいですか。ないほうがいいですか？〉〈ないほうがいいが……〉〈では、なぜいかんとおっしゃるのですか？〉〈切るまでもあるまい。切らんほうが無難だ……しばらく待つがよい〉。彼らは何も言わずに、ムッとした顔で出ていった。だが結局切ってしまった。さあ大変！　えらい騒ぎになった。ぼくは知らん顔をして、くりくり坊主がおおぜいの辮髪にまじって教室に出るのをほったらかしにしておいた」。（「髪の話」『竹内好訳　魯迅文集』第一巻、ちくま文庫（一九九一年）版、七四頁）。

(56)　前掲、『中国現代医学家伝略』一九八四年。

(57)　中国衛生学史、植民地医学史研究に精力的に取り組んでいる飯島渉の研究（『ペストと近代中国』研文出版、二〇〇〇年、『マラリアと帝国』東京大学出版会、二〇〇五年、『感染症の中国史』中公新書、二〇〇九年）からは、金宝善などの中国医学者たちが挑んだ課題を知ることができる。

(58)　中国薬学会編著『中国薬学会史』上海交通大学出版社、二〇〇八年、二二二頁。

(59)　張顗生（安徽省委医院眼科）「恩師張錫祺――一個真正高尚的人」『江淮文史』二〇〇八年一期、一二三頁。

(60)　「眼科専家　張錫祺」（崔月黎『中国当代医学家薈萃』吉林科学技術出版社、一九八七年）。張については、前掲した張顗生「恩師張錫祺」も詳しい。なお、張錫祺は、日本が東方文化事業の一環として設立した「上海自然科学研究所」の「細菌学科研究生」に就いていた経歴を持つ（『中国留学生大辞典』南京大学出版社、一九九六年）。しかし、張が戦時下も共産党と連携を取るなど、戦後に繋がる活動をしていたため、現代中国で評価するに値する人物とされていることがわかった。

(61)　『陳独秀文集3（平凡社東洋文庫）』（二〇一七年）に収められた「主要人物注」には、「陳独秀と同郷。兄鄧仲純、陳、章士釗らとともに一九〇七年より日本に留学し、生活をともにする。鄧は早稲田大学で美術史を学び（下略）」との説明がある（四八三頁）。なお、この情報をもとに、本文でも、彼の履歴に早稲田在学を追加したが、紅十字隊から帰国したのが、一九一一年の初めと推察されるので、同年に帰国したならば、早稲田での修学は、ごく短期間の「聴講」であったと推察される。

(62)　第六章を参照のこと。

(63)　郎紹君「鄧以蟄」（『中国大百科全書　智慧蔵』電子版）。

(64)　第一章に掲げた「千葉医専留学生名簿」を参照のこと。

（65）前掲『陳独秀文集3』四一六頁。なお、ここでは「鄧初」ではなく、字の「鄧仲純」が使われている。
（66）葉曙「初期台大的人与事」（『閑話台大四十年』安徽黄山書社、二〇〇八年）。
（67）以上の叙述は、許培林「郭琦元事略」（『張家港日報』二〇〇九年一〇月二一日）に拠った。
（68）湯章城「力梃内遷建築内地——紀念東南医学院内遷安徽六〇周年記念」（『安徽医大学校報電子版　安徽医大学第七七七期』二〇〇九年一〇月一〇日　http://aydxb.cuepa.cn/show_more.php?doc_id=228379　二〇一七年一〇月一五日閲覧）。
（69）同右、湯章城「力梃内遷建築内地」。
（70）呉佩華・池子華「従戦地救護到社会服務」（『民国档案』二〇〇九年一月号）。なお、湯は「戦後的医学教育」（『救護通訊』第一九期、一九四四年七月）、「日本投降以後的救護動向」（『救護通訊』第四四期、一九四五年八月）、などの論考を残している。
（71）前掲、湯章城「力梃内遷建築内地」。
（72）第一章に掲げた「千葉医専留学生名簿」（図表1-1）を参照のこと。
（73）『浙江省立医薬専科学校一覧』一九三七年六月、二五二頁。また、前掲「千葉医専留学生名簿」も参照。
（74）中華人民共和国が成立した後、留日経験のある学生すべてが、大陸に戻った訳ではなく、台湾への移住を含め、様々な選択肢があったという（王雪萍「留日学生の選択——〈愛国〉と〈歴史〉」（劉傑・川島真編『一九四五年の歴史認識』東京大学出版会、二〇〇九年）。葉が台湾に渡った事情についても、改めて考察する必要があるだろう。
（75）陳夏紅「葉曙——台大医事話当年」『周刊　文化中国』二〇〇八年四月六日号。
（76）前掲、「千葉医専留学生名簿」。
（77）鐘少華が編著した『早年留日者談日本』（山東画報出版社、一九九六年）を、泉敬史・謝志宇が翻訳し、竹内実の監修を得て、二〇〇三年、日本僑報社から刊行された『あのころの日本——若き日の日本留学を語る』に収められている。
（78）柳「中国の歯科事情について」（『九州歯会誌』三二-四）一九七八年。
（79）北京図書館編『民国時期総書目（一九一一～一九四九）——自然科学・医薬衛生』（書目文献出版社、一九九五年）は、北京、上海、重慶各図書館所収の蔵書を分野別にまとめたもので、医学関係の著作を調べるのに、きわめて有益かつ簡便な資料であった。ここでは、同書に収録されていた著作を中心に、上海図書館、中国国家図書館（北京）、上海師範大学、北京大学、復旦大学などの蔵書目録（ウェブ検索）で存在が確認できた著書等を加えたものを挙げた。
（80）劉蕙孫「西医的伝入」（『中国文化史述』北京芸術出版社、一九九七年）五一二頁。

（81）　前掲「千葉医専留学生名簿」。

（82）　東京帝大医学部部長・永井潜は、一九三六年八月に、山東省青島で開かれた同仁会大会に参加した際の見聞を残している。その中には、北平大学医学院院長であり、「実に人柄の好い人」である呉祥鳳の自宅に招かれ、「私達は民国の医家と心から打ち解け、また好遇を受けた事は実に愉快でした」。「青島で逢った国立山東大学の校医をしている鄧初君が、私が書画を好む事を聞かれ、自分の弟の鄧以蟄が北平清華大学の美学の教授をしているが、そこに是非行けといふ事でしたが、この鄧以蟄が午餐の席に列せられた」。また天津を訪問した時には、侯毓汶父子が出迎えた。「侯さんは千葉出身で、長く天津で衛生局長の様な位置に居た人でありました」、「雨の降る中を何くれとお世話になり恐縮しました」、などの記述がある。鄧兄弟を含め、少なくとも四名の千葉医専関係者が、この時永井に対応しており、彼らが日中医学交流の前面に立っていた時期は確かにあったのである（前掲、永井「中華民国医界視察談」一〇〇、一〇二頁）。

（83）　彼らが母国で発刊した医学書の一部、たとえば本文で紹介した趙師震『英漢医学辞典』の序文（一九五二年）などには、「日本留学の成果」が示されていたが、戦後中国で、そのように日本留学を積極的に評価する事例は、どちらかというと少数派である。その意味で、柳歩青が、晩年に戦時下日本での留学生活を回顧している文章（註77）は、たいへん貴重と言える。

第三章　園芸学分野における留学生たち——千葉高等園芸学校を事例に

近代日本にやってきた留学生のほとんどは、日本で「西洋近代」を学ぶことを目的にしていた。たとえば、医学薬学を学んだ中国学生が、伝統医学の影響力がきわめて強かった母国に戻り、西洋医学を教える医学校を自ら創建し、その普及に努めていったことはわかりやすい事例と言える（第一、二章）。

農業も、地域で長く受け継がれた方法（伝統）を遵守してきた領域であるが、近代社会が求める合理性、効率性、大量生産などに対応せざるを得なくなる。そのため、一八七六年の札幌農学校、一八七八年の駒場農学校等から高等教育が始められていく（駒場農学校は、東京農林学校となった後、一八九〇年帝国大学に合併され、帝国大学農科大学となる）。一方、官立高等農林学校の嚆矢は一九〇二年の盛岡高等農林学校であったが、二〇世紀になると、農業系の高等教育機関が次々に創設されていく。

現代日本の国公私立大学で、「園芸学部」を置いているのは千葉大学のみだが、その起源は、千葉県立園芸専門学校（一九〇九年設立）にある。そして、この園芸学校にも一九一〇年代から四〇年代にかけ、アジア留学生が在籍していた。農業分野における留日学生の研究は、戦時下の東京高等農林学校（現・東京農工大学）留学生の研究[1]があるが、他には見当らない。ましてや「園芸学」を修学した留学生を対象とした研究は存在しない。そこで、本章では、戦前期において、「園芸学」が学べた唯一の学校[2]である千葉高等園芸学校の留学生の動向を見ていくことにする。

その前に戦前中期の農業系高等教育機関に、留学生がどれくらい在籍していたのかを確認しておきたい。中国留学生の総数については、一九二七年から四四年まで日華学会が発刊していた『留日学生名簿』（既述）から、ほぼ正確に把握することができる。ここでは全体数を逐年的に示すことはせず、一九三七年六月（日中戦争勃発直前）のデータを載せた『中華民国満洲国留日学生名簿』(3)から概況のみを記すこととしたい。すなわち、その時の留日学生総数五九四五名は一九三〇〜四〇年代で最大であったためである。この年、農業系高等教育機関最多の留学生を抱えていたのは、東京帝国大学農科の五七名であった。次いで北海道帝大農科四二名、九州帝大農科三一名と続き、京都帝大農科にも九名がいた。

一方、官立高等農林系では、東京高等農林学校（現・東京農工大学）が一四名で最も多く、次いで三重六名、盛岡三名、宮崎と鳥取に各一名が在籍していた（千葉高等園芸学校のこの年の中国留学生はゼロだった）。東京高等農林は、一九三五年に東京帝大農学部実科から独立した学校であったが、翌年から留学生の受入れを開始し、四四年度まで中華民国と「満洲国」の学生が毎年四〜五名入学したため、総計一五名前後が在学していた。同校が受入れに熱心であった理由については、「文部省による「満洲国」派遣留学生の学席設置校に指定されて」いたこと、初代校長が積極的であったことなどが指摘されている。(4)

一　千葉高等園芸学校について

1　千葉高等園芸学校の歴史

千葉県東葛飾郡松戸町（現松戸市）に「千葉県立園芸専門学校」が創設されたのは、一九〇九年四月のことである。修業期間は本科生三年で、定員総計一五〇名、初年度の入学生は四〇名であった。(5)「園芸という語字が日本で使われるようになったのは、明治四二年（一九〇九）頃で、当時宮内省新宿御苑長、子爵福羽逸人氏の著書『高等園芸栽培』に始まるといわれ、主として温室栽培を指したものであった。その頃、千葉県知事であった有吉忠一氏が世界を漫遊され、広義に解した園芸の重要性を痛感して帰国、現在の地松戸に千葉県立園芸専門学校を創立された。これが園芸学校の日本に於ける始祖である」[6]との理解が、『千葉大学園芸学部七十年史』に見える。また、そもそも「千葉県は果樹・蔬菜の産地として全国でも有数の地位にあること、園芸に関する実業高等教育の必要があったこと、中学校の新設は多かったが、中学卒業生の専門教育のための受け皿がなかったことなどが、千葉県議会で議論され、当時の公立農業専門学校としては全国唯一のもの」[7]として開校されたという事情もあった。

その後、一九一四年に名称が「千葉県立高等園芸学校」に変わり、千葉県から文部省に移管された二九年から、官立千葉高等園芸学校となった[8]。太平洋戦争が激化した四四年四月には、文部省の方針により、「千葉農業専門学校」へと校名変更が強いられたが[9]、敗戦後の四九年五月、千葉大学園芸学部となり、今日に至っている（以下の叙述では、学校名を「千葉高等園芸学校」あるいは「千葉高園」の略語で統一していく）。

2　全国の農業系高等教育機関と千葉高園の特色

まず初めに、戦前期日本の農業高等教育における千葉高等園芸学校の位置づけを簡単にしておきたい。図表3-1に掲げたのは、戦前期の主な官立高等農業系教育機関の設立年次である。その嚆矢は一九〇二年の盛岡高等農林学校であったが、一九二〇年代に入ると、同系統の学校が続々と創設されていく。それらと対比すると、一九〇九年創立の千葉高園は「県立」ではあったものの、農業系の高等教育機関としては相対的に早い時期に設立されたことがわかる。

さて、これらの官立高等農林七校（盛岡、宇都宮、岐阜、三重、鳥取、宮崎、鹿児島）と千葉高園の特色を較べた

図表3-1　主な高等農林学校の創設年

1876年	札幌農学校
1890年	帝国大学農科大学
1902年	盛岡高等農林学校
1908年	鹿児島高等農林学校
1909年	千葉県立園芸専門学校
1920年	九州帝国大学農学部
	鳥取高等農林学校
1921年	三重高等農林学校
1922年	宇都宮高等農林学校
1923年	京都帝国大学農学部
	岐阜高等農林学校
1924年	宮崎高等農林学校
1935年	東京高等農林学校

出典：『日本農業教育史』1941年、および各大学史より作成。

研究によると、両者にはかなりの違いがあると言う。すなわち、前者の卒業生は官公吏に就く者が多く、三重高農の六三・九%をトップに、七校中最低の鳥取高農でも四四・三%だったが、千葉園芸は、さらに二〇%低い二四・一%に留まっていた。また、就職先の第二位だった学校教員については、鳥取高農二三・九%から岐阜高農一三・二%の範囲内に七校が収まるのに対し、千葉高園は三四・四%と一〇%以上高かった。さらに特色的なのは、農業自営者が、盛岡高農の一一・九%以外は、六～二%程度に留まっていたのに対し、千葉園芸は一九%もいたことである。

このデータをまとめた野本京子は、「高等農林学校の卒業生は、官公吏として農業を指導奨励する立場や農業技術を教えるという立場に身をおく者が多かった」。一方、農業自営者が「千葉高等園芸学校の場合は例外的に高く、全体的に他の高等農林学校とは異なる傾向を示している。これはより地域に密着した県立という性格、いいかえれば創設にかかわる来歴に基いていると予想できる[10]」としている。ただ後者について、千葉県立園芸学校は創設当初から、「在学生中に千葉県出身者が少ない。県費を投じる以上、県のために貢献して欲しい」と県議会で指摘され続けてきた歴史を持つ[11]ことから、自営者が多い理由が「地域に密着していた」ためとは言い切れないだろう。ただ、いずれにしても、千葉高園卒業生の特色は、各地で農業教育に従事し、あるいは地道に実践する人士を輩出していたところにあったようである。

千葉高園のもう一つの特色とされている事柄を紹介しておきたい。「日本で造園学が学校教育としてはじめられたのは、イギリス人建築家コンドル博士が工部大学校の造家学科で、建築の講義のついでに日本とヨーロッパの庭園について述べたことに始まるといわれているが、学として造園学を講ぜられることはなかった。ついで、明治四二（一九〇九）年に本校が設立されるとともに、学科目に庭園論、庭園実習が設けられ、校長鏡保之助は従来この方面に経験をもたなかったが、翻然として考案を練り、自らこれを講義した。庭園実習は講師林脩巳が受け持った。その後、東京帝国大学農科大学造林教室で造園の講義がはじめられたのは大正五（一九一六）年、官立大学最初の造園学講座が京都帝国大学農学部に開設されたのは大正一三（一九二四年）であった」。

写真3−1　千葉高等園芸学校、フランス式（沈床式）庭園（1920年代）
（『千葉大学園芸学部創立100周年記念誌』2009年、179頁）

これも『園芸学部七十年史』からの引用だが、千葉高園は「造園教育のはじめ[12]」を担った教育機関とも見なされているのである。さらにそれだけでなく、教員と学生とが協同で造庭を実践したことも特記しておきたい。すなわち、校内に、イタリア式庭園が一九一〇年に、フランス式庭園（沈床式庭園、写真3-1）とイギリス風景式庭園が一九一二年にそれぞれ完成し、枯山水式の日本庭園も作られた[13]。日本庭園以外は、現在も残っており、二〇〇八年には、日本造園学会から、新宿御苑などと共に、「造園遺産」に選出されるなど、その歴史的価値、風光的価値に高い評価が与えられているのである。

二　千葉高園の留学生たち

1　留学生の特色

本節では、千葉高等園芸学校時代に在籍していた留学生たち[14]の概要を紹介する。図表3-2として掲げた一覧は、千葉高園校友会と戸定会[15]が発行した『会員名簿』を基本資料とし、それ以外に、『校友会報』および『戸定会報』[16]に掲載されたOBの動静情報、一九五四年発行の『千葉農業専門学校沿革史』所載の卒業生名簿、また戦前期に「日華学会」[17]が発行していた『中国留学生名簿』、さらに、戦前期に留学生を所轄していた外務省外交史料館所蔵文書[18]などを参照して、完成させたものである。

これによれば、千葉高園に在学していた外国人学生（中国、台湾、朝鮮）の総人数は、中退者を含め、四五名であった。一覧の国地域別通し番号の「K」は朝鮮、「T」は台湾、無記号は中国の出身者とした。現地での最終学歴はわかった範囲で「出身地」欄に加えている。さらに、「卒業後の仕事」については、上記の諸資料から判明したものを、年次順にまとめた。

なお、以下の叙述で、個別の留学生に焦点を当てて論ずる場合は、図表3-2の通し番号を【xx】と名前に付していくことをお断わりしておく。

次に本表で示す在籍身分について、簡単に説明しておきたい。まず、「本科生」は修業年限三年の通常コース生である。一方、「選科生」の規程は当初なく、官立に移管された一九二九年の「千葉高等園芸学校規則」の第一章第三条にようやく「本校に研究生、選科生及別科を置く」との項目が見え、第九章第四一条で「各学年各学科目中一科目

図表3-2　千葉高等園芸学校の留学生（1916～50年）

No.	国別番号	名前	入学年月	卒業年月	在籍身分等	出身地（卒業校）	勤務先など
1	1	繆嘉祥	16.4	19.3	選科修了（聴講生）	雲南省昆明県（雲南省中学農業学校）	雲南省都市改革技士
2	2	李桂馥	16.10	17.12	見習生習得	江蘇省松江県	—
3	3	朱栄春	18.4	21.3	選科修了（聴講生）	浙江省台州（浙江省第六中学校）	江蘇省靖江省立第三農学校
4	4	陳応毅	19.4	21.3	選科修了（聴講生）	江蘇省崇明県	浙江省筧橋農事試験場→上海市霞飛路・菅生農場営業部
5	5	章守玉	19.4	22.3	本科卒業	江蘇省蘇州（蘇州第二農学校）	蘇州農業学校→福建集美農業学校教員→南京中山陵園芸技師、中央大学農学院教員→西北農学院→復旦大学農学院教授→瀋陽農学院園芸系主任
6	6	是貽勤	20.4	23.3	選科修了（聴講生）	江蘇省武進	江蘇省立第三農学校
7	7	李可均	20.4	23.3	選科修了（聴講生）	江蘇省宜興県（蘇州第二農学校）	上海市霞飛路・菅生農場営業部→自営
8	8	刑調物	20.4	22.3	選科中退（聴講生）	山西省静楽県（山西省立中）	—
9	9	李善勤	21.4	24.3	選科修了（聴講生）	江蘇省宝山県（上海滬江大学中学部）	上海市霞飛路・菅生農場営業部→自営
10	K1	朴煕秉	21.4	22.3	見習生習得	京畿道高陽郡	—
11	10	梁璽達	22.4	25.3	本科卒業	奉天省金県（直隷省通県潞河中）	農園経営（大連市）
12	11	蒋芸生	22.4	25.3	本科卒業	江蘇省漣水県（江蘇省第三農学校）	江蘇省靖江省立第三農学校→南通学院教授→浙江大学農学院教授
13	12	呉炳	22.4	25.3	選科修了（聴講生）	浙江省奉化（浙江省農業学校）	千葉高園研究生（植物病理）→江蘇省靖江省立第三農学校
14	13	馬西苓	22.4	25.3	選科修了（聴講生）	安徽省宿県（安徽省第一農学校）	安徽省立第三農学校教員→上海市霞飛路・菅生農場営業部
15	14	楊毓明	24.4	25.3	中退	広東省大埔県	—
16	K2	金貞植	25.4	28.3	本科卒業	京城府（朝鮮善成高等普通学校）	果樹園自営
17	K3	金重亮	25.4	28.3	本科卒業	黄海道安岳郡（定州玉山中）	安岳郡・金農場→黄海道信川邑信川精米所→（満州通北省通北県）

No.	国別番号	名前	入学年月	卒業年月	在籍身分等	出身地（卒業校）	勤務先など
35	K14	金海教	40.4	41.3	実務科修業（果樹）	慶尚北道大邱市（朝鮮敬聖高）	本校副手（蔬菜）→農業自営
36	19	杜賡甡	41.4	43.9	園芸学科卒業	河北省武清（天津中日中）	黄村農業学校→台湾大学花卉園芸教授
37	20	謝綏忠	43.4	44.3	選科修了（聴講生）	山東省福山（北京師範大附中）	—
38	T4	柯天徳	43.4	44.3	実務科修業	台湾	農業技術指導員→台湾省農会農事推広課課長→奇美化学股份有限公司総経理
39	T5	林宣立（深墻）	43.4	45.9	園芸化学卒	台湾	松益貿易会社
40	T6	陳成基	44.4	47.3	園芸化学中退	台湾	P.T.INDUMA（食品加工会社：インドネシア）
41	21	王泰享	44.4	不明	園芸科中退	浙江省紹興	—
42	22	呉汝焯	44.4	不明	園芸科中退	江蘇省呉県	—
43	23	劉人敏	44.4	47.3	農芸化学卒業	湖北省崇陽（崇陽第五高級中学）	—
44	24	凌冠英	44.4	45.3	農業実科修業	浙江省崇徳（南京鐘英中学）	—
45	T7	施性忠	46.4	50.3	農芸化学卒業	台湾台南	キノコ種菌培養研究（台菇企業貿易公司）

出典：『会員名簿』（千葉高等園芸学校校友会）、『校友会会報』、『戸定会報』ほかにより作成（詳しくは本文を参照のこと）。

注：国別番号のKは朝鮮、Tは台湾、無記号は中国の出身者。

No.	国別番号	名前	入学年月	卒業年月	在籍身分等	出身地（卒業校）	勤務先など
18	K4	金周鍵	26.4	29.3	本科卒業	平安北道定州郡（京城徽文高等普通学校）	古邑駅前・玉山高等普通学校→五山中学校→春川農科大学教授
19	K5	徐京烈	26.4	29.3	本科卒業	全羅南道萓島郡	京城女子師範学校
20	15	呉萃林	27.4	28.3	選科修了（聴講生）	安徽省桐城県	—
21	K6	蘇秉崑	27.4	30.3	選科修了（聴講生）	京城府（京城法学院中等部）	自営
22	K7	朴炳愈	28.4	31.3	本科卒業	平安北道宣川郡（京城徽文高等普通学校）	黄海道黄州春光園芸学校→自営
23	K8	李天用	28.4	31.3	本科卒業	京城府（朝鮮私立養正高等普通学校）	京畿道始興郡北面技手（1934年死亡）
24	K9	金定鎬	28.4	32.3	選科修了（聴講生）	黄海道延白郡（海州公立高等普通学校）	南川農蚕実修学校教諭→黄海道瑞興支所→黄海道苹果検査所瑞興支所主任
25	K10	崔栄哲	28.4	32.3	本科卒業	全羅南道木浦府（広島呉市興文中）	自営
26	K11	安龍根	30.4	33.3	本科卒業	黄海道海州郡（海州公立高等普通学校）	黄海道黄州春光園芸学校→黄海道海州府栄農社経営
27	16	鄭達文	30.4	34.3	選科修了（聴講生）	江蘇省江陰（上海光華大附中）	南京市・首遺族学校園芸場→台北・士林園芸試験分所長→台湾土地銀行農貸部総経理
28	17	繆紹俊	31.4	34.3	選科修了（聴講生）	広東省中山（長崎県海星中）	自営
29	T1	林元朗	34.4	37.3	本科卒業	台湾	新竹州立農事試験場→屏東・嘉義菸葉加工廠廠長→台湾省菸酒公売局→台湾嘉義煙廠長→桃園農業学校
30	18	顧篤煌	34.4	37.3	本科卒業	江蘇省蘇州（蘇州農学校）	東京帝大農学部選科生→中華民国南京政府外交部
31	T2	林燦栄	37.4	40.3	本科卒業（農産加工専攻）	台北州宜蘭郡（宜蘭農林高）	千葉高園校助手（加工）→新興農産（福島県信夫郡）→農村産業研究所（福島県信夫郡）→宜蘭高等農業学校
32	T3	王伝輝	37.4	38.3	実務科修業（加工）	台南州嘉義郡（屏東農学校）	山形県販購連工場
33	K12	元容完	37.4	38.3	実務科修業（果樹）	京畿道始興郡（広島興文中）	—
34	K13	慎三縡	38.4	39.3	実務科修業（果樹）	慶尚南道居昌郡（大分・四日市農校）	自営

図表3-3　千葉高園留学生の出身地、卒業・中退の別

（単位：名）

地域名	入学者	卒業者	中退者
中国	24	21	3
台湾	7	5	2
朝鮮	14	14	0
総計	45	40	5

出典：『校友会会報』（千葉高等園芸学校校友会）の各年版より作成。

若くは数科目を選択学習せんとする者は詮議の上、選科生として入学を許可する」。続く第四二条で「選科生にして在学中の成績適当なりと認めたる者には修了証書を授与す」と定められた[19]。一方、「見習生」は、一九一五年七月告示の「千葉県立高等園芸学校研究生及見習生に関する規程」において、「年齢満一七年以上の男子にして、中学校または乙種実業学校を卒業し、園芸に関する技術を習得せんとするものに対して、一ヵ年農場において作業並びに実験に従事せしめること」、「習得期間に至り、技術熟達の者には習得証書を授与す」、「授業料は之を徴収せず」などと定められていた[20]。この「見習生」は「別科」に所属し、実務教育が施された。

これら四五名を出身地域や卒業・中退ごとに分けたのが、図表3-3である。これによれば、中国留学生が二四名（全体比五三%）と最も多く、次いで、朝鮮学生の一四名（三一%）、台湾学生の七名（一六%）だった。また、中退者は五名であった（中退率一一%）。第一章でみた千葉医専・医大においては、中退率が二九%だった[21]ので、それに較べれば低かった。

中国留学生の出身省で最も多かったのは、江蘇省（一〇名）で、隣りの浙江省（四名）を合わせると、六割になった。ちなみに、千葉医専留学生の場合は、浙江省が一位、江蘇省が二位[22]であり、この地域出身者が多かったことを改めて確認できる。朝鮮については、七つの地域から一四名がやって来ていたが、京城府とその北に位置する黄海道の各三名が多い部類となる。

年度別の留学生在籍者数をグラフ化したのが図表3-4である。国地域別人数を年次ごとに積み上げたものだが、最も多かったのは、一九二二、二八、四四年度で、それぞれ七名が在学していた。

図表3-4　千葉高等園芸学校時代における留学生数の推移（1916～49年）

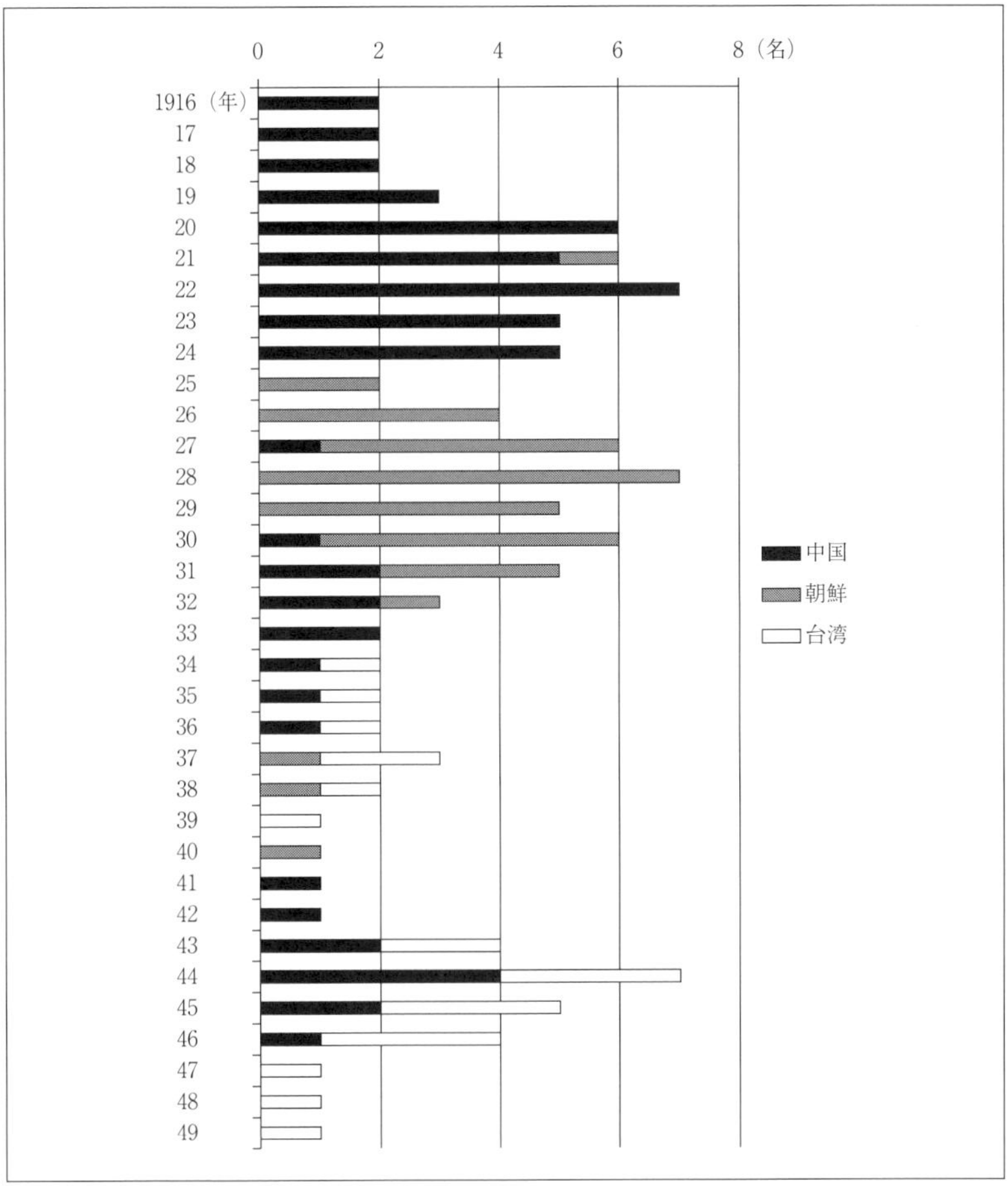

出典：図表3-2より作成。

　地域別の変遷と特色だが、一九一六年の一人目から二四年までは、ほぼ全員が中国留学生だったが、一九二五、二六、二八、二九年、また日中交戦期の三七年から四〇年まで、中国留学生はゼロとなる。ただし四一年度以降は、傀儡政権からの学生派遣[23]が始まったためか、再度増加に転じる。朝鮮学生については、一九二五年から三一年の間の在籍が多く、とりわけ一九二八年度の在籍生七名はすべて朝鮮学生であった。台湾学

図表3-5　千葉高園留学生の卒業論文テーマ（1928～39年度）

1928年度	金周鍵【18】	農産物の販売に就いて
1929年度	蘇秉崑【21】	共生農友会経営法
1930年度	朴炳愈【22】	葡萄其他重要樹果に於ける発根率が薬剤刺戟に依りて及ぼす影響に就いて
	李天用【23】	和梨硬度試験
1931年度	金定鎬【24】	葡萄の葉面積が果実の発育に及ぼす影響に就て
	崔栄哲【25】	朝鮮の漬物及食物料理法
1932年度	安龍根【26】	朝鮮人参栽培法に就て
1933年度	鄭達文【27】	中華民国江南に於ける蘭黄心栽培
	繆紹俊【28】	中華民国広東省広州地方の広東薑に就て
1936年度	林元朗【29】	柿の生理的落果に関する研究――岐阜県（主として本巣郡）に於ける柿栽培調査
	顧篤煌【30】	薬剤散布が青梨果皮に及ぼす影響に就て
1939年度	林燦栄【31】	種子の栄養学的研究及其の利用法

出典：『校友会会報』（各年版）、『戸定会報』（各年版）。

生が在籍したのは、一九三四年以降であるが、太平洋戦争末期にも二～三名が在籍していた。戦時下の留学者増は、「皇民化」政策の推進に伴う状況と思われるが、敗戦後も二名が学校で学び続け、さらに四六年四月にも台湾からの入学者がいたことには注目される。これらの事情究明は今後の課題としたい(24)。

2　留学生たちの学園生活

まず、学校が提供していた授業科目を紹介しておきたい。一九二二年に作成された『千葉県立高等園芸学校一覧(25)』によれば、この年の設置科目は、修身、英語、体操、図画、化学、普通作物栽培論、土壌及肥料学、気象学、植物学、品種改良及遺伝論、蔬菜栽培論、果樹栽培論、観賞植物栽培論、庭園論、園芸生産物利用論、有害動物論、植物病害論、養禽養豚及養蜂論、農用工学、美学及建築学大意、農業経済学、法学通論、化学分析の二三科目であった。庭園学など千葉高園ならではの科目も含まれ、農業教育を主とする学校との違いが見てとれよう。

さて、千葉高園の『校友会会報』には、年度ごとの「卒業論文題名」が収録されている。留学生の卒論で記録に残っていたものを図表3-5に挙げた(26)。多様な分野が扱われるとともに、出身地域に固有の

写真3－2　千葉高等園芸学校、卒業写真（1932年3月）
（『校友会会報（千葉高等園芸学校校友会）』1932年8月、園芸学部同窓会「戸定会」所蔵）

課題を扱っている論文も少なくない。後述するが、帰国後、千葉高園で学んだ学問や技術を活かしていく学生は多く、それは留学期間の十分な知識吸収に拠るものであったろう（写真3-2参照）。

留学生たちの課外活動についても、紹介しておきたい。一九三〇年代の同校には、文化部として文芸、弁論、絵画、写真、音楽、生花盤景が、運動部としては、柔道、剣道、弓道、乗馬、競技、野球、庭球、卓球、山岳があった。またそれ以外に「戸定学会」という研究系も存在し、果樹、蔬菜、花卉、造園、加工、植物の各研究会が盛んな活動をしていた。[27]これらの情報が載る『校友会会報』に二名の留学生の名前を見出すことができる。すなわち、テニス部の崔栄哲【25】は、日本人学生とダブルスを組み、勝利している。[28]運動能力に長けていた崔は、百メートルを一二・四秒で走り、一九三〇年度最高記録の栄も得たという。また朴炳愈【22】は、一九三三年六月に行われた「絵画春季展覧会」に、スケッチを出品している。[29]

このように数名が、課外活動に勤しんでいたことはわかるものの、それ以外に、教員や日本人学生とどのような交流していたのかはわからない。『園芸学部一〇〇周年記念誌』には、戦前期に学んでいた日本人一九名の回想文が寄せられているが、留学生について言及している人はいない。元留学生が帰国後、何らかの回顧を残している可能性もあるが、それらの調査は今後の課題となる。(30)

三　千葉高園留学生の帰国後の動静

1　卒業生たちの帰国後の職業

留学生の帰国後の職業を、便宜的に「学校教員」「大学教員」「官公吏」「自営」「会社・組合」の五つに分け、示したのが図表3-6-1である。「学校教員」には「農学校教員」などを入れ、「大学教員」は敢えて別立てにした。また卒業生が関わった分野の総体を把握したかったため、複数の職業を経た場合はそれぞれを「一」と数えた。その結果、卒業生総数四五名に対し、総延べ数は五二名になった。また各々の職業別人数に付した百分比は、就業者総計中の割合とし、職業不詳の人数は分母に入れていない（千葉高園に在籍していた中国学生二四名中の職業不詳者は九名、朝鮮学生は一四名中、二名である。台湾学生の不詳者はゼロだった）。また、図表3-6-2は、留学生の出身地域別の百分比を示したものである。一方、図表3-7は、一節で示した千葉高園日本人卒業生の職業の比率を示したものである。(31)両者を比べると、学校教員（大学教員を含む）、官公吏、自営者の比率がほぼ同じになった。一節で、高等農林系の中で、千葉高園卒業生の職業傾向には、かなり特色があることを紹介した。データ数が少ない留学生の傾向を一般化することはできないが、結果として比率が似通ったことは興味深い。

図表3-8は、留学生の卒業後の職業について、全体（棒線）と三地域別（折れ線）の数値を示したものである。

図表3-6-1　千葉高園卒業留学生の職業比率

（単位：名、%）

	三地域総計	中国	朝鮮	台湾
学校教員	14（27）	7（26）	5（29）	2（18）
大学教員	4（ 8）	3（13）	1（ 6）	0（ 0）
官公吏	10（19）	5（22）	2（12）	3（27）
自営	12（23）	4（17）	8（47）	0（ 0）
会社・組合	12（23）	5（22）	1（ 6）	6（55）
総計	52	24	17	11

出典：図表3-2より作成。

図表3-6-2　千葉高園卒業留学生の職業比率

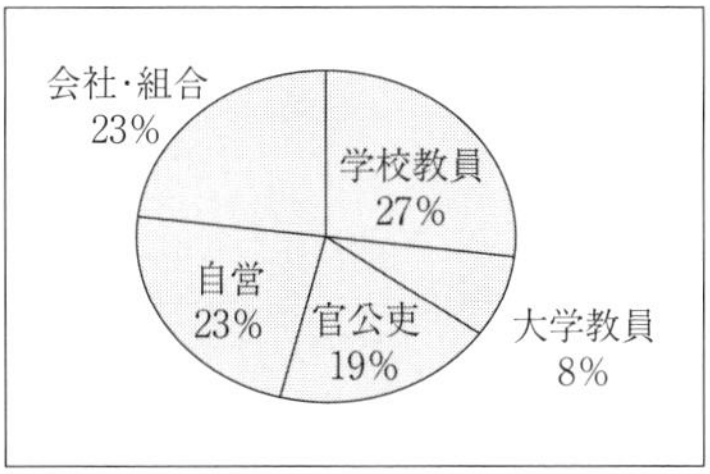

図表3-7　千葉高園卒業日本人の職業比率

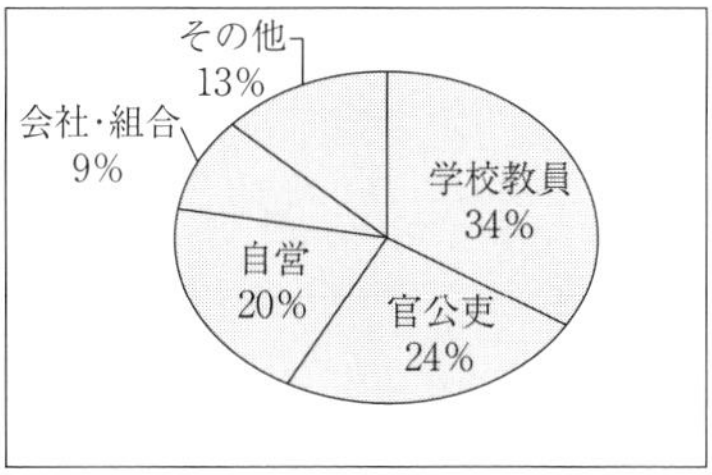

図表3-8　千葉高園卒業留学生の職業比率（出身地域別）

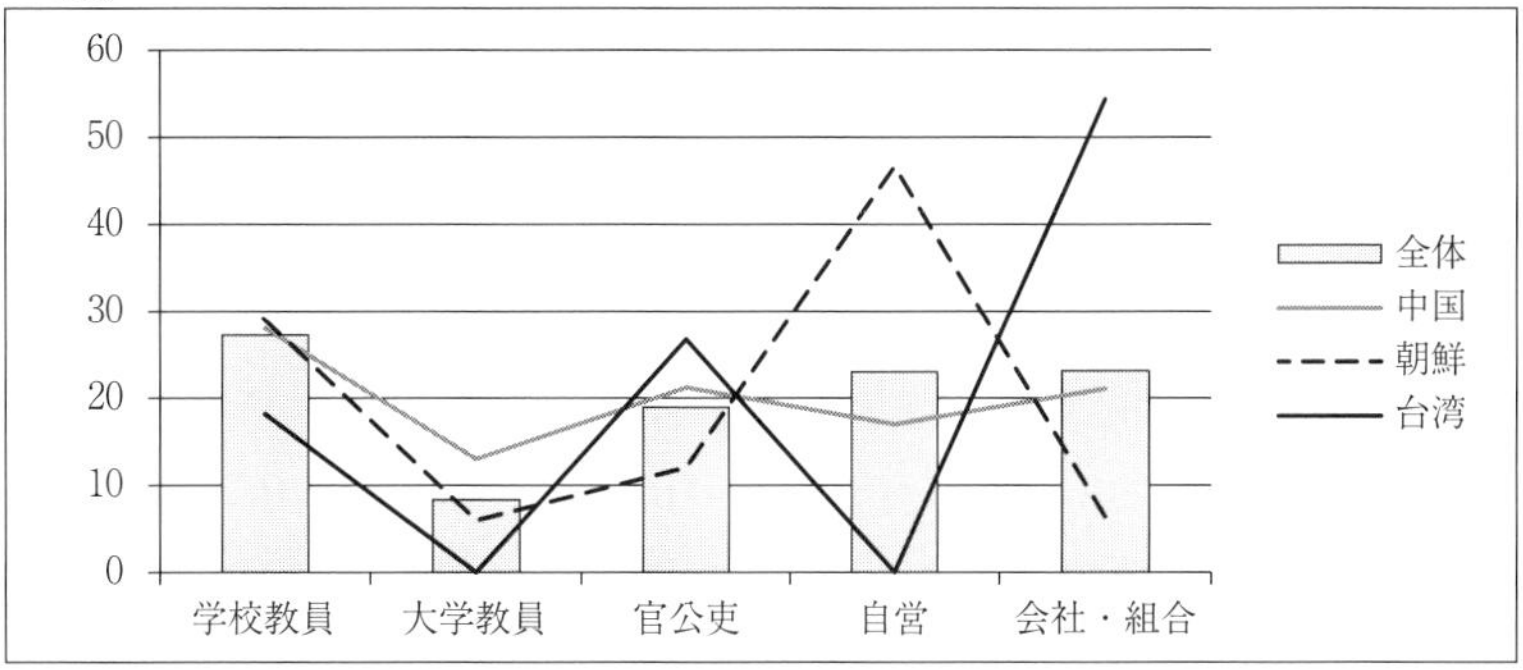

出典：図表3-2より作成。

分母数が多い中国は、全体とほぼ同じ弧を描いたが、朝鮮は、「自営」が最多で、「官公吏」と「会社・組合」は少なかった。総督府などの行政職への勤務が難しかったことから、農園などを自営する者が多かったのだろう。また台湾は「自営」がゼロで、「会社・組合」が最も多かった。その理由は明確で、データ数が少ない中、戦中戦後に千葉高園を卒業した四名全員が、企業活動に関わっていたため、その比率が突出した形になったのである。

2　中国近現代史に名前を残した卒業生

千葉高園ＯＢの留学生で、「近現代中国の園芸学、園芸教育学の第一人者」との高評が与えられている人物が、二名いる。章守玉【5】と蔣芸生【12】であり、両名は、中国のインターネット辞典である「百度（Baidu）百科」[32]ほかで確認できる。ここでは、中国科学技術協会編『中国科学技術専家伝略（農学編園芸巻）』に収められている長文の評伝から、一部を訳出して紹介しておく。

(1)　章守玉【5】

一八九七〜一九八五。章は『中国科学技術専家伝略』で九頁にもわたり叙述されているが[33]、冒頭に掲げられた「概要」は以下である。「著名な園芸学者、園芸教育家。南京中山陵園および附属植物園、またその他の風景緑化設計施工建設に大きな貢献をするなど、我国高等教育における園林専業の創建者の一人である。また唐菖蒲の育種作業に力を尽くし、数百種の類型を選び出すなど、我国近代花卉学の基礎を作った一人である。著書には『花卉園芸学』などがある」云々。つまり、章は近代中国における「風景緑化」や「花卉学」の第一人者と見なされているのである。本項では、千葉（日本）留学時代、および孫文の墓所である「南京中山陵園」園芸主任を務めた経緯とその評価に関わる二ヶ所のみを訳出しておく。

「一九一八年春、日本に渡り、日本語を学習した。その五月、北洋政府と日本政府が、〝中日共同防敵軍事協議〟の売国条約を締結したため全国人民が激しい反対を訴えた。章と多くの留日学生も抗議の意志を示すため、帰国した。事態が沈静化した七月、日本に戻り、学習を継続した。一九一九年春、千葉高等園芸学校に入学し、果樹・蔬菜のほか造園や花卉園芸について専攻し、二二年に帰国した。そして、母校の江蘇省立第二農業学校から招請され、教員となり、花卉園芸、造園と園芸通論などの課程を教授し、また農場指導を兼務した。二七年夏、福建集美農業学校から要請され、同校の教員に転じた。二九年三月、南京中山陵園の陵園園芸股技師に任ぜられ、のち主任となり、一〇年の長きにわたり、勤務した」云々。

抗日気運が高まる一九一〇年代後半に留学していた章の日本認識をさらに知りたいところではあるが、造園や花卉園芸を、千葉で修学していたことが、簡潔に記載されているだけである。この筆者（鄧継光・瀋陽農業大学園芸学院教授。章の晩年の教え子）が書いた別の評伝も見ておきたい。すなわち、「章は、小さい頃から、蘇州の優良な園林景観と技巧に惹かれていたため、園林を酷愛していた。一九一九年春、千葉高等園芸学校で学ぶことを決意し、造園と花卉園芸を専攻し、果樹と蔬菜も兼学した。留学期間は園林と園芸科学を刻苦勉励し、常に日本の各種園林と花卉および果樹と蔬菜の生産を考察し、堅実な基礎理論を確立し、豊富な実践知識を掌握した。一九二二年、学成り帰国した」[34]。こちらの叙述からは、幼年時からの故郷の景観に対する思いと千葉高園での研究テーマが強い相関にあったことを推察することができる。

再び『中国科学技術専家伝略』に戻り、章の陵園技師時代の活動とその評価を追加しておく。

「一九二五年三月、孫中山先生が亡くなると、南京国民政府は南京市東郊の風景秀麗な鐘山に、陵墓と陵園を建設することを決めた。二六年一月から建設が始まったが、陵園として期待されたのは、広大で厳かな記念園林であり、文化娯楽・科学研究、また旅行に適した大型総合森林公園の建設であった。孫中山の陵園としては、これが一番大事で、この大工事を誰が担当するか、国中の目が集まっていた。二九年、中山陵管理準備所は、胡昌熾教授の推薦で、章守玉に就任を要請した。四月、彼は南京に到着し、中山陵園の園林緑化企画と施行の責任を負い、全精力を注いだ。そして、我国の自然風景区建設と国外の森林公園建設の特色を結合させ、鐘山の自然風景、名勝旧跡と広大な中山陵を整合し、文化科学・娯楽施設と一体化せしめ、我国古典園林の芸術技巧と手法を体現した。さらに日本と欧州の園林の芸術精華を吸収した。これにより、中山陵園は国内外の人士が仰ぎ見る、著名な総合公園になった」。

ここからは、国家的事業であった故孫文の陵園整備の大役を、章が十二分に全うしたとの評価を見ることができるだろう。また「日本と欧州の園林の芸術精華を吸収」という叙述に関しては、千葉高園が「造園」の教育と実習を先駆的に行うとともに、校内にフランス式や日本式の庭園も設けていた学校であったため、章がその留学経験を十分に活かしたと評することも可能だろう。

一九二九〜三七年まで中山陵園園芸技師を勤めた章は、その後、大学教員として研究と後進の育成にあたる。その履歴は一九三九〜四五年西北農学院園芸系教授、四六〜四八年中央大学園芸系教授、四八〜四九年河南大学園芸系教授、新中国になった四九年から五二年まで復旦大学園芸系教授。五二年からは瀋陽農学院園芸系教授などにわたった。しかし、文化大革命期にきわめて「不公正な待遇」を受けたため、一九七〇年に退職し、故郷の蘇州に戻ったとされる。評伝は、さらに「中国園芸学会創設の際、章は文書委員を担当し、理事も歴任した。一九八五年、八九歳の高齢ではあったが、中国建築学会園林学会の顧問に就いた。彼は我国近代園芸科学の発展において、特に花卉園芸と造園事業の発展に卓越した貢献を行った」とも加えている。

以上は、評伝九頁中、二頁程度を抄訳したにすぎないが、ここから、章が現代中国の園芸・造園分野できわめて高い評価を与えられていることがわかるのである。

さて、この章守玉が、卒業帰国後に日本を再訪した記録が残っている。[35] 一九三七年五月、日本の「森林、園芸事業

図表3-9　中華民国政府陵園管理委員（章守玉ほか）による視察先

東京およびその付近	
	①学校関係――東京帝国大学園芸学教室、同造林学教室、千葉高等園芸学校、駒沢府立園芸学校、女学校園芸科。
	②試験場関係――林業試験場、帝室林野局、清澄山演習林（千葉県）、東京府立農事試験場、埼玉県農事試験場越谷園芸部、神奈川県立試験場。
	③庭園・公園・植物園方面――東京市公園課（日比谷、上野、隅田川等公園）、内務省都市計画課、新宿御苑、明治神宮、小石川植物園、その他名園。
	④種苗事業およびその他――調布温室村、坂田商会、横浜植木株式会社、日本園芸株式会社（大崎・茅ヶ崎）、安行付近種苗事業（盆栽）、畜産試験場（千葉県千葉郡都村）、青果市場、花店。
	⑤国立公園風景地――日光、箱根、鎌倉。
静岡	園芸試験場、その他
名古屋	博覧会。
京都	京都帝大、名園、風景地、植物園、御苑。
大阪	公園、植物園、名勝地、種苗事業。

出典：「中華民国政府陵園管理委員技師章守玉外四名ノ新宿御苑拝観ノ件」外務省外交史料館所蔵史料：JACAR　Ref. B05015945100。

及植物園、公園等ノ施設視察ノ目的」のため来日した「中華民国政府陵園管理委員」四名のリーダーとしてであった（章のほかは、呉敬立、朱慶霖、沈葆中）。彼らは、一ヶ月にわたり、図表３-９で示した箇所を見学した。千葉県内では、千葉高等園芸学校のほか、畜産試験場（現・千葉県立青葉の森公園）・清澄山演習林（東京大学演習林。鴨川市と君津市にまたがる）などを訪問している。さらに、この時の通訳には、章の後輩にあたる千葉高園留学生・顧篤煌【30】が任命されている。この時の視察は公園関連を中心に、多岐にわたる分野を精力的に訪問している。一九三七年は、章が中山陵園技師の役目を終え、大学教員に転身する節目の年であった。この時の日本研修も、自らの新たな研究と学生教育に活かされていったであろう。

　さて、若き日の章守玉が修学した学校、また千葉留学から戻った後、最初に就職した学校は「江蘇省立（蘇州）第二農業学校であり、その後継に当たるのが、現在の蘇州農業職業技術学院（以下、蘇農[36]）である。同校は、二〇〇七年一一月に、創立（一九〇七年）百周年式典を挙行したが、その際に、「近代著名園芸家、園芸教育家、傑出校友」として章ほか一名の銅像作成を行っている。また、章を顕彰するため、「学章守玉精神

莘莘　学子共緬先輩徳馨（章守玉精神に学び、多くの学生たちが先輩の徳を想う）」という記念活動も行われているという。[37]

この農学校からは、章のほか、李可均【7】、顧篤煌【30】の二名が千葉高園に留学を果たしているが、百年の歴史を持つに至ったこの伝統校は、若い学生たちの目標として偉大なる先輩・章の精神を置こうとしているのだ。章の評伝中に、千葉高園で、「果樹・蔬菜のほか、造園や花卉園芸について専攻」、また中山陵園造営にあたり、「日本と欧州の園林の芸術精華を吸収」した云々の叙述があったが、日本での学びを、中国で大きく発展させた精神は、現在も園芸を学ぶ中国の若者に活かされ続けようとしているのである。

(2)　蒋芸生【12】

一九〇一〜七一。蒋芸生も、章と同じく『中国科学技術専家伝略』に九頁の説明がなされている。[38] その冒頭に掲げられた「概要」は以下であった。

「茶学家、園芸学家、教育家。我国現代茶学の基礎を作った一人。浙江省茶葉学会、中国茶葉学会と中国農業科学院茶葉研究所を創設し、多くの創造的業績を残し、また茶学研究者養成に貢献をした。さらに、茶樹栽培と育種研究、柑橘栽培、植物生理から植物分類学の領域に至るまで、深い研究を行い、顕著な成果を挙げた。その著書である『植物生理学』は我国高等農業学校の代表的教科書の一つである」。

さらに、以下のような本文が続く。「一九〇一年一一月江蘇省漣水県に生まれる。二一年江蘇省立第三農業学校を卒業。二二年公費により千葉高等園芸学校に留学。二五年帰国し、江蘇省立第三農業学校教師になる。のち、浙江大学農学院副教授、南通学院、福建協和大学農科教授、福建永安園芸試験場場長、崇安茶葉研究所副所長、福建省立農学院教授（園芸系主任）、浙江大学農学院園芸系教授などを歴任した。五六年浙江大学農学院が茶葉専修科を二年から四年制の本科に改める際、蒋は茶葉系主任になった。この主任在職中の五七年七月に、中国農業科学院茶葉研究所設立の命を受け、五九年九月開設後、所長に就く。六〇年浙江大学農学院と浙江省農業科学研究所が合併し、浙江農業大学になった際、副校長に任命された。また、五六年と六四年に組織された浙江省茶葉学会と中国茶葉学会の第一理事長に選ばれた。中国園芸学会常務理事、浙江省政協委員などにも任じられた。彼は園芸と茶学両学科に生涯従事し、多くの緑化を果たし、その貢献は卓越していた」。

ここで、蒋の千葉高園時代は、ごく簡略に書かれているに過ぎず、そこから蒋の日本経験を読み取ることはできない。しかし偶然ながら、二二年四月に千葉高園に入学した四人の留学生、蒋芸生・呉炳・馬酉苓・梁璽達の「個人調書」が外務省外交文書[39]に残されており、蒋の在籍時代の一端を見ることができる。すなわち、成績は中国人四名のうち二位、優秀科目は蔬菜と観賞植物、拙劣科目は無し。日本語力は「普通の用に便するに至れり」。性格は「温良寡黙にして堅固なり」。思想は穏健で、運動は「少しくテニスをなせり」。それらを総合した「概評」は「上」とされていた。

なお、当時の千葉高園の科目には、帰国後の蒋が専門にしていく「茶葉」についての本格的講義はなかったようである[40]。しかし、「成績優秀」とされた蔬菜や観賞植物などの各講義科目において、農業・園芸の幅広い学識を蓄えたことが、帰国後の研究教育の発展に繋がっていったのだろう。

『中国科学技術専家伝略』における蒋の評伝叙述は、上記以外にも「茶樹栽培と育種研究の主要な開拓者」、「『植物生理学』著作を早い段階で出版」、「浙江農学院茶葉専修科の創設」、「中国農業科学院茶葉研究所の創設」、「園林規画設計と柑橘栽培に専心」などの見出しに従って詳述され、それぞれに評価が与えられているが、紹介は割愛する。

3　台湾における卒業生の活躍

千葉高園時代における台湾出身学生は、図表3-2の通し番号に「T」を付した七名（卒業できたのは五名）であった。彼らの卒業後の動静について、一九七五年発行の『戸定会'75』の「会員通信」欄「戸定会在台メンバーの動向」から把握することができる。この原稿は、「林深墻　昭和二〇年九月　農化卒」が記したものである（林深墻は、在学時は林宣立【39】を名乗っていた）。以下、台湾ＯＢたちの紹介の概要を転記しておく。

鄭達文【27】（一九三四年卒）江蘇省出身。台湾に渡り、台北の士林園芸試験分所長として、台湾花卉園芸発展のために尽力した後、台湾土地銀行農貸部総経理に任命され、農村経済輔導に当たった。また蘭など花卉の第一人者で、一九七五年西ドイツで開かれた第九回国際蘭花会議に、中華民国花卉発展協会代表として参加した。

林元朗【29】（一九三七年卒）屏東・嘉義菸葉加工廠廠長や台湾省菸酒公売局で要職を歴任し、台湾タバコの増産と品質改善に業績を残した。造園にも力を発揮し、台湾総統府前の庭園など、和式洋式庭園の設計を多く手がけた。

林燦栄【31】（一九四〇年卒）宜蘭高等農業学校で農産製造を長年担当した。また早くから大規模な鰻の養殖を始め、台湾養鰻業の基礎を築いた功労者とされている。

杜賡甡【36】（一九四三年卒）河北省出身。台湾に渡り、台湾大学で花卉園芸教授として教鞭を取り、さらにカナダに渡り、花卉栽培をしている。

柯天徳【38】（一九四四年卒）農業技術普及事業に従事した。また農業技術顧問団の一員として、南ベトナムやグアム島に赴き、海外の農業増産にも貢献した。のち、大手商社の奇美化学股份有限公司で総経理として活躍している。

林深墻【39】（一九四五年卒）松益貿易会社で貿易に従事している。

陳成基【40】（一九四七年中退）帰国後、台湾大学で学び直し、インドネシアの食品加工トップメーカーである

P・T・INDUMAで新産品の開発に従事している。

施性忠【45】（一九五〇年卒）　キノコ栽培の研究をし、特にシイタケとマッシュルームの種菌培養供給、栽培技術指導に専心し、世界一のマッシュルーム生産国を作り上げた陰の功労者である。

この中の杜賡甡が、「園芸学」の専門家として、台湾大学に大きな成果をもたらしたことを補足しておきたい。現在の台湾大学の「校花」はツツジだが、それは杜が六張犁（台北市南部）の山地等から野生のツツジを採取し、一九四九年から五九年まで三度にわたりキャンパスに移植し、その結果「ツツジの城」との美称を与えられるようになったためである。台湾大学では、一九九七年から、毎年三月に「台湾大学杜鵑花節（ツツジ祭）」が催され、入学を目指す高校生など、学外に大学を紹介する格好の場になっているという(41)。つまり、杜は台湾大学園芸系教授として教鞭を取っただけでなく、キャンパス緑化にも大きな貢献をしたことが今日でも讃えられているのである。

さて、林深墻の報告文には、上記以外に、一九四九年に「千葉大学園芸学部」が誕生して以降、入学あるいは研修のために在籍した人たちの動向も記されている。本章の射程外ではあるが、貴重なレポートなので、その概略も記しておきたい。

余慶東（一九五六年台中農業改良場から研修員として派遣）　一九七二年死去。

郁宗雄（一九五九年鳳山熱帯園芸試験分所から研修員として派遣）　同試験分所の所長に就任。果樹・蔬菜の品種改良に努め、多くの優秀な新品種を世に出している。

陳文郁（一九五九年鳳山熱帯園芸試験分所から研修員として派遣）　高雄で農反種苗公司を経営。優良な種を農民に供給し、特に「種なしスイカ」の種は農業界の好評を博している。

王兆基（一九六一年専攻科修了）　台湾糖業公司に勤務。台東総廠から高雄総廠に移り、課長として活躍している。

陳輝添（一九六六年専攻科修了）　米国に引き続き留学しているが、連絡途絶状態にある。

楊恭毅（一九六九年専攻科修了）　楊青造園企業有限公司を設立。台湾各地の名所旧跡の環境美化、公園設計に従事している。彼の手になる庭園は数十カ所にのぼり、特に国立公園日月潭の孔雀園と文化センターは傑作である。

劉衡正（一九七一年園芸科卒）　花材加工研究に専念した結果、台湾の新興産業の一つとして室内装飾に重要な役割を担うようになった。

林進益（一九七三年造園研修員として派遣）　台北市公園路灯管理処で、環境美化に精励。

ここからは、千葉高園ＯＢが、「台湾花卉園芸の第一人者」、「台湾養鰻業／キノコ生産の功労者」などの称号を得て、台湾諸分野の第一線で活躍していることを知ることができるだろう。また、先に、章守玉が孫文の陵園造営に関わったことを見たが、台湾総統府周辺の庭園、また景勝地として知られる日月潭の整備などに関わったＯＢがいたことにも注目される。人数は必ずしも多くないが、台湾の園芸や造園に重要な役割を果たした人材を千葉高園は輩出していたのである。

4　日中戦争終結後の元留学生たちの行方

一九四九年に中華人民共和国が誕生した後、大陸から台湾へ移住した人士(42)の中に、千葉高園ＯＢだった鄭達文【27】と杜賡甡【36】の二名も含まれている。このうち、杜賡甡については、大陸同郷の後輩・宋秉彝氏（一九二六年生。四三年来日し、四四年四月に東京農林専門学校〔東京高等農林学校の後身〕農学科に入学したものの、戦争激化のため、同年九月に帰国）に対する聞き取り（二〇〇〇年九月実施）の中に、偶然登場してくる。その概要を紹介しよう。

一九四三年ころの北京は日本軍の支配下に置かれていた。その日本に、なぜ留学しようと思ったのか。

「私たちは日本の統制のもとに生活していたわけですが、そこでの中国の学校のレベルは低く、日本の学校の方がレベルの高いよい教育を与えていました。それは農科だけではなく、あらゆる面でそうでした。ですから、よりよい知識を得るためには、日本の学校へ行く必要がありました。何人もの日本留学経験者に会い、日本の学校のレベルが高いということも何度も聞いていました。私の先輩で、黄村農業学校、中日中学の農科と、私と同じ学校を卒業して日本へ行った人がありました。千葉高等園芸学校の卒業生です。この先輩が私に《ママ》、日本留学の実状を父に報告したのです。それで、父も日本留学はよさそうだと思ったようです。

私が日本へ行くとき、この人は卒業しました。帰国して黄村農業学校に教師として一年勤めた後、抗日運動の中心地、重慶に行きました。一年の間に国民党と連絡して、どうしたら重慶に行けるか準備したのです。いまは台湾にいます。日本から帰った学生は日本の統制地区から何とか逃れて、抗日運動の中心地である重慶に行きたかったのです。それがごく一般的な心情でした[43]」。

一九四一年四月に杜賡甡が千葉高園に入学した経緯は不明だが、杜が宋氏の父親に「日本の学校のレベルは高い」と伝えたことが、宋氏の日本行きに繋がったと言う。この証言は、交戦国であった日本で学ばざるを得なかった宋氏（そして、杜など同じ境遇の留学生たち）の苦衷や帰国後にどのような「心情」で日本に対峙したのか等を窺い知るための貴重な証言である。宋氏と同じ一九四四年四月に千葉高園に入学した中国留学生は四名いるが、二名は中退、二名は修了している。一方、宋氏は中退し、日本の敗戦後、北京大学農学院に入り直し、同校の助教を務めたのち、北京農業大学教員を務めたという。杜賡甡のその後については、宋氏の証言および台湾戸定会報告によって、明らかになったが、戦時下の千葉高園で学んでいたその他の留学生の動向については不明である。

図表3-10　千葉高園卒業者の居住地

年	1917	1918	1929	1931	1933	1935	1937	1938	1939	1940	1941	1944
樺太	0	0	1	4	5	4	4	4	4	3	2	2
台湾	1	2	22	22	22	24	35	40	48	49	59	52
朝鮮	10	10	24	27	34	39	45	49	50	49	52	54
関東州	0	2	4	4	5	2	7	8	5	7	9	5
満洲	0	1	0	0	0	6	15	20	25	38	41	45
中華民国	0	1	11	11	11	13	13	17	25	26	33	30
南洋	3	9	10	11	8	11	12	13	13	12	12	34
北米	8	12	9	7	6	6	6	6	5	5	6	5
南米	2	2	3	3	3	3	2	2	2	2	2	2
外地総計	24	39	84	89	94	108	139	159	177	191	216	229
内地総計	172	183	520	599	708	765	835	854	877	890	984	1030
総　計	196	222	604	688	802	873	974	1013	1054	1081	1200	1259

出典：『校友会名簿』（千葉高等園芸学校）各年版、『戸定会名簿』（千葉高等園芸学校）各年版より作成。

四　千葉高園を卒業した日本人と元留学生たち

1　卒業生が活動した地域

千葉高園校友会が『校友会報』を創刊したのは一九一一年七月(44)のことである（最初の卒業生を出したのは、翌一二年三月）。校友会は学校が関わった組織であったが、それとは別に、一九一六年には「園芸得業士会」という同窓会組織（のち「戸定会」）もでき、それぞれが数年ごとに出している同窓名簿から、時々の会員在住地――各道府県や「台湾」「朝鮮」など――を知ることができる。図表3-10は、一九一七年から四四年までの名簿から、「内地」（列島内の各県）とそれ以外の地域に在住する人数をまとめたものである(45)。これによれば、内地在住の卒業生は右肩上がりに増加し、朝鮮在住者もそれとほぼ軌を一にする。それに対し、台湾は、一九三五年までは二〇名台前半で推移していたが、日中戦争勃発後急増し、一九四一年にピークを迎えた。これは台湾が「南方進出の拠点」とされたことに伴う結果であろう。同様に一九四一年までは十名強で推移してきた「南洋」在住者が、一九四四年は三四名と三倍に増えたことも、「大東亜共栄圏」形成事情を反映しているだろう。[46] 一方、「満州」については、一九三五年から増え始め、四〇年代は四〇名台で推移した。中華民国は、三八年までは一〇名台だったが、その後日本軍の占領地域が増えたためか、三〇から四〇名に達した。

総括すると、千葉高園ＯＢ全体において、一九一七年に二四名にすぎなかった海外在住者は、三七年に一三九名、そして四四年に至り二二九名とピークに至るのである。しかし、四五年の敗戦は、「外地」在住者を激減させる。五四年に発行された『戸定会員名簿』は、「在外」者欄を設けているが、そこには九名（日本国籍保有者）の名前しか確認できない。（「内地」在住者は二〇一六名）。一方、この時の『名簿』には「外国籍」欄もあり、三二人の元留学生の名前がそこに見える。戦時下の名簿では「中華民国」「朝鮮」「台湾」などと区分されていた同窓生は、ここで一括して「外国」の範疇にまとめられたことがわかるのである。

2 「外地」での千葉高園同窓生と元留学生たち

『戸定会報』第一四号（一九三四年九月）所載の「同窓生消息通信」には、二名の元留学生の状況が報告されている。「鄭達文君　元気にて江蘇省の農試？で御奮闘中です」、「繆紹俊君　中華民国の御家に帰へられました。帰る時には家業の手伝をするのだと申して居られました。彼地は盆栽物等有望の由です」云々。図表3-2で示したが、鄭【27】は南京市内の園芸場に勤務し、戦後は台湾に渡ったこと、また繆【28】は故郷（広東省中山市）で「自営」をしていたことがわかっている。しかし、前者には、「？」が入れられるなど、帰国した同窓の動向が明確に把握できていなかった様子も窺わせる。

千葉高園卒の「外地」勤務者が増加してくると、台湾や朝鮮でも「戸定会」支部が結成されていく。一九二〇年四月には、台北市内に九名が集まり、戸定会台湾支部が発足している。「パパア〔パパイア〕嚙り、豚汁に舌鼓を打ち、夜を徹して会談し、且つ松戸を偲」んだという。支会「会報」も二三年一一月に発行されている。[47]二五年一二月現在の「台湾戸定会会員名簿」には、一九名の日本人ＯＢの名前が載せられているが、その「職業」は台湾総督府高等農林学校教授を筆頭に、総督府関連学校の教員、農業関係技手、専売局職員などであった。[48]さらに、台湾神宮造営と周辺の造園を一手に担当した日本人も千葉高園のＯＢであったという。[49]前掲した図表3-10によれば、一八年段階で二名しか居なかった在台湾の日本人ＯＢは、二九年に二二名まで増え、ＯＢ会も活況を呈してきたのだろう。一方、台湾出身のＯＢは、一九三七年卒業の林元朗【29】がその初めとなるが、林が戸定会台湾支部に積極的に参加したかは不明である。

朝鮮支部についてはどうか。『戸定会報』第一六号（三六年六月）の「支部報告」には、二五道府県（北海道、福島、茨城、栃木、埼玉、千葉、東京、神奈川、山梨、長野、岐阜、石川、京都、奈良、大阪、岡山、香川、徳島、愛媛、高知、福岡、長崎、大分、鹿児島、沖縄）の支部のほか、「朝鮮支部」と「台湾支部」が掲載されている。朝鮮支部の支部長は「京城府朝鮮殖産銀行気付〇〇氏」（実名は伏せている）とされていて、三六年段階で存在していたことは確かだが、創設年次等は不明である。

『戸定会報』第一九号（三七年）の「朝鮮支部便り」には、同窓生の近況報告（職業ほか）が掲載されている。たとえば、一九一五年に朝鮮に来てから、「二十余年となりましたが、其間随分変遷がありまして、一時は内地へ帰るる同窓諸兄が多くなって」きたが、最近は「四十余名と云ふ多数になって、各方面に健闘を続けられて居りまして、誠に心強く感ずる」等々。この時期のＯＢは、朝鮮総督府官吏・技術者（とりわけ農事試験場関連）、また農業学校教員などに就いていた。[50]また、朝鮮神宮造営事務所と朝鮮総督官邸園芸を兼務監督していた日本人も千葉高園の卒業生であった（台湾神宮建設にも別のＯＢが関わっていたことは先に触れた）。このように、同号には「四十余名」の朝鮮在住者のうち一七名の近況が載せられていた。

この一九三七年段階では、朝鮮出身者一一名は既に帰国していたと思われる（図表3-4）が、『会報』で紹介されていたのは金貞植【16】（二八年度卒）の動向――「君は京元線月五里に於て、苹果（リンゴ）園を買受け、熱心なる合理的の栽培により、逐年好成績を挙げて居られます」だけであった。[51]『会報』全体では「会員動静」欄から、朝鮮出身者の何名かについては「仕事が××に替った」という情報を確認できたのだが（それゆえ一覧表の「職業」歴が作成できたのだが）、具体的な動向の叙述は金一人だけであった。

この『会報』は、日本人OBの動静を把握するための一級史料ともなっており、その多くが朝鮮総督府官吏や農業学校教員に就いていたことは既に触れた。一方、朝鮮出身者は、教員になった人こそ二九％とまずまず高かったが、官吏になった者は一二％に留まっていた（分母が小さいものの、台湾OBは、教員一九％、官吏二七％であった）。さらに言えば、戦前戦中期の中国で大学教員に就いたOBが二名いたのに対し、日本統治下の朝鮮台湾ではゼロだった。解放後の韓国で、金周鍵【18】が春川農科大学（現江原大学校）教授に、一方、戦後の台湾で、大陸出身の杜賡甡【36】が台湾大学教授に就く事例があることを勘案すると、この背景に植民地政策の影響があったことは否定できないだろう。戦前期戸定会の台湾支部・朝鮮支部についても、同地の出身者がどの程度加入し、活動していたのかの全体像は不明だが、多少の温度差は存在していたと思われる。

さて、「満州」にも四〇名程度のOBが一九四〇年前後に居住していたことを先に見たが、「満州支部」が結成された否かは確認できない。しかし、『校友会会報』等には、「満州」関連の記事が確実に増えていた。たとえば、第二二号（一九三三年一二月）は、「満州産業建設学徒研究団視察記」と題する特集を組み、「満州風景」写真四枚に続き、「満州旅行記（前半チチハルまで）」、「斉斉哈爾より帰国まで」、「南満に於ける農業及園芸」、「北満に於ける農業に就いて」の文を四名が分担執筆している。日中戦争下で出された第二六号（三八年一月）では、巻頭に松井謙吉校長が「非常時と国民精神の緊張」という時局論を述べ、本論には「満州拓殖勤労奉仕学徒実習団に参加して」が寄稿されている。さらに、四一年三月発刊の雑誌には、六名が「満州勤労作業奉仕団参加記」を寄せている[52]。つまり、千葉高園関係者も、「満州」における農地開拓あるいは移民という国策に向き合わざるを得なかったことが、これらの記事から窺えるのである[53]。

戦時下日本で学ぶ中国学生たちが、複雑な思いを抱いていたであろうことは先に見た。ここで再度、東京高等農林学校の元留学生（別人物）の証言を引用しておきたい。戦時下の東京農林では、正課の「軍事教練」に「留学生は参加しなくてよい」とされていたが、希望があれば参加もできた。これについて、「私は中国人留学生として参加すべきでないと考えました。軍事教練では、ときどき中国の都市を仮想の攻撃目標としていたのですから、それは私にはどうしても受け入れられないことだったのです」と回顧している。しかし、一方で、彼は「満州や台湾、朝鮮からの学生は参加しなければならなかったかもしれません。日本との関係が私達とは違いましたから。彼らと私たちとは立場が違いました[54]」とも語っている。千葉高園でも軍事教練は行われていたが、留学生への対処がどのようにされていたのかについては、不明である[55]。

いずれにしても、「交戦国」あるいは「宗主国」であった日本で学んだ留学生たちの戦時下あるいは日本敗戦後の思いが複雑であったことは想像に難くない。戦前戦中期の留日学生たちが、同時代の、さらには戦後期の同窓会名簿において、名前が挙げられながらも、「現住所」などに空白が多いのは、そうした事情も関連すると思われる。

おわりに

本章は、千葉高等園芸学校時代（戦前・戦中期）の四五名の外国人学生（中国・台湾・朝鮮）の留学生活の一端や帰国後の活動と評価をまとめてきた。その結果、「園芸」あるいは「造園」という特色ある学問分野を修めた元留学生の中から、中国南京の孫文陵周辺の公園整備を任された人士、台湾大学の緑化に務めた人士などを輩出したことが明らかになった。

二〇〇九年三月発刊の『戸定会会報』は「園芸学部創立一〇〇周年記念特集号」であった。そこに「戸定会中国南京支部名誉支部長（南京農業大学園芸学部元学部長）」李式軍氏が「懐かしい松戸留学時代」という文を寄せている。一九九二年から二年間園芸学部で学んだ李氏は、当時は「日中両国の友好交流がスタートした時で〔略――私は〕園芸学部で最初の中国人留学生となりました。〔略〕今でも日本留学を大きな財産と感じています。先進の知識を習得しただけでなく、日本文化や世界への理解を深めることができました(56)」と書く。さらに、李氏の後輩留学生も、「園芸学部で学んだ日本の先進的理論と実際は、わが国の農業・園芸の今日の発展に大きく貢献しています」との祝辞を寄せている(57)。

このように戦後の国交回復後において、ふたたび中国留学生は松戸で園芸学を学び、その知識を母国に活かし、相互交流を継続していく。しかし、その前史として、四五名が困難な時代の中で、先駆者として奮闘してきたことを忘れてはならないだろう(58)。

註

（1）河路由佳・淵野雄二郎・野本京子『戦時体制下の農業教育と中国人留学生』農林統計協会、二〇〇三年。
（2）日本の国公私立大学において、二〇一七年段階で「園芸学部」が置かれているのは、国立大学法人千葉大学しかない。
（3）財団法人日華学会学報部編『第一一版中華民国満洲国　留日学生名簿』（昭和一二年六月現在）。東京大学附属図書館所蔵。
（4）河路由佳「戦時体制下の東京高等農林学校の留学生」（前掲、河路ほか『戦時体制下の農業教育と中国人留学生』九三～九五頁）。
（5）作道好男他編『千葉大学園芸学部七十年史』教育文化出版、一九九一年、五四頁（以下、『七十年史』と略）。
（6）岩田喜雄「刊行に寄せて」『七十年史』。

（7）『千葉大学園芸学部創立一〇〇周年記念誌　戸定ケ丘の時空百彩』二〇〇九年、二〇頁（同編纂委員会編集、同記念事業会発行）。以下、『記念誌』と略。

（8）千葉県立園芸専門学校は、当初から県議会で予算案を通す際に多くの苦労があり、一九一一年には早くも「国立移管意見書」が県議会で可決されている。その理由は「多額の県費を計上し、園芸知識を養成しても県の生産力を増やすわけではない。入学者の三分の一以上が他府県の出身者で、国家の事業にすべきである」などとされた（『記念誌』三七頁）。国立移管が進まない一九一九年には遂に「園芸学校廃止建議」さえ提出可決された。しかし、卒業生を含む学校関係者が反対運動をした結果、ようやく一九二九年に国立移管が決まった（『七十年史』一五二〜一七二頁、『記念誌』四三〜四六頁）。

（9）一九五四年には、「千葉大学園芸学部」を発行所とする『千葉農業専門学校沿革史』（全七〇頁）という冊子が出され、一九〇九年以来の歴史が簡潔にまとめられている。

（10）野本京子「戦時体制下の農業教育」（前掲『戦時体制下の農業教育と中国人留学生』七〜九頁）。なお、ここで用いている各高等農林卒業生の元データは、『日本農業教育史』（全国農業学校長協会編、一九四一年）所載の「官立農業専門学校卒業生就職状況調」（九〇〇頁）である。

（11）『記念誌』二〇頁。

（12）『七十年史』六〇頁。先の長文引用は六一頁から。

（13）藤井英二郎「千葉大学園芸学部のキャンパスと庭園」『記念誌』三七九〜三九四頁。

（14）「序」で記したが、本書では、日本統治下の朝鮮、台湾からやってきた学生についても、「留学生」と呼んで、議論を展開していく。

（15）ここで言う「校友会」と「戸定会」は別の組織である。千葉県立園芸専門学校が最初の卒業生を出した一九一二年に「千葉県立園芸専門学校校友会」が発足する。校友会は、現役学生が通常会員、教職員が賛助会員、退職教職員が名誉会員、卒業生が特別会員となり、学校業務の一環として運営されていた組織であった。一方、一九一六年に学校側の要望で卒業生が中心となる同窓会「園芸得業士会」が創設され、それは校友会とは別組織として運営された。この「得業士会」が、一九二二年、学校の所在地・松戸町戸定の地名を冠した「戸定会」と改名され、現在まで続いている（伊東正「戸定会（本部）活動の歴史と活動の特徴」『記念誌』二三六〜二三七頁）。

（16）戸定会事務局によれば、両雑誌の発行状況は以下である。まず、『校友会報』第一号は一九一一年七月に出されており、以降、おおむね年一回のペースで発刊された。第二九号は一九四〇年三月に、その後、四一年三月、さらに「最終号」が一九四五年一一月に発行されている。つまり、通号で三〇号になると思われるが、戸定会が所蔵しているのはそのうち二〇冊分である。一方の『戸定会報』であるが、第一号がいつ発刊されたかは不明だが、事務局に保管されているのは、第七号（一九二三年二月）からである。戦時下の発行は、第二五号（一九四二年七月）が最後の号で、第二六号は、戦後の一九四九年四月に発行され、以後、今日まで継続的に出されている。

(17) 日華学会は、一九一八年に設立され、中国留学生を支援することを目的とした団体である。同会が発刊していた「留学生名簿」の変遷などについては、序の註21で説明している。

(18) 外交文書中に、千葉高等園芸学校長・松井謙吉による「本邦留学生満洲国及中華民国学生ノ帰国後ニ於ケル状況調査ニ関スル件回答」昭和九年（一九三四）一一月一日付があり、そこには本稿で一覧表として掲げた繆嘉祥から顧篤煌までのうち、一四名の中国籍学生が載せられている。外務省外交史料館所蔵「在本邦留学生調査関係雑件第五巻」アジア歴史資料センターウェブ Ref. B05016133000, H-888, 0034~0035. 以下、アジア歴史資料センターウェブから引用する際は、英語の略称である「JACAR」を示し、その後にレファレンスコードを付すこととする。

(19) 『七十年史』一九三～一九四頁。

(20) 『七十年史』九三～九四頁。

(21) 本書第一章、参照。

(22) 同右。

(23) 三好章「維新政府と汪兆銘政権の留学生政策」（大里浩秋・孫安石編『留学生派遣から見た近代日中関係史』御茶の水書房、二〇〇九年）、などを参照。

(24) 川島真「過去の浄化と将来の選択――中国人・台湾人留学生」（劉傑・川島編『一九四五年の歴史認識』東京大学出版会、二〇〇九年、所収）などを参照。

(25) 国立国会図書館蔵。

(26) 『校友会会報』第一七号（一九二九年二月）、第一九号（三〇年六月）、第二〇号（三一年七月）、第二一号（三二年八月）、第二二号（三三年一一月）、第二三号（三五年三月）、第二六号（三九年一月）、『戸定会報』第二三号（四〇年七月）。

(27) 『校友会会報』第二三号（一九三五年三月）など毎号の彙報欄に、それぞれの活動が詳しく掲載されている。

(28) 『校友会会報』第二一号（一九三二年九月）。

(29)『校友会会報』第二二号（一九三二年一二月）。

(30) 戦時期の東京高等農林で学んでいた中国人および日本人に対する聞き取り（二〇〇〇年）によれば、留学生は旧制高校的な気質の寮生活に戸惑いながらも楽しんでいたこと、授業で助け合ったこと、蒋介石評価をめぐり激論が闘わされたこと等々があったという（前掲、河路ほか『戦時体制下の農業教育と中国人留学生』）。

(31) 註10に同じ。円グラフで「一三%」を占める「その他」の内訳は、「上級学校進学・兵役　二・三%」、「未就職者一・五%」、「海外渡航　二・六%」、「死亡六・二%」、「その他（不明含む）○・一%」であった。

(32)「章守玉」https://baike.baidu.com/item/%E7%AB%A0%E5%AE%88%E7%8E%89. https://baike.baidu.com/item/%E8%92%8B%E8%8A%B8%E7%94%9F　［二〇一七年十月五日閲覧］。

(33) 鄧継光執筆、中国科学技術協会編『中国科学技術専家伝略（農学編　園芸巻一）』中国科学技術出版社、一九九五年、三七〜四六頁。

(34) 鄧継光「著名園芸学家　章守玉教授研究」『瀋陽農業大学学報（社会科学版）』二〇一〇年九月、五一五頁。

(35)「中華民国政府陵園管理委員技師章守玉外四名ノ新宿御苑拝観ノ件」外務省外交史料館所蔵「在本邦留学生本邦見学旅行関係雑件／便宜供与関係／通関、拝観、観覧関係」JACAR　Ref. B05015845100, H-637, 349〜355.

(36) 蘇州農業職業技術学院は、「省政府の認可を経、教育部が認可した公立の全日制普通大学である。一三の教育部局からなり、在校生は六三〇〇名いる」とされている。しかし、三年制なので、日本の学制で言うと、短期大学に近い学校である（http://www.szai.com/）［二〇一七年一〇月五日閲覧］。

(37)「蘇農百年校慶何剛徳、王舜成、章守玉銅像掲幕」（二〇〇七年一一月一二日中新蘇州網）、「園芸与園林系挙行〝学章守玉精神共緬先輩徳馨〟紀念活動」（二〇〇九年一一月二七日　蘇州農業職業技術学院HP）などの記事を、二〇一一年三月二五日では確認できたが、二〇一七年一〇月段階ではアクセスできない。一方、「園芸与園林系学章守玉精神」などの記事は、二〇一七年一〇月段階でも、ネット上で見られる（http://www.docin.com/p-49434566.html など）。

(38) 胡建程執筆、中国科学技術協会編『中国科学技術専家伝略（農学編　園芸巻二）』中国科学技術出版社、二〇〇三年、一五〜二三頁。

(39)「千葉県立高等園芸学校　大正一三年度学費補給支那留学生」外務省外交史料館所蔵「在本邦一般留学生補給実施関係雑件／諸学校関係」JACAR　Ref.B05015461000, H-363, 241〜250. 千葉高園関連の「個人調書」について、もう一名分は確認できたが、他の留学生の分については残存していないと思われる。

（40）蒋が入学した一九二二年の科目名に「茶葉」関連は見当たらない。あえて言えば「普通及特用作物栽培論」が近いか。また蒋はのちに「植物生理学」という教科書を出版している。一九一一年段階の講義科目中、その科目はあったが、蒋が在籍していた一九二二年に「植物病理学」はあったものの、「植物生理学」はなかった。『七十年史』六一、一一七頁。

（41）「国立台湾大学校史館ＨＰ」http://www.lib.ntu.edu.tw/gallery/_new-test/04_02-05-05-flower.html［二〇一七年一〇月五日閲覧］。また「国立台湾大学杜鵑花節」については、『維基百科』https://zh.wikipedia.org/wiki/%E5%9C%8B%E7%AB%8B%E8%87%BA%E7%81%A3%E5%A4%A7%E5%AD%B8%E6%9D%9C%E9%B5%91%E8%8A%B1%E7%AF%80［二〇一七年一〇月五日閲覧］。

（42）日本敗戦後の中国の政治動向は、留日学生にも難しい選択を迫ることになる。近年、これらの研究が進みつつあり、たとえば、川島真「過去の浄化と将来の選択――中国人・台湾人留学生」、王雪萍「留日学生の選択――〈愛国〉と〈歴史〉」（ともに、劉傑・川島編『一九四五年の歴史認識』東京大学出版会、二〇〇九年、所収）などがある。

（43）引用した箇所以外にも、宋氏が、日本に赴く際の複雑な思いについて語る部分は多い。「留学を志した当時の私は抗日思想に燃え、それが目的で日本に留学したと言えます。〔略――それは〕日本で抗日運動を進めるという意味ではありません。自分の学力を強くするためです。自分の能力を高めて、抗日に尽くそうという意味です。日本国内事情を調べて抗日に役立てようという意味ももちろんありました。〔略――日本に実際に留学すると〕中国で理解されていた日本人の姿と、日本国内の一般の日本人とは全く違いました。〔略〕日本に行く前には、抗日の気持ちがとても強かったし、行ってからも基本的にその気持ちは持ち続けましたが、日本で私が出会った一般の日本人や学生や先生たちはとても親切でした」。（前掲、河路他『戦時体制下の農業教育と中国人留学生』一八九〜一九〇頁）。宋氏は「中華民国」留学生であったわけだが、一方、「満州国」留学生であった譚貴忠氏（一九三七年入学、三九年帰国）は、日本人は「満州人」と聞くと、とても親しくしてくれました。それに対して、中華民国の学生は日本人に敵視されることがありました。日本人ははっきりと区別をしました」（同書、一五三頁）との証言をしている。

（44）『七十年史』六七頁。

（45）一九三七年以降の会員の住所は、出征先の中国大陸や東南アジア等の「××部隊内」と示される例がかなり多くなる。しかし、この表では、「職業」を持って各地で生活していた人の把握を主眼としたため、兵隊として海外に駐留していた人数は、ここに入れていない。

（46）千葉高園は「南洋」で事業展開するＯＢも輩出している。たとえば、第一回卒業生（一九一一年）の岩田善雄は、「スマトラ興業株式会社」常務取締役につき、一九三一年には、ジャワ人一三〇〇名、中国人六〇〇名、マレー人等二〇〇名を雇用し、カカオ豆生産などを行っていたという（AM生「岩田氏からの通信」『戸定会報』第一二号、一九三一年四月、一〇二頁）。

(47) 「台湾支会通信」『会報』第九号、高等園芸学校戸定会、一九二四年五月、四四頁。なお台湾支会会報の現物は確認できていない。

(48) 『会報』第九号、高等園芸学校戸定会、一九二五年一二月、一二一頁。

(49) 岩田喜雄「台湾旅行記」『戸定会報』第一九号、一九三七年六月、一三頁。

(50) 以上は、「朝鮮支部便り」『戸定会報』第一九号、一九三七年六月、五七～五九頁。

(51) 同右、「朝鮮支部便り」『戸定会報』第一九号。

(52) 『報国団報』第一号、一九四一年。「千葉高等園芸学校報国団」が結成されたことに伴い、『戸定会報』は、一九四一年『報国団報』に改名された。

(53) 『七十年史』には、一九三九年から四二年まで、「興亜青年勤労報国隊学生隊」として、在校生が「満洲」および「北支蒙疆」などに一ヶ月程度派遣された記述がある（二五五～二五六頁）。東京高等農林学校の状況については、前掲『戦時体制下の農業教育と中国人留学生』に記されている。

(54) 陳一民氏（一九四三年入学、四五年帰国）の証言（前掲『戦時体制下の農業教育と中国人留学生』）一七七頁。

(55) 千葉医科大学附属薬学専門部に、一九四二年入学した元台湾留学生が、千葉での「軍事教練」は台湾の厳しさに比べると、遊びと言えるくらい易しかったとの回想を残していることを、第一章第三節6項で紹介している。

(56) 李式軍「懐かしい松戸留学時代」（『戸定会会報』二〇〇九年三月）、一七頁。

(57) 朱月林「戸定会中国南京支部の創立と活動」（『同右』）一四頁。李氏以来、南京農業大学から園芸学部への留学者は三〇名以上、短期訪問者を併せると五〇名近くになるという。

(58) 一九五六年三月発行の『戸定会名簿』の「在学生園芸学科四年生」欄に「中国復旦大学出身、福建省福州市出身」で、中国名をもった人物の名前が見える（二〇〇七年発行の『戸定会名簿』には、この人物について、「一九五六年三月卒業、香港在住」とされている）。つまり、この人物は一九五二年四月に学部一年に入ったと思われ、OBの章守玉が一九四九年から五二年まで復旦大学園芸系教授を務めていたことから、その教え子だった可能性も推測される。一九四九年の中華人民共和国誕生以降、大陸と日本との正式国交はなくなったはずだが、香港経由などで、留学を果たしたようである。もし、そうであるならば、「園芸学部に入学した最初の中国留学生」はこちらの人物で、李式軍氏は「日中国交回復後の最初の中国留学生」であったと捉える方が適切かもしれない。

第四章　デザイン学分野における留学生たち——東京高等工芸学校など官立四学校を事例に

中国留学生による日本での「近代知」受容の研究は、魯迅などの知識人を素材として、あるいは辛亥革命などをめぐる政治思想の検討を通じて、これまで多くの蓄積が重ねられてきた。この領域については、芸術系分野も重要で、美術やその隣接領域である建築を学んだ留学生についての研究も既にある。[1] しかし、美術と工業あるいは建築との境界領域と言える「工芸」を修学した中国留学生をめぐる研究はほとんどない。「工芸」も近代の市民生活や社会に相即するという意味で「近代知」を支える重要な分野だろう。

とは言え、「工芸」なる領域を確定することは、実は難しい。[2] たとえば、この二文字を校名に初めて入れた官立高等教育機関である京都高等工芸学校（一九〇二年創立。現・京都工芸繊維大学）は、機織科・色染科・図案科・窯業科の四科から、また二つ目の東京高等工芸学校（一九二一年創立、翌年開校。現・千葉大学工学部）は、工芸図案科・金属工芸科・木材工芸科・印刷工芸科の四科からスタートしている。[3] つまり、この分野は、伝統と重なり合う領域から、最先端の領域までが含まれているのである。

本章では、この「工芸」領域のうち、近代の社会文化の生成に関わる面が強いと考える「図案（デザイン）」専攻の留学生に焦点を当て、彼らがこの分野で何を学び、またその修学を帰国後にどのように活かそうとしたのかを考察していく。近代日本で「図案科」を設けていた官立の高等教育機関は、京都高等工芸学校、東京高等工芸学校のほか、東京美術学校と東京工業学校だけであった。本章は主として東京高等工芸学校の留学生に焦点を当てて論じていくが、併せて戦前期の日本で工芸デザインを専門的に学べたこれら四校の留学生の特色をまとめることも課題としたい。

一　東京高等工芸学校の歴史と特色

一九二一年一二月の勅令によって、東京市芝区新芝町（現在の東京都港区芝浦三丁目）に東京高等工芸学校（以下、「東京高芸」）が設立された。一期生が入学したのは、翌二二年四月である。同校創設の背景には、次の事情があったとされる。[4]すなわち、同校初代校長の松岡寿（三代目校長にも就く）は、一九一四年、東京高等工業学校（現東京工業大学）の工業図案科が、東京美術学校（現・東京芸術大学）の図案科に併合され、廃止となった時の学科長であった。松岡は、ウィーン留学で工芸図案を修得してきた安田禄造（のち四代目校長）とともに、「貿易の振興、生活文化向上のうえからも、図案および応用を専門とする工芸の高等教育機関設置の必要を熱心に提唱[5]」していたが、世界大戦後の日本社会で高等教育機関を増設しようとする動きにも合致し、東京高等工芸学校が誕生したのである（写真4-1参照）。

同校の目的は、「実業学校令及専門学校令ニ依リ、工芸ニ従事セントスル者ニ高等ノ学術技芸ヲ授ク」とされ、学科は工芸図案科・同科附属工芸彫刻部・金属工芸科金属製品分科・同精密機械分科・木材工芸科・印刷工芸科からなり、修業年限は三年であった。[6]「工芸」の名を冠する高等教育機関には、一九〇二年設立の京都高等工芸学校が既にあったが、それに次ぐ全国で二番目の「高等工芸学校」であった。

なお、ここでいう「工芸」は、図案（産業デザイン）の意味合いが強く、工業と美術の境界領域を扱うところに最大の特色があった。それについて、『千葉大学工学部六十年史』は、「図案と彫刻はデザインの基礎であり、金属と木材は代表的な材料とその加工、精密は多量生産に関与するものであり、印刷、写真は新しい情報分野として、まさに

写真4－1　東京高等工芸学校本館と全学生および教職員（撮影年次不明）

（千葉大学工学同窓会編『写真で見る七十年史――千葉大学工学部のあゆみ』1993年、71頁）

この頃の教育・研究は『工芸の殿堂』にふさわしいものであった。〔略〕大正から昭和にかけて工芸の産業的な発展は、本校入学志願者にも反映し、開校時には二八〇名であったのが、昭和五年度においては九七三名、入学率一二・七％、同六年度は一〇〇一名、入学率一一・四％となって、いよいよ狭き門となり、当時受験生の間でも難関の一つに挙げられた」(7)と記し、社会的受容に応え得た人気を評価している。

なお、同校は、一九四四年四月、戦時下の高等教育機関改編策により、校名が東京工業専門学校と変えられた。また四五年五月二五日の東京空襲で、校舎がほとんど焼失したため、敗戦後の一〇月、千葉県松戸市岩瀬にあった陸軍工兵学校の跡地へ移転される。四八年に千葉県内の高等教育機関が集い、「千葉大学」の設置が議論された際、同校も参加を諾とし、四九年五月「千葉大学工芸学部」として新たな歩みを始めたのである。千葉大学工学部（五一年に改称）が、その前身を、東京高等工芸学校とするのは、以上の経緯からである(8)。

二　東京高芸の留学生たち

1　留学生名簿とその特色

東京高芸の留学生を整理した研究は、既に二つある。一つは鶴田武良「留日美術学生」[9]で、同稿は東京高芸に一九三九年度までに入学した中国籍・「満州」籍一五名の名前や入学・卒業年次、また卒業後の勤務先をまとめている。しかし、一九四〇年度以降の状況、および中国・「満州」以外からの留学生についてはまとめられていない。もう一つは、吉田千鶴子『近代東アジア美術留学生の研究――東京美術学校留学生資料』である。[10]吉田は、他の美術、工芸系諸学校への留学生についても言及しており、東京高芸については「東アジアの留学生二二名がここで工芸を学んだ」（一三八頁）とし、朝鮮、台湾を含めての留学生の名前を挙げている（うち中国・満州は一七名）。しかし、それ以外は示しておらず、東京高芸留学生の全体把握という観点からすれば十分と言えない。

それらを補う留学生名簿（一九二二～四五年）を図表4-1に掲げた（台湾・朝鮮からの学生も「留学生」として整理しているが、それについては「序」での説明を参照されたい）。これは学校が毎年公的に発刊していた『東京高等工芸学校一覧』を基本資料とし、それに「日華学会」[11]発行になる『留日学生名簿』、また『千葉大学工学同窓会名簿』[12]などを参照して完成させたものである。その結果、戦前戦中期の東工芸に在籍していた外国人学生の総人数は、中退者を含め、四一名（アフガニスタンの学生が二度入学をしているので、正味では四〇名）であることがわかった。

なお、以下の叙述で、個別の留学生に焦点を当てて論ずる場合は、この名簿の通し番号を【xx】と名前に付していくことをお断わりしておく。

図表4-1　東京高等工芸学校における留学生一覧（1922〜45年）

No.	名前	国地域	学科	入学年月	卒業年月	在籍身分等	出身地（卒業校）	卒業後の職業等
1	白南斗（白熊）[1]	朝鮮	印刷工芸	22.4	25.3	選科生		東亜日報社印刷部長（1927-37年）。無記載（38-42年）
2	陳洽	中国	金属工芸	23.4	26.3	選科生[2]	江蘇省	上海中華職業学校（28年度）→南京軍政部兵工署（32-34年度）→（35-42年度）上海中央機器廠（35-42年度）→服従最高領袖実行三民主義
3	王綱	中国	工芸図案	26.4	30.12	研究生	浙江省義烏（北京美術専門学校）	国立杭州芸術専科学校（34-37年度）→国立北京芸術専科学校（38-42年度）
4	李耀郷	中国	工芸図案	26.4	28.5 在籍*	研究生	福建省建陽（北京芸術専門学校）	
5	関漢勲	中国	印刷工芸	26.9	30.3	選科生	湖北省雲夢（省立高級工業学校図案科）	湖北省敦仁小学校（32年度）→湖北省立実験中学教員（34-42年度）
6	高希舜	中国	工芸図案	27.4	31.3	研究生	湖南省益陽（国立北京美術専門学校図案科）	南京美術学校（34-42年度）→京華芸術学院院長、中央美術学院教授、文化部芸術研究院研究員
7	ゴロヴシチコフ	ロシア	写真	27.4	28.5 在籍*	選科生		
8	儲致忠	中国	工芸図案	27.9	29.10	研究生	江蘇省武進（北京芸術専門学校）	北平大学美術院（33年度）→河南省立芸術専門学校（34-36年度）→北京師範大学（37-42年度）
9	王之英	中国	工芸図案	30.5	34.3	研究生	浙江省東陽（北京美術専門学校）	河南省立工芸専門学校（34-42年度）→東北大学、北京大学、清華大学、内モンゴル師範学院教授を歴任
10	孫昌煌	中国	工芸図案	31.4	32.3	研究生	福建省閩侯（国立芸術専門学校）	
11	王道平	中国	工芸図案	33.4	36.3	研究生	湖北省（武昌芸術専科学校）	武昌美術専門学校（36-42年度）
12	方兆	中国	印刷工芸	34.4	35.3	選科生	広東省（広東中山県立師範学校）	

No.	名前	国地域	学科	入学年月	卒業年月	在籍身分等	出身地（卒業校）	卒業後の職業等
27	孫威康	中国	写真	37.4	中退	選科生	安徽省壽（錦城中学4年修了）	
28	韓景淑	朝鮮	写真	38.4	39.**	本科生		
29	モウンサウン	ビルマ	印刷工芸	39.2	中退	選科生		
30	李康洛	朝鮮	工芸図案	39.4	中退	本科生		
31	韓在郁	朝鮮	精密機械	39.4	中退	本科生		
32	西原郁夫	朝鮮	精密機械	39.4	41.12	本科生		日本ビクター蓄音機株式会社
33	松本邦弘	朝鮮	精密機械	40.4	42.9	本科生		43年5月現在、東工大に在学
34	海本宗亨	朝鮮	造型工芸	41.4	43.9	本科生		
35	レック・クムルンルアン	タイ	印刷工芸	41.9	43.9	選科生		
36	ウドム・コルバドング	タイ	印刷工芸	42.4	43.9	選科生		
37	黄百寧	台湾	印刷工芸	42.4	44.9	本科生	台湾・台南	
38	金光信道	朝鮮	精密機械（第二部）	42.4	45.3	本科生		
39	林 東 漢（茂徳）	朝鮮	精密機械（第二部）	42.4	45.3	本科生		
40	ヌール・アマツド	アフガニスタン	印刷工芸	43.1	43.9	選科生		
41	姜炫超	台湾	写真	43.4	45.9	本科生	台湾・新竹	

出典：『東京高等工芸学校一覧』、日華学会『留日学生名簿』、『千葉大学工学同窓会名簿』などより作成。
注：1）1932年度名簿から「白熊」に改名。
2）2年から本科生。26年4月～27年3月は研究生。
3）＊印はのち中退。＊＊は2年次在籍、のち中退。
4）ミクロネシア連邦。

No.	名前	国地域	学科	入学年月	卒業年月	在籍身分等	出身地（卒業校）	卒業後の職業等
13	馬克清	満洲	印刷工芸	34.4	35.3	選科生	奉天（奉天高等師範学校数学理化科）	奉天省立第二工科学校（35-42年度）
14	李世澄	中国	工芸図案	34.4	37.3	研究生	江蘇省上海（上海新華芸術大学）	
15	張鈞	中国	工芸図案	34.4	36.3	研究生	江蘇省（江蘇省立第四師範特科芸術科）	南京正中書局美術部（36-42年度）
16	商家堃	中国	工芸図案	35.4	37.3	研究生	江蘇省靖江（蘇州美術校）	蘇州美術専門学校訓務主任
17	王元奇	中国	工芸図案	36.4	37.3	研究生	安徽省歙（北平大学芸術学院）	
18	孟繁智	中国	工芸図案	36.4	37.7	研究生	河南省栄陽（上海美術専科学校）	
19	呉啓瑤	中国	工芸図案	36.4	37.7	研究生	福建省福清（中華芸術大絵画科）	
20	デイビーゴーシュ	インド	印刷工芸	36.4	37.3	選科生	インド、ヴリテッシ、インデア、ベンガル	
21	ヌリベランド・ナードダット	インド	木材工芸	36.4	37.8	選科生	インザイヤ、ベンガル	
22	李起完	朝鮮	木材工芸別科	36.4	38.3	別科生	慶尚北道	大邱公立職業学校（38-42年度）
23	チェーテーヤ	インド	写真	36.9	37.3	聴講生		
24	ゴンザロアリサ	コロンビア	写真	36.9	37.3	聴講生		
25	カーリス	南洋・ポナペ島[3)]	印刷工芸	37.1	37.3	選科生		
26	ヌール・アマッド	アフガニスタン	木材工芸	37.1	37.3	聴講生		

図表4-2　東京高等工芸学校留学生国・地域別、専攻別一覧

（単位：名）

国・地域	工芸	印刷	写真	精密	木材	金属	造型	合計人数（全体比、%）
中国	13	2	1			1		17（43）
朝鮮	1	1	1	5	1		1	10（25）
インド		1	1		1			3（ 7）
台湾		1	1					2（ 5）
タイ		2						2（ 5）
アフガニスタン		1			1			2（ 5）
「満州」		1						1（ 2）
ロシア			1					1（ 2）
ビルマ		1						1（ 2）
コロンビア			1					1（ 2）
南洋群島		1						1（ 2）
計	14	11	6	5	3	1	1	41（100）

出典：『東京高等工芸学校一覧』（各年版）などにより作成。（詳しくは本文参照）。
注：工芸は工芸図案科、印刷は印刷工芸科、写真は写真部、精密は精密機械科および同二部、木材は木材工芸科および同別科、金属は金属工芸科、造型は造型工芸科をそれぞれ示す。

(1)　国別および専門別の特色

留学生を国・地域別、専攻別に整理し直したのが、図表4-2である。最大の特色は、四一名が一一の国と地域に亘っていることである。留学生総計が二八二名を数えた千葉医専・医大留学生の出身地が、中国、朝鮮、台湾、満州であったこと、千葉高等園芸学校（留学生総数は東京高芸とほぼ同じ四五名）も中国、朝鮮、台湾のみであったことに較べると、きわめて多様な地域から受入れていたことがわかる。とはいえ、最多勢力は、やはり中国学生で一七名（全体比四割強）を数えた。

専攻分野と国籍には著しい特色がみえ、工芸図案科は一四名のうち一三名が中国留学生だった。東京高芸の工芸図案が、世界大戦後における「産業デザイン」の発展を期して創設されたことは、先に述べた通りである。この時期にデザインを学んだ中国学生は、帰国後、どのような職に就いていったのだろうか。

工芸図案に次いで留学生数が多かったのは、印刷工芸で一一名を数えた。この分野を学べる高等教育機関が少なかったため、志願者が多かったと思われるが、印刷工芸には九つの国と地域の学生が在籍していた。第三位の写真専攻も、六つの国と地域から各一名ずつが留学している。つまり、大衆社会の成立に伴うメディアの変貌に対応し得る、印刷や写真の最新技術を、世界各地の学生が学んでいったことも、東京高芸の特色であった。一方、精密機械を学んでいた五名がすべて朝鮮学生であったことも興味深い。植民地下の朝鮮で、この時期、高度の知識を持った技術者が求められてきたことの反映だろうか。

(2)　在籍留学生数の変遷とその特色

四〇名の留学生たちの年次別在籍状況を図表4-3に示した（その年度に、一時的でも在籍していた学生を「一」と数えた。また「中退」した年月が不明な学生は、翌年度に在籍していない形で処理をした）。一九二二年度から四五年度までの二四年間で、新入留学生がゼロだった年は七回ある（全体の二九％）。一方、新入生が最も多かったのは、三六年度の一〇名であり、この年度は在学生を含めると、一二名の留学生が在籍していた。この年度だけなぜ大量の留学生を受入れたかは不明だが、全体から見ると例外的だったと言える。すなわち、二番目に新入生が多かったのは四二年度の五名で、受入れ者ゼロの年も多かったことを勘案すれば、東京高芸の新入留学生は一、二人いるか否かが一般的だったようである。

なお、千葉医大や千葉高園は、日中戦争勃発後も中国留学生が少数ながら在籍していたが、東京高芸の場合は、一九三七年四月に入学した学生がまもなく中退した後は、一人の入学も見なかったことも特色と言える。

(3)　留学生の身分別特色

東京高芸において、留学生は五つの身分で在籍していた（図表4-1）。「選科生」が一四名、「研究生」が一三名で、「本科生」も一〇名とそれらに次いだ。一方、中退者が少なかったことにも注目される。各々の身分を「東京高等工芸学校規則」に拠り、簡単に説明しておきたい。

図表4-3　東京高芸留学生の年次別新入生、在籍者数一覧

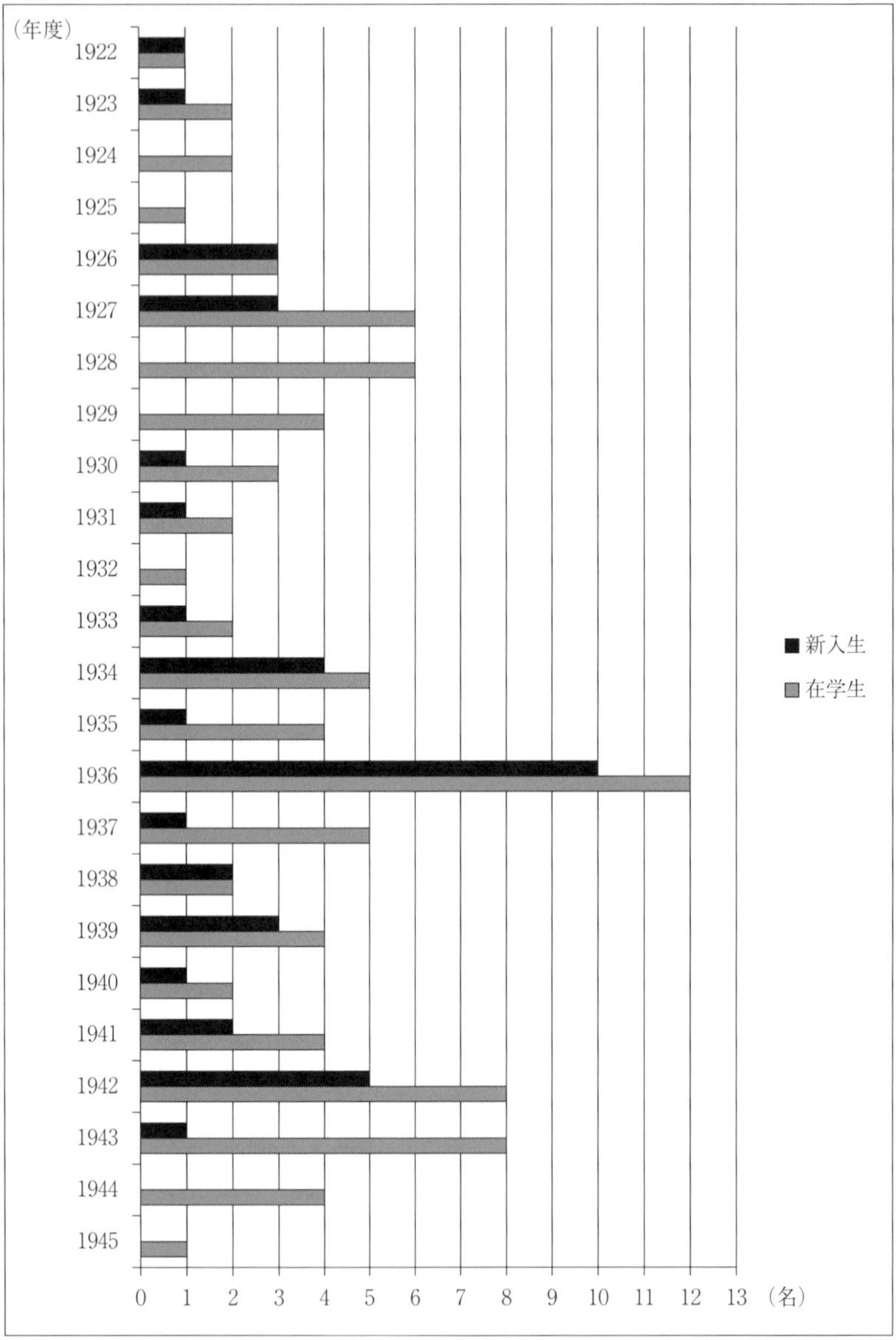

出典：図表4-2より作成。

まず「本科生」は修業年限三年の一般コースである。「研究生」は二年以内の在学を原則とし、受講科目数には制限がなかった。一方、「選科生」は、三年間在学できるが、受講科目は数科目に限られていた。また学年の途中での入学も可とされていた[13]。一方、「聴講生」は、一九二六年の規程改正で導入された範疇で、数科目のみを聴講する学生で、年次の規程は特になかった[14]。また「別科生」は、一九三一年に新設された「木材工芸科別科」に設けられた身分で、既に経験を持った人が、専門技術を高めることを目的とし、修業年限は一年であった[15]。「別科」に在籍していたのは、朝鮮学生の李起完【22】一人のみであった。彼は、帰国後ただちに職業学校に勤めていることから、現役教員が、その技量を高めるために別科生になったものと推測される。

2　留学生たちの学園生活

学校が毎年発刊していた『東京高等工芸学校一覧』には、各学科での授業科目が掲載されている。ここでは、中国留学生のほとんどが所属した「工芸図案科」のカリキュラム（一九二二年度版）を掲げておきたい。

すなわち、修身、図案実修、絵画、図学及実修、図案応用、図案学、色彩学、装飾沿革、建築沿革、工芸史、経済学、商品及貿易、数学、物理学、化学、機械工学、英語、工場経営、工場建築、工場衛生、工業簿記、特別講義、体操[16]、であった。美術系の科目はもちろん、ビジネスに関する科目も含まれ、同時代のニーズに応える人材養成を目指していたことが明確に窺えるだろう（写真4-2参照）。

次いで、外務省外交史料館所蔵史料中から拾い出すことを得た東京高芸の中国留学生七名の動静に関わる史料を紹介していきたい。

写真4−2　「工芸図案科実験室」1939年ころ
（『写真で見る七十年史――千葉大学工学部のあゆみ』1993年、29頁）

(1)　王之英【9】

王は、一九三〇年五月に工芸図案科彫刻科の研究生となり、三四年三月に修了した。さらにその年の四月から京都高等工芸の陶磁器科で一年間の研究生を希望し、四月一六日付けで許可を得た。そのことについて、ある新聞は[17]、「京都高工に憧れ、二外国人入学――陶磁器科の国際色」という記事を載せている。もう一人はインド学生だったが、「王之英君は北平の美術専門学校を卒業して来朝。東京高工で四ヶ年陶磁器を研究して、更に京都高工で研究しようといふ熱心家で、二十五、六歳、すでに入学願書を出してゐる。〔略〕中華民国人はこれまでも卒業してゐるが、印度人は珍しい。それは兎も角、京都高工の名声が大アジアに響いて、国際色を帯びて来たのは愉快である」云々。

王は、研究継続希望の理由として、京都高芸陶磁器科でも実地経験をし、「完全ニ学術ト技芸ヲ習得シテ、図案彫刻ニ対スル終局ノ目的ハ、将来中華民国ノ陶磁器界ノ幼稚ナル現在ノ改善進歩計ル任務遂行ニ有」るとして、「学資継続補給願」を三月三日付けで提出した（添付された「学業成績証明書」には、「図案」が「九〇点」である旨などが示されていた。研究生身分であった王は、この科目だけを学んだと思われる）。しかし、「〔東京高芸にて〕既ニ二ヶ年ノ補給ヲ受ケタル者ナルヲ以テ、此ノ上ノ継続ハ許可致難キ」という理由で、奨学金の補給は認められなかった。結果として転入学も不可となり、六月に帰国旅費一五〇円を支給され中国に帰ることになる[18]。帰国後の王が、河南省立工芸専門学校の教員等に就くことは図表4-1で示した通りである。

(2)　王道平【11】

三三年四月に工芸図案科の研究生になった王道平は、当初は自費学生であったが、三四年九月から一年間、外務省から「学資補給」を受けることを得た。さらに二年間の延長を希望する「学資補給継続願」を、三五年六月外務省文化事業部長宛てに提出したが、そこに、彼の二年間の修学歴が書かれている。「実技基礎トシテハ、日本画、例へバ植物写生、動物剥製写生、石膏デッサン、油画、更ニ人体デッサン、蝋染等実習シ来リ候へ共、此後更ニ進ンデ、専門ニ印刷図案、染色図案、金工図案、装飾絵画ヲ専攻スル心組ニ候。従来、学科トシテモ図案学、色彩学、装飾沿革ノ授業ヲ聴講致居候へ共、到底（昭和九年九月昭和十年八月）以上ノ期間丈ニテハ、学修出来難キ事情ニツキ、此際更ニ二ヶ年間（昭和十年九月昭和十二年八月）迄充分学修致度候」云々。

彼の延長希望を後押しする「依頼状」を、工芸図案科長・宮下孝雄が作成しており、王は「入学以降学術技芸ニ精励着実ニシテ熱心ナリ。入学当初ヨリハ著シキ進境ヲ被認候モ〔略〕僅カ一ヶ年間ノ学資補給ニテ学修ハ、到底不可能ノコトニツキ、此後少ナク尚一ヶ年間ハ学修セシムルコトハ緊要」であると訴えていた。これら一連の書類の中には、王の成績証明書も含まれ、彼が「図案実修　八八点」、「絵画　七八点」、「図学及実修　八〇点」と秀れた成績を上げていたことがわかる。宮下の推薦や好成績があってか、王は一年間の延長（月額五〇円支給）を認められた[19]。しかし、補給期間を半年残した一九三六年三月に修了し、帰国後は、武昌美術専門学校教員に就く。

(3)　李世澄【14】

三六年三月、工芸図案科研究生の李世澄が、「立体図案ノ専攻、家具設計図案、室内装置並設計及家具製作ニ関シ工場実修」をする必要があると申請し、同年四月から一年間の学資補給延長を認められた。李のそれまでの成績は、「図案応用　八五点」、「絵画　八一点」、「図学及実修　七五点」、「図案学　八〇点」、「色彩学　八〇点」であった。

この関連資料中の「履歴書」によれば、一九〇八年生まれの李は、二一年江蘇省立水産中学校卒、二四年上海美術専門学校修業、二七年上海新華芸術大学卒業。二八年景平女子中学美術教師、二九年上海中華職業教育社三友社絵師、さらに三一年上海美亜紡織会社模様部絵師に就く。その後、来日し、東京高芸の研究生になっている。[20] ここから、中国で美術の基礎をしっかり修め、デザイナーとして働いていた李が、さらなる技術向上を目指し、日本で学び直そうとした様子がわかる。さらに日本の工場等での実地研修も希望しており、きわめて積極的人物であったことが窺えよう。帰国後の動静は不明だが、こうした経験を活かした職に就いたと推測される。

(4)　王元奇【17】、孟繁智【18】、呉啓瑶【19】

東京高芸の教務課は、一九三六年三月、外務省文化事業部に、次の書類を提出している。「当校、特ニ工芸図案科ニハ多数ノ入学志願者有之、当校工芸図案科卒業帰国ノ暁ハ、何レモ優秀人物ナル為メ、学校ノ校長其他重要ナル地位ニアル為メ、益々憧レ、当校主トシテ、工芸図案科研究生トナル目的ヲ以テ、渡来スルモノ、漸次多数ニ相成。来四月入学ヲ志望スルモノ、既ニ現在六名ニモ達シ、本月中ニハ尚ホ増加スルコトト被考候へ共、何分工業工芸方面ハ実修実験費ヲ相当要スル為メ、〔略―学科長等三名が〕平素外務省文化事業部ヨリ該経費等ヲ補給方熱望致シ居ラレ候ニツキ、何卒可然御詮議御依頼申上候」云々。さらに、同じ綴にある別の書類にも同じ趣旨が訴えられていた。「実修費ニ相当要スル為メ、僅カニ毎年二三名以内入学ヲ許可致居状況ニ有之、僅カニ留学生ノ一部ガ留学ノ目的ヲ達成セシメ居ル事情ニ有之候〔略〕渡来スル留学生ハ増加スルバカリニシテ、容易ニ収容出来得ズシテ、失望セシメ居ル次第ニ有之候。就テハ若シ御詮議ヲ以テ、適当ニ経費ノ補給御取計被下候ヘバ、留学生モ折角ノ留学ヲ満足シ目的ヲ達成セラルル儀ニ御座候」云々。

この一括文書には、東京高芸の工芸図案科研究生を志願する六名の名前、北平芸術学院卒の王元奇【17】、上海美術専科学校卒の孟繁智【18】、中華芸術大学卒の呉啓瑶【19】、蘇州美術専科学校卒の毛宗律、国立杭州芸術専科学校卒の李輯熙、上海美術専科学校卒の兪溥が挙げられていたが[21]、結局入学できたのは、王、孟、呉の三名だけだった。

東京高芸の工芸図案専攻は、時代のニーズに合っていたため、人気がきわめて高かった。そのため選抜も厳しく、かつ、経済的な工面に苦しむ学生も多数いたのである。

(5)　**儲致忠【8】**

一九三〇年代後半の留学生への補給費は月額五〇円であったが、一九二九年頃は三〇円ないし五〇円だった。一九二九年四月に儲致忠が「増額申請」をした時の書類には、「三〇円の補給費を更に増加して欲しい。なぜならば、油画具料だけで、一ヶ月二〇〜三〇円かかり、それ以外にも参考書などに多大の費用が必要なためだ[22]」との趣旨が書かれていた。ここに見るように、美術関連の授業で高価な消耗品を使う必要があった工芸図案科の学生たちは、それゆえ補給費の申請を重ねていったのである。

(3)　中国学生たちの日本国内見学旅行

一九二三年から、外務省は文化事業部を設け、義和団事件の賠償金を運用資金とした中国に対する教育文化事業を展開していく。いわゆる「対支文化事業」である[23]。そこでは、奨学金（補給費）支給のほか、日本理解を深めるための見学旅行等への経済支援も行われた。この見学旅行は一九二六年から四一年まで実施され、これに参加した学校の総数は八二校、参加留学生数は三四〇〇名にのぼる[24]。

さて、一九三五年一〇月に、ある東京高芸留学生から「来年三月に帰国するので、内地見学旅行をしたい」という要望を承けた学校長は、文化事業部長宛に、「現在志願者二名ヨリ無之候間、他校留学生ノ内地見学旅行ニ参加シ旅行致サス様、御取計被下度[25]」と連絡をしている。すなわち、少人数の場合は他校生と合わせた旅行を企画する必要があったのだ。なお、この二名の旅行が実現したかは不明である。

翌三六年六月には、五名の留学生を対象として「美術工芸ニ関スル内地見学旅行為致度」との企画が申請されたものの、「遺憾ながら予算の関係上、詮議いたし難き」と、却下されている。この申請書には、見学予定地が書かれ、東京高芸が選んだ留学生の見学先がわかるので紹介しておきたい。第一日（以下①のように示す）東京を夜行列車で出発。②大阪。府立貿易館、府立商工奨励館、市立工芸学校、大阪城。③大阪。島田硝子製作所、精版印刷会社、造幣局等。④法隆寺、中宮寺、法起寺、唐招提寺、薬師寺。⑤奈良博物館、新薬師寺、春日神社、東大寺、興福寺。⑥平等院、万福寺、法界寺、醍醐寺、鐘紡京都工場。⑦京都。府立染織試験場、陶磁器試験所、市立工業研究所、島津製作所。⑧京都博物館、三十三間堂、清水寺、南禅寺、銀閣寺、比叡山。⑨京都。西本願寺、嵐山、天竜寺、広隆寺、金閣寺、京都高等工芸学校。⑩伊勢神宮。⑪名古屋城、日本陶器会社、安藤七宝店、愛知商工館。夜行列車。⑫帰京[26]。ご覧の通り、正味一〇日もかけ、関西地方をじっくり巡る企画案であった。ただ「最先端の工芸技術」を学べるような現場は少なく、彼等の専門である「工芸」が、美術隣接領域であるためか、著名な社寺見学が多かった。日本の伝統や歴史を強く印象づけるかの見学先が多かったのは、日中開戦直前の一九三六年という時代状況を反映していたのかもしれない。

東京高芸留学生が全体で見学旅行をした史料は残っていないのだが、一九三〇年三月に印刷工芸科選科を修了した関漢勲【5】は、日本大学の一〇名とともに見学旅行に参加している。一九二九年度の三名の留学生のうち、関だけが、日大生と合同で旅行することを認められたのである。

日程は、四月七日、東京から名古屋へ赴いた後、次の行程をとった。八日、名古屋城、熱田神宮、鶴舞公園、観音堂、放送局。午後京都へ移動。九日、桃山御陵、清水寺、三十三間堂、円山公園、平安神宮、北野天満宮。一〇日、御所、二条離宮、金閣寺、東本願寺、西本願寺。一一日、比叡山、琵琶湖。一二日、大阪城、中之島公園、通天閣、住吉神社。一三日、放送局、宝塚。夜行列車で別府へ。一四日、別府到着。一五日、別府大仏、別府温泉地獄めぐり。一六日、鍾乳洞、温泉地獄めぐり。一七日、別府から大阪へ。一八日、奈良大仏、春日大社、三笠山。一九日、博物館、正倉院。夜行列車。二〇日、東京着[27]。

日大留学生は「専門部」で、政治科、法律科、商科、社会科等を学んでいたのだが、この旅行は、放送局を除くと、先に紹介した東京高芸留学生の「幻の旅行」以上に、名所旧跡見物に徹した二週間に見える。九州にまで足を伸ばすことは悪くないが、二日間（往復四日）もかけ、じっくりと別府の「地獄めぐり」をした理由がわからない。

それ以外の事例として、一九三五年二月に、「満州国」留学生一〇名が、神戸市の神戸製鋼を見学した際、東京工業大学生五名、東京共立女子職業学校生一名、熊本高等工業学校生三名に加え、馬克清（印刷工芸科選科生）【13】がメンバーに入っていた[28]ことも付言しておきたい。

(4)　東京高芸キャンパスの「国際」化

本節は、「留学生たちの学園生活」と題しながら、実際は、中国留学生の動向のみを示してきた。その欠を補うため、東京高芸の学生たちが加入していた「芝浦工芸会」の「会報」（一九三六年一〇月発行）に載っていた「芝浦の国際風景」という短い記事を紹介しておく。

「今学期から写真部に左の二名の外国人が特別入学者として入った。ゴンサロ・アリサ（南米コロンビア政府派遣生）、エー・ケイ・チューテーヤ（印度マドラス洲）これで現在芝浦学園には中華民国五名、印度人三名、南米人一名の計九名の外国人が居る事となり、所々で国際気分を出して居る」[29]。

筆者がまとめた年度別在籍者表（図表4-3）によれば、一九三六年度は都合一二名の留学生が在籍しており、確かに同年は突出して留学生が多かったため、「国際気分」に溢れていたという評価が生まれたのだろう。

三　東京高芸を卒業した留学生の帰国後の動向

1　卒業生たちの帰国後の職業について

東京高芸留学生四〇名のうち、卒業後の動向が判明しているのは一三名（中国籍、朝鮮籍）である。職種別では、教員がもっとも多く一〇名にのぼった。特に、工芸図案専攻生の多くが母校の教員に就いている。また南京正中書局美術部に勤務し、美術書の作成出版に関わった人物もいた。それ以外では、印刷工芸科卒の朝鮮学生が東亜日報社の印刷部長を経験していることが注目される。これらの履歴は、『東京高等工芸学校一覧』等から確認できたものだが、それ以外は、卒業後の連絡が滞ったためか掲載されていない。当時、高等教育機関での設置が珍しかった「写真部」には、ロシア、インド、コロンビアの学生も在籍していた。彼らが帰国後、どのような活躍をしたのかについては、今後の調査を待つほかない。

一方、金属工芸科研究生を一九二六年三月に修了した陳洽【2】が、「民間機械工場於更向一年間実地研究希望竹屋精密機械科長申出科長本人希望諒民間工場斡旋」したという史料も残る[30]。陳は「民間工場」でさらに研修を重ね、翌二八年春に帰国したのだが、これらのキャリアを活かし、上海中華職業学校に就き、さらに軍関係、民間工場でも活躍したことは、別表に掲げた通りである。

2　中国近現代史に名前を残した留学生たち

東京高芸の元留学生のうち、高希舜と王之英の両名は、現代中国で高い評価を与えられている人物である。本項では、それを具体的に見ておきたい。

(1)　高希舜【6】

一九九六年に出版された『中国留学生大辞典』（周棉編、南京大学出版社）の中に、唯一その名を確認できる東京高芸OBが高希舜である。辞典の記述を翻訳すると以下となる。

高希舜（一八九六～一九八二）　字は愛林。一峰山人、あるいは清涼山人と号す。湖南省益陽の人。一九一五年、長沙の湖南第一師範学校に入学。毛沢東と同期だった。一八年卒業後、第一師範附属小学校で教鞭を取る。翌年、北京の国立美術専門学校に入り、卒業後、北京師範大学と北京女子大学の教員となる。二七年に公費で日本留学をし、東京高等工芸学校に入学。三一年には、東京で絵画の個展を開き、日本の著名人から「画伯」と称された。同年帰国し、南京美術専門学校を創設し、校長兼教授を務めた。三七年、日中戦争勃発により、学校を湖南省益陽に移転した。新中国成立後は、北京の京華芸術学院院長となり、中央美術学院でも教えた。のち、文化部芸術研究院研究員にもなる。花鳥画に秀で、著名な作品に『荷鴨図』が、画集に『高希舜画集』がある。

高は、二〇〇七年に中国で出された『中国美術家大辞典』（趙禄祥編、北京出版社）にも取り上げられているほか、中国のネット上にも、彼の名前を数多く発見することができる。たとえば、新浪網の「文化漫談読者論壇」に掲げられた「高希舜――桃花江から生まれた芸術大家[31]」はその一つである。その叙述から、日本時代を翻訳して示したい。

一九二七年、日本に公費留学し、東京美術専門学校（東京高等工芸学校が正しい）に入学する。成績優秀により、

「選抜生」となり、公費による十分な待遇を享受した。その間、「浮世絵」を研究し、日本の民間芸術を学び、また西洋画のデッサンと色遣いを自分のものにした。彼はまた友人と広く交際し、しばしば日本芸術界の大家と画芸の腕を競った。当時、高が頻繁に行き来した日本画壇の有名人には横山大観や赤誠素明（原史料ママ）などがいた。日本留学の数年間、彼は普通では考えられない勤勉さを示し、多くの力作を創り出したのである。

卒業した一九三三年に、東京・松坂屋で個展を開いたが、それは日本の芸術界を沸き立たせた。彼の技術は精密で、しかも多少の日本的要素が入っていたため、彼の絵は日本民衆の好感を呼び、絶大な支持を得た。この時出展した一二〇余りの作品は、すべて買い取られた。つまり、彼の芸術は日本でも大きな反響を呼び、日本の芸術界から「画伯」の尊称を与えられた。同年に彼は名誉をもって帰国したが、自身の美術教育事業への想いを忘れず、日本の個展で得た所得をすべて教育振興に費やし、彼の妹婿――日本留学時代の同級生であった章毅然――と、国立の南京美術専門学校を創設した。

高が留学していた時、月額三〇円の補給費増額を請願した史料が残っていて、そこには「北京美術専門学校ヲ首席ヲ以テ卒業シ、同校ヨリ選抜セラレ当校工芸図案科研究生トシテ、目下在学中ノモノニ有之、思想健実技術優秀ノモノナルモ、学資不足ノ為メ、研究上不尠困窮ノモノナルヲ以テ[32]」云々、と記されていた。北京美術専門学校の「主席」であったことから、のちに大成する要素が既に胚胎していたと思えるが、一方で、美術系を専門とする留学生が経済的に困窮していた状況は、他の留学生と同様であった。

なお、鶴田武良が、「一九世紀末から現在に至る近百年来の中国画人約三〇〇〇名」の略歴や所属団体等を簡潔にまとめた論文にも、高希舜は、「湖南省。北京美専卒。一九二七年東京留学」と記された上、「一九五三年全国国画展覧会」に関わったことが「全国国画展覧会紀念画集」（人民美術出版社、一九五四年）に載せられている旨の記載がなされている[33]。

(2) 王之英【9】

中国の「東陽新聞網」二〇〇九年五月一五日付けに「美術大師王之英(34)」が掲載されている。長文に亘るが、その翻訳を左に示したい。

王之英（一八九三～一九九〇）。字は石之。王坎頭の出身。内モンゴル師範大学美術系教授、国立北京芸術専門学校（現在の中央美術学院）の教授・校長、有名な美術教育家。清朝の秀才であった之英の父は山水画を好んで書き、之英も幼少時から美術を愛好するようになっていた。一六年に浙江省立第七中学を卒業した後、東陽第七小学校の教員を務めた。二一年之英は蔡元培が創立した国立北京美術専門学校に入り、二四年には第一期卒業生中、第二位の好成績で卒業した。国立女子師範大学付属中学校で教鞭を執ったが、その年、同窓生とともに北京の京華美術専門学校を創設して、自ら教育と行政を担当した。同時に、北京務本女子大学の美術系主任兼教授、および北京《晨報》の漫画専門コーナーの作家になり、毎日一枚の漫画を書いた。彼が書いた漫画の諷刺性が軍閥の怒りに触れ、大軍閥・張宗昌に指名手配されたこともある。

二九年、王之英は日本へ渡り、東京高等工芸学校に入り、工芸図案と彫塑を六年間しっかりと学んだ。彼は日本語を話す、書く、訳す能力に長け、また日本の女性を妻に娶った。三四年、修了し帰国。北京の中央公園（現在の中山公園）で〝王之英彫塑工芸美術展〟を開いた。のち河南へ行き、工芸専門学校を創設し、ほどなく国立北京芸術専門学校に招聘され、彫塑の教授になった。三七年、王之英は同校校長となり、著名教授たる徐悲鴻、齊白石などを招聘した。校長在職八年、抗日戦争勝利後に、之英は東北大学の工学院教授兼建築系主任となる。またのちに北京大学、清華大学建築系教授も歴任した。六五歳となった五八年、王之英は、北京の二つの芸術学院・芸術大学からの招聘を辞退して、内モンゴル師範学院院長の依頼を受け、辺境地区を教育支援するため、内モンゴルで美術事業の人材育成に取り組んだ。

しかし、文革の際に、王之英は〝美術界の最も反動的な学術権威〟の帽子をかぶらされ、厳しい批判を受けてしまう。また、之英にとって、最大の打撃は秘蔵する芸術品をすべてなくしたことだった。しかし、彼が闊達かつ広い度量をもって、気にしなかったことは、教師や学生、また友人が敬服するところとなった。

王之英はおよそ六五年美術教育に従事したため、教え子は至る所におり、その多くは美術界の著名人になった。彼の名作《石の漫画》は、一九二四～二九年の六年間、北京《晨報》に連載したものの精粋である。彼の彫塑工芸作品は非常に豊かなものだったが、残念ながら文革期に壊されてしまった。晩年は、常に書道を楽しんだ。芸術の生命は創造にある。王之英は芸術と芸術教育に対し、年齢とともに、学識を深め、創造を続けたが、それは文化人の模範である。

なお、王之英は、前掲した鶴田武良の「近百年来中国画人資料　一」に「王文英」と誤記された形で掲載されている。その記述内容は「一八九九～。字石之。浙江省東陽県。東京高等工芸学校卒。北京芸専教授。中華教育総会委員[35]」であった。

(3)　王綱【3】

鶴田武良の前掲論文に、「王綱　工商美協。(三六)」とだけ紹介されている。東京高芸OBの王と同一人物の可能性は高い。ちなみに、名前の後に示された略語は、一九三四年から四七年に上海で活動していた「中国工商業美術作家協会」に所属していたことが、『(民国)三六年美術年鑑』から判明する[36]という意味である。

(4) **商家堃【16】**

商家堃も、鶴田武良の論文に、「蘇州美専訓務主任（三六）」とだけ紹介されている。[37] 商は蘇州美術学校の卒業生だったので、帰国後は、母校の教職員に就いたと思われる。

四　デザイン系官立高等教育機関四校の比較

1　デザインが学べた官立高等教育機関

官立の高等教育機関で最初に「図案科」を設置したのは、東京美術学校（一八八九年創設。以下、「東京美校」と略）で、一八九六年のことだった。さらに三年後の一八九九年、東京工業学校（以下、「東京工業」）本科に工業図案科が設置されたが、この科は一九一四年に廃止され、在学生たちは、東京美校へ移管されることになる。伝統工芸の中心地・京都に一九〇二年創設された京都高等工芸学校（以下、「京都高芸」）にも図案科が置かれた。一方、一九二一年には、廃止された東京工業学校の工業図案科教員たちの熱意もあり、東京高等工芸学校（以下、「東京高芸」）が創立され、工芸図案科ほかが設置された（開校は翌年四月）。以下では、この四校が持っていた特色を簡単に説明したい。

(1) **東京美術学校「図案科」の特色**

東京美校は、純粋美術（画家）と応用美術（図案家）を別物と捉えていた西洋の方法を取らず、両者を区別しない教育を重視した。とりわけ、一九〇一年に図案科教授に就き、三十年余り教鞭を取った島田佳矣は絵画・彫刻の基礎訓練を経た上での図案指導を行った。なお、一四年に東京工業図案科が廃止された際、東京美校図案科との合併も模索されたが、美術工芸性を重んずる美校とプラクティカルな図案技術者の養成を目指す東京工業の特色が異なったため、合併には至らなかったという(38)。

(2) 東京工業学校「工業図案科」の特色

同科は、工業化社会・工場生産を視野に入れたデザイナーやデザイン教育者の養成を目的とし、海外のデザイン事情に詳しい人材を教授陣の中核に据えた。そのため、学科も「工業図案」科と名付けられた(39)。しかしながら、同科は一九一四年に突然廃止されてしまう。その理由としては、輸出品としての伝統工芸が捗々しい成果を生めず、新しい工芸が求められていたこと、また一九一〇年代に入り、産業としての工業が重視される傾向が強くなったため、デザイン教育は軽視されたためとされる(40)。

(3) 京都高等工芸学校「図案科」の特色

初めて「工芸」の名を冠された官立高等教育機関である京都高芸の特色はどこにあったのか。開校(一九〇二年九月)時における中沢岩太校長の式辞では、「我国の情態を顧みれば、製作家は只旧法旧式を墨守し、進んで海外の事物に就いて研究するの勇気なく、自家の智能を啓発することを求めず」と、旧来の方法を批判し、一方で同校の設立趣旨を「美術及学理を応用すべき工芸技術を練習」せしめることにしたとする(そこには、東京美校への批判・対抗も含意されていたとされる)。さらに、「祖業を継承模倣」するだけでなく、「最新科学の指針」によって、「世界的競争場裏にあって、優秀の効果を収めること」が基調とされた。ただ実際の教育は、伝統工芸図案が中心となり、その結果、輸出用工芸など広義の図案を扱おうとした東京系の図案教育とは性格を異にすることになったという(41)。

(4)　東京高等工芸学校「工芸図案科」の特色

第一次世界大戦後の社会で、再びデザイン教育の必要性が求められたことを承け、設立されたのが東京高芸である。同校には、東京工業工業図案科の元教員たちが再び集まった。その一人安田禄造は、新聞紙上で、「工芸教育には二つの主義あり。一は美術を本位とするものと二は商品を本位とするもの、是なり。前者は工芸をして成るべく美術に近づけんと務むるものにして、販路及価格如何の問題は之を度外に置き、天下一品的の製品を作るを目的とするものなり。之に反し、後者は其の目的は多く売るにあり。売りて利益を得るにあり。又之を以て富国の一財源たらしめんとするものなり[42]」と語り、後者の工芸教育に力を入れるべき時節が到来したことを強調した。

また安田は、東京高芸の「図案科」が、「工芸図案科」と命名されたことについても「東京工業で廃止された「工業図案科」の再現でもよかったが、成長を遂げた今の日本には、製造工業と美術工芸の間に美術的技巧を必要とする「経済的工芸」が充分に発展してきており、それに則した図案教育が必要になってきたが故に、「工芸図案」とした」旨も語っている。そのため、安田は「デザイン分野を「工芸」と総称し、そのデザイン活動を図案として定義し」、「戦前のデザイン領域を定着させた点で、大きな影響力を持つことになった」と評されることになる[43]。東京高芸はそうした理念に基づくデザイン教育を展開していったのであった。

(5)　東京高芸と東京美校の関連において

東京高芸は戦前の高等教育機関の中でもきわめて特色ある学校であった。とりわけ、工芸図案科は美術系と重なり、前章で見た高希舜、王之英のような、中国美術界で活躍する人材も輩出した。

美術専攻で、まず想起されるのは東京美校だが、吉田千鶴子の詳細な研究[44]によれば、美術専攻希望の東アジア留学生がまず目指したのは、やはり同校であった。同校は一九五二年に廃止されるまで、五七九九人の卒業生を送り出し、その中には、中国一〇三人、朝鮮八九人、台湾三〇人、西欧を含む諸外国から一七人の留学生が含まれていた[45]。最大勢力の中国留学生は、一九〇五年に一人目が入学した後、「一九二三年を境に朝鮮人生徒が急増するのに対し、やや減少傾向が生じ、一九三七年の日中戦争開始に至って、全員帰国という事態が起こり、その後は、極端に減少する」[46]という。

また東京美校での専門領域だが、「留学生が目指したのは伝統美術関連の科ではなく、西洋画科」で、志願者の七二％が後者を希望したという。すなわち、「留学生の多くは西欧美術を学ぶために東京美術学校にやって来たのであり（略）東アジアの留学生たちにおける一般的傾向、つまり、日本の教育機関を介して西欧先進技術を学び取ろうとする傾向に符号する」状況であったと[47]、吉田はまとめる。

一方、留学生の在学時の活動については、官展や二科展に挑戦し、入選した留学生もいたこと、一九三一年には、「中華留日学生作品展」が東京で開かれ、五〇名余りが三〇〇を超す作品を出したこと、一九三四年にも、学生による「中華美術展覧会」が、東京府美術館で開かれたことなどが紹介されている[48]。

ところで、吉田は、さねとう・けいしゅう『中国人日本留学史』[49]に掲げられた「年度別各学校卒業中国人数一覧表」（一九〇一年から三九年の間の数値）を用い、中国留学生の総数計が一万一九六六名であったのに対し、東京美校が含まれている「芸術七校」の数値が、七二名に過ぎなかったこと（東京美校の中国人卒業生数は四五名）をもって、「芸術の教育を受けるために来た中国人の割合は極めて小さかった[50]」と断じている。しかし、東京高芸を出た留学生も一五名いた。彼らは、おそらく「工業一八校」の九七九名に含まれていると思われるが、いずれにしても美術系留学生が少数派であったことは間違いない。中国帰国後の東京高芸ＯＢが、美術系の大学などの職にただちに就けた一つの理由は、そこにあったと考えられる。

なお、中国の研究者が作成した「中国近現代美術界留学人員名録」には、一八八七年から一九五一年までに美術を学ぶため、海外留学した四三六名の姓名、出国、帰国時期、留学先がまとめられている[51]。それによれば、日本留学者は二七二名（全体の六二％）で、そのうちの一二六名が東京美校で学んだとされる（日本留学者の四六％）。この二七二名は、日本を経て他国に留学した人、「日本」とのみ記した人、さらには「自己申告」の人も含んでいるという[52]。よって、先に挙げた吉田の数値とは異なり、非正規生も含んでいると思われるが、いずれにしても「日本で美術を学ぶなら東京美校」と見られていたことがここからも確認できるのである。

(6)　東京高芸と東京工業との関連において

東京高芸の留学生は、「デザイン（工芸図案）」専攻が相対的に多かったが、同校が広義の「工業」系学校であるとすれば、東京工業学校との関連にも言及しておく必要があるだろう。

東京工業は、一八八一年創設の東京職工学校が起源とされ、当初は化学工芸科と機械工芸科の二学科だった。一八九〇年に東京工業学校と改称し、化学工芸部の中に、染織工科、陶器玻璃工科、応用化学科を、機械工芸部の中に、機械科、電気工業科を置く改組を行った。一九〇一年に東京高等工業学校と改称されるが、それと前後して一九〇〇年に工業図案科（一四年廃止）が、また〇二年に建築科が置かれた。そして、二九年、東京工業大学（旧制）へと昇格した際には、染料化学、紡織学、窯業学、応用化学、電気化学、機械工学、電気工学、建築学の八学科を擁する学校になっていた。

同校への最初の留学生は、一八九六年の朝鮮学生で、染織工科と応用化学科に六名が入学した。また一九〇一年には、清国留学生が応用化学科二名、機械科二名、電気化学分科一名と、各々入学した。この年は、インド学生三名も入学しており、翌〇二年には、中国、インド、朝鮮を併せ、一六名の留学生が在籍していた[53]。

一九〇七年には日本留学を希望する中国人急増に対応するための「五校特約[54]」が締結され、工業系は東京工業が指定校になった。以後、一五年間、同校は毎年最大四〇名までの中国留学生を受入れて行くことになる。ちなみに、日華学会編の中国留学生名簿によれば、満州事変勃発直前の一九三一年五月の調査で、留日中国学生二九七二名中、東京工業在籍生は九二名もいた（ちなみに、この年の東京高芸の中国留学生は二名、東京美校も一三名に過ぎなかった）[55]。また、盧溝橋事件前の一九三七年六月には、中国学生の総数（いわゆる「満州国」籍を含む）は五九四五名もいたが、東京工業は一二六名もの留学生を抱えていた。この時、東京美校は一四名と六年前と同程度だったが、東京高芸の中国留学生はゼロであった[56]。つまり、デザインを除く「工業系」を多数受入れ続けていたのが、東京工業だったのである。

(7) 東京高芸と京都高芸との関連において

「工芸」の名を冠した高等教育機関の先駆けは京都高芸であったことは既に触れた。「東京での「図案」は、伝統工芸の図案ではなく、輸出用工芸を中心とした、広義の図案を想定していたと指摘されている。ここに東京と京都の相違を見ることができる[57]」との指摘もあるが、歴史的地理的な問題、また設立時期の問題（期待された課題）などから、性格の違いが生じていったものと推察される。

ところで、一九三七年四月段階における全国の高等工業系学校での設置学科は、機械一六、電気一〇、応用化学九、土木七、建築六、紡績機械等五、色染四、冶金三、採鉱鉱山二、図案二、精密機械二、造船一、窯業一、電気化学一、燃料一、醸造一、製薬工業一、鉱山機械一、金属工芸一、木材工芸一、印刷工芸一、写真一、であったという[58]。一九三七年度の東京高芸の学科編成は、工芸図案科（附工芸彫刻部）、金属工芸科、精密機械科、木材工芸科、印刷工芸科、（附写真部）、木材工芸別科であり[59]、他の高等工業には存在しないユニークな学科が多かったことを改めて確認できるのである。

なお、さきに紹介した「中国近現代美術界留学人員名録」には、東京高芸ＯＢが一六名あげられていた。一方、京都高芸卒とされるのは、一三年から二八年までの卒業生一九名[60]、東京工業は一九〇六年の卒業生のみであった。二八年頃までの東京高芸卒業生は、まだ五名に留まっていた。しかし、それ以降、東京高芸では一一名の中国留学生が学んでいく。つまり、「美術隣接の工芸領域」との限定をした上ではあるが、一九二〇年代末以降に、デザイン分野の修学を希望する留学生が、京都高芸から、東京高芸へとシフトしていく傾向が看取できるのである（図表4-4）。

2　近代日本の官立高等教育機関四校でデザインを学んだ中国留学生たち

(1)　東京高等工芸学校「工芸図案科」

東京高芸は、一一の国・地域から四〇名の留学生を受入れてきたが、最大勢力は中国の一七名で、しかも、一三名がデザイン（工芸図案）専攻であった。他の三校におけるデザイン系留学生受入れの特色を補足しておきたい。

(2)　東京美術学校「図案科」

東京美校は一九五二年に廃止されるまで、一二三九人の留学生を受入れていたが、うち中国は一〇三人だった。そのうち、「図案科」に入学した中国学生は六名に過ぎず、さらに卒業できた学生はたった一名だった[61]。

(3)　東京工業学校「工業図案科」

同校の図案科は、僅か一五年しか存在しなかったのだが、初めての中国留学生は一九〇六年に入学している。その後、一三年までに、一三名が入学したが、卒業に至った学生は七名だけであった。しかも、四名が「製版特修」というコースの修了者であった[62]。工業図案科の留学生数が少なかった理由については、そもそも学科の人気が高く、日本語試験もあったため、合格が難しかったこと、また教材費が高く経済的負担も大きかったことが指摘されている[63]。先に東京高芸留学生が経済負担の重さに苦しんでいることを見たが、その状況は変わらなかった。

(4) 京都高等工芸学校「図案科」

同校では、一九〇五年色染科に最初の中国学生が入学して以来、一九四一年までに、六九名の外国籍学生(朝鮮、台湾も含む)が在籍していたことが確認できる。うち中国籍は五三名(ほかには、朝鮮五名、フィリピン、インド各三名、台湾二名、ビルマ、ジャワ、米国各一名)で、学科別では、機織二一名、色染一九名、図案一二名、窯業一名だった。このうち、図案科入学第一号は一九〇九年。最後の入学者は一九三六年であり、卒業に辿りついたのは七名だった[64]。

五 日本と中国の社会状況とデザイン分野への関心

1 一九二〇~三〇年代日本におけるデザインをめぐる新たな状況

一九二一年一月に東京で開かれた「欧州大戦ポスター展」を観覧したある日本人が、「ポスターとはこのような強烈な力を発揮するものか〔略〕その形に、大きさに、色に、構図に、姿勢に、そして凄い感じに表現されているイデオロギーの力には、戦慄を覚えながら教えられるところ多いものがあった」と、その衝撃の大きさを回顧している[65]。この展覧会図録は、朝日新聞社から出版され高評を得たとされるが、ほかにも京都高芸講師が留学時に収集した成果を『最近仏蘭西ポスター集』として一九二一年一〇月に発刊するなど、デザイン分野の活性化はこの時期に一気に進んだ。こうした刺激を受けた広告業界が「長く続いた『近世的美人画ポスター』一辺倒の状況から脱皮し、一気に今日に近い広告スタイルを実現できるまでに変貌した」と指摘する研究もあるほどである[66]。

また一九二四年に発刊された雑誌『広告と陳列』（二六年に『広告界』と改題）は、近代日本にポスターの存在意義を認知させた雑誌と評価されているが、読者の実用志向に応え、学問的な芸術系の記事と経営実務者向け記事を混在させるなどの多様性を示したためとされる。学術面では東京高芸図案科教授・宮下孝雄の果たした役割が大きく、「学校の図案科で広告を知り、広告を教えている先生は一人も居ないところに、氏の研究と発表は、広告指導には一つの真光球だ」。「広告芸術に着手せられた氏の烱眼には、私は最大の喜びを感ずる[67]」などの高評を得たという。

そうした中、「商業美術」概念も新たに登場してくる。「今日の広告図案家は、暗夜岐路に立ちて、その行路に迷っている〔略〕広告図案家たることを一時の足かがりとして、純粋美術の研究に向わんことにのみ腐心し、真に広告図案家として精進せんとするものの、まことに微々として振わない状態にある[68]」。こうした状況を打破するため、一九二六年に広告クリエーター職能団体「商業美術家協会」が設立され、翌年には機関誌『商業美術』が刊行される。協会の趣意書には「今日迄商業美術が他の美術に比して低い位置に置かれたこと賤しめられたこと〔略〕は大きな不覚であった。〔略〕純正美術及び工芸美術は享楽の美術である〔略〕多くはブルジョアジイである〔略〕商業美術は、印刷に、建築に、照明に、造型にあらゆる文明の形式をして、最も多数者に話しかけようとする芸術である。故に我々は、現代大衆の友として存在するものである」と宣言され、一九二〇年代後半の日本の社会思想を色濃く反映する内容が提示されていた。こうした思潮も後押しし、一九二八〜三〇年には、日本初のデザイン全集『現代商業美術全集』（全二四巻）が刊行されることとなる。

こうした動きは「写真」の社会的役割も拡大させてくる。そうしたニーズを受け止めた東京高芸が、一九二六年、印刷工芸科に「附属写真部」を新設。また、翌年には、雑誌『広告界』が「広告写真特集号」を出し、さらに『現代

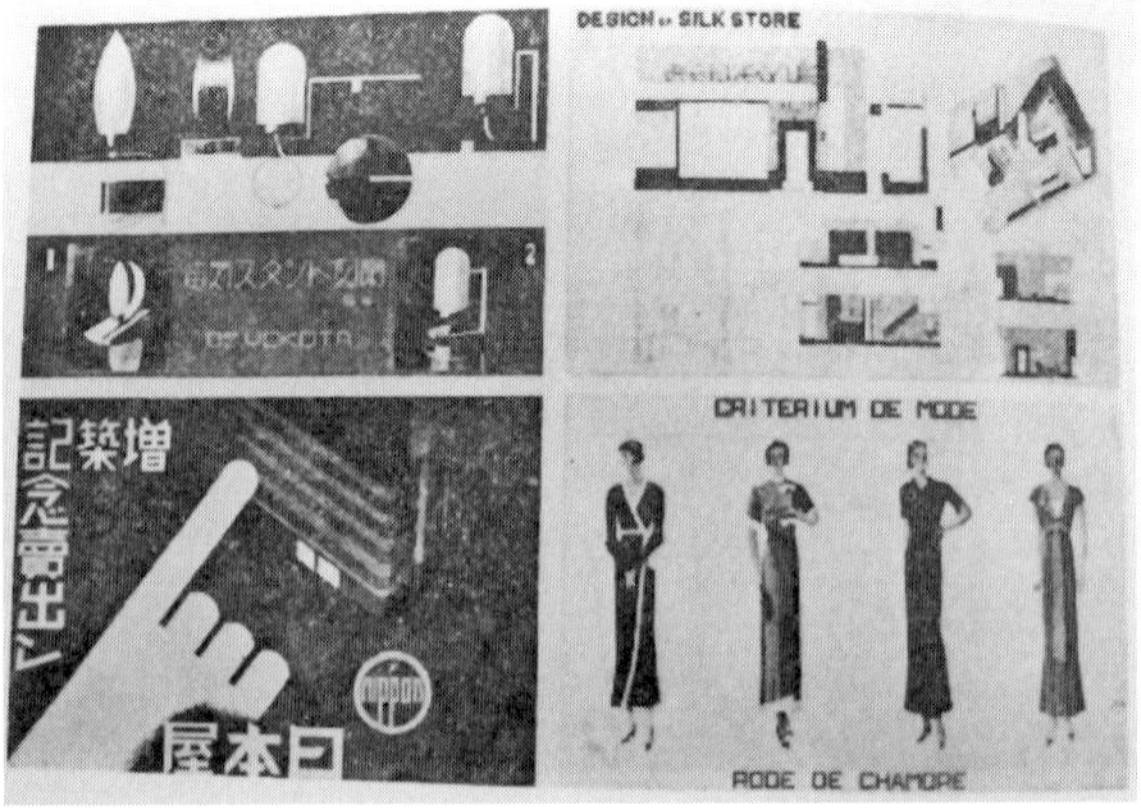

写真4－3　「工芸図案科作品」（年次不明）

（『千葉大学工学部七十年史』1982年、169頁）

商業美術全集』がその一巻として「写真号」を発刊（一九二九年）するなど、一九二〇年代末には「写真広告」さえ社会的に認知される時代が到来したのである。(69)

このように社会の需要が急展開する中、京都と東京の高等工芸卒業生（日本人）の就職傾向はどうだったのか。一九三〇年代初頭までの京都高芸卒業生の就職先は、「工業試験場、陳列所、学校、諸官署の建築・土木・勧業および商工課、百貨店の宣伝・家具装飾及意匠部、広告会社、新聞社、其の他自営及び個人経営の家具、建築材料、装飾設計商店」であったという。(70)一方、東京高芸同窓会が、卒業生一五七七名の就職先を調査した報告（一九四〇年）によれば、印刷工芸学科卒の四二％（一一九名）は印刷出版業に、木材工芸の三四％（七〇名）、図案工芸二五％（四〇名）は、官庁・学校に職を得て、各地の工芸試験所や学校で技術指導をしていたという。(71)

すなわち、両校を卒業した日本人は、新しい産業分野（広告会社、百貨店など）で活躍する（写真4－3参照）とともに、教育現場でも新たな技術を伝授していったことがわかるのである。

2　一九二〇～三〇年代中国におけるデザインをめぐる新たな状況

翻って、一九二〇～三〇年代中国の社会状況はどうだったのだろうか。ここでは、陳暁華の研究成果を翻訳紹介することで、状況の概要を把握するに留めたい。

経済的繁栄にともなう市場拡大により、中国社会でも商業美術人材の育成が急務となったが、伝統的徒弟制と自己流の修学では、既にそれらの需要を満足させることは出来ず、正規のデザイン教育を受けた人材が必要とされてきた。しかし、当時の公立大学は純粋芸術教育に偏重し、市場の期待に応える存在ではなかった。そのため、私立美術学校が誕生し、実用性を重んずる教育を行った。特に上海では、一九二〇年代に、多くの学校が創設され、美術編集、書籍装丁、ポスター、カレンダー(72)、舞台セットや紡績品デザイン等の専門人材を育成した。また五四運動前後の新文化運動期において、青年有志は、工業が日々発展する様子と、「実業救国」「美術救国」のスローガンの影響で、工芸美術の発展に力を尽くすことを選択した。そして、西洋学を学ぶため、日本、フランスなどへ留学した。留学を終え、帰国した後、商品経済が日に日に活動する一九二〇～三〇年代の中国商業界と芸術教育界に身を投じ、中国芸術デザイン教育のための理論と実践の基礎を固めた(73)。

このように上海などの大都市の発展と、日本でようやくその地位を固めてきた「デザイン教育」が同時並行で急速に進んでいたのが、一九二〇～三〇年代の中国の現実であった。

3　日本人教習などが中国で果した役割

こうした情況下で、帰国留学生が活躍する場が用意されていくのだが、その実相を見る前に、中国に招聘された日本人の専門教員（「教習」）の役割についても簡単に触れておきたい。一九〇四年に中国に渡った松長長三郎（東京美校図案科一八九九年卒）は、天津および直隷高等工業学堂の意匠図案学科で、一九一五年まで教育指導を行った。一九二九年には、東京美校教授・斎藤佳蔵が、杭州の国立芸術院大学に新設された図案部で教鞭をとりはじめた（後に詳述）。また、一九一〇年に南京で開かれた「南洋博覧会」では、元留日学生の工芸作品や日本人教習が現地で指導した作品が、高い評価を受けたとされる(74)。

一九三〇年代に入ると、日本のデザイン関連図書が中国で翻訳出版されていく。たとえば、工芸美術理論の分野では、『工芸意匠』（李潔氷編訳、上海商務印書館、一九三八）が、横山薫次の「工芸意匠」（一九三二）や山本鼎「農民美術の沿革」（一九三六）他からの編訳により出版された。同書は、大衆のための工芸や農民美術に賛同する点に特色があったとされる。

一方、図案教材分野では、金子清次の著書を翻訳した『基本図案学』（傅抱石編訳、上海商務印書館、一九三六）は、図案の製作法だけでなく、立体への応用、装飾する際の注意なども盛り込まれ、実用性が重視された教科書となった。また『基本工芸図案法』（傅抱石編訳、長沙商務印書館、一九三九）は、山形寛「手工図案器体の組成と装飾」（一九三二）の翻訳で、応用例をたくさん用い、実用的で親しみやすい著作だったとされる。なお、ここに翻訳者として名前が見える傅抱石は、一九三三年に帝国美術学校（現・武蔵野美大）で彫塑や東洋美術を学び、一九三五年に帰国。中央大学（南京）芸術学部で教鞭をとった人物で、画家としての名声も高かった(75)。

最後に、商業デザインの発展普及に関し、日本の印刷会社が果たした役割についても記しておきたい。東京工業の留学生四名が「製版特修」であったことは既述した。大阪の精版印刷会社（中田印刷所）は、明治末期に中国政府印刷局の依頼で、中国学生に彫刻、製版、印刷の技術を三年間に亘り指導し、印刷技術を伝えた。また一九一八年、上海に工場を設け、煙草の包装紙やカレンダー印刷を大量に引き受けていたという(76)。つまり、印刷技術を通じた日中の交流も存在したのである。

4　デザインを専攻した留日中国学生の帰国後の活動

(1)　東京美校卒業生の事例

東京美校図案科最初の官費留学生であり、結果として唯一の卒業生となったのは陳之仏（一八九六～一九六二）である。杭州工業学校教員だった陳は、一九一八年に渡日し、二〇年に東京美校に入学する。二五年の帰国後は、上海の東方芸術専科学校図案科主任教授に就き、また上海で商業図案家を育成するため「尚美図案館」を創設した。また二五年からの一〇年間は、書籍装幀にも積極的に携わった。魯迅が自著の装幀を日本風に作成した先例はあるものの、近代中国の装幀美術の先駆者は陳とされる。たとえば、新文化運動を支えた総合雑誌『東方雑誌』等の表紙デザインにかかわったが、そこには日本の影響が見て取れるという[77]。また恩師の島田佳矣が著した『工芸図案法講義』（一九一一）所載の図案を借用した『図案法ＡＢＣ』（一九三〇）も発刊している。陳はその後、広州市立美術学校図案科主任、上海美術専科学校や南京中央大学の教授などを歴任、さらに四一年、重慶で国民政府教育部美術教育委員会委員に、翌年には国立美術専科学校校長に各々就いている。

陳のこうした活動は、「図案教育の興盛を呼び起こし、一般の図案への関心を高めた[78]」とされ、「近代中国美術の発展に大きな功績を上げた画家・美術教育家・工芸美術家として揺るぎない評価を得ている」。「近代中国においてデザイン分野を専攻した唯一の人物である。〔略〕彼は日本で図案・工芸の教育を受けたおかげで、日本を通じて、世界の美術教育・工芸の動向を誰よりもいち早く察知していた」云々。高希舜や王之英も含めれば「唯一」とは言えないが、ともかくも高い評価を与えられているのである[79]。

(2) 東京工業卒業生の事例

『東京高等工業学校一覧』から、帰国後の履歴がわかるのは工業図案科在籍者一三名のうち八名で、五名が工業系・芸術系の学校教員を、三名が印刷・出版関係を、一名が新聞社勤務をそれぞれ経験していた（延べ人数）。うち、丁乃剛（一八八六〜一九四六）は、一九一五年の帰国後、上海中華書局、商務印書館、北京財政部印刷廠技師を経て、一九二九年には北平大学芸術学院教授実用芸術系主任も務め、「現代印刷工芸分野の中国の先駆者のひとり。また実用工芸美術工芸の創始者のひとり」と高評されている[80]。

(3) 京都高芸卒業生の事例

『京都高等工芸学校一覧』には、図案科の中国人一二名（卒業できた者は七名）の卒業後の動向はすべて「不明」とされているため、職業等はわからない。一方、機織科（中国学生二一名が在籍）および色染科（同一九名）のＯＢでは、九名が工業学校、二名が工業試験所、四名が会社・工場にそれぞれ勤めていたことがわかる。

東京高芸卒業生の事例は既に触れたので、そちらを参照されたい。

5 帰国留学生による近代デザイン教育の創始

一九一八年創設の北京美術専門学校は、現代中国最初の国立高等芸術学校で、絵画科・図案科が置かれた。梁啓超が著した『美術学校開学記』によれば、教育の特色は「一　社会教育界のため、美育を提唱する。二　小中学生のため、美術教師を提供する。三　社会実業界のため、製造品を改良する」の三つとされた。運営のモデルは日本の東京美術学校で、初代校長の鄭錦をはじめ、教員の多くが元留日学生だった。また同校は図案教育も学校教学の重点の一つとし、日本から持ちこんだ西洋絵画や教育方式により、「図案」科を正式な専門学科にしたと評価されている[81]。

一方、上海美術院（一九一二年創設）は、二〇年に上海美術学校、三〇年に上海美術専科学校と度々名称が変わったが、その工芸図案科[82]には陳之仏や商家堃（東京高芸卒）などが勤務していた。また、一九二〇年創設の国立北平大学芸術学院の図案科、一九二八年創設の国立中央大学芸術教育系図案科などにも元留学生たちが教鞭を取り、日本で修得したデザイン技術を中国で教育していった[83]。

このように、日本のデザイン教育に対するニーズが高まる中、南京政府直轄の国立芸術院大学（杭州芸術専科学校）に図案部を創設するに当たり、日本の専門家を派遣してほしいとの要請が、一九二九年外務省文化事業部に届く。その時選出されたのが、東京美校の斎藤佳蔵（佳三）で、一九三〇年まで同大で教鞭を取った[84]。斎藤は「新感覚の図案家」であったと評価されているが、それは何故か。たとえば、斎藤は欧米視察後に著した『図案および装飾美術教育に関する調査』（一九二六）で、「現代工芸は大量生産による生活物品に目標を置くべきであり、図案もそれに即する必要があるが、東京美校の図案教育は有用性に乏しい一品製作の美術工芸品図案に留まっている」との批判を展開している。それが同校の改革にただちに結びつくことはなかったが、五年余り経った、和田英作校長の時代（一九三二〜四四）に、斎藤の提言を入れた改組が行われ、図案科は工芸科図案部となる。「それ以後、図案部は欧米のデザイン運動を積極的に採り入れ、新感覚のデザインを目指すようになり、また、図案に代わって、デザインという言葉を使う傾向が強まる。その反面、伝統的図案の研究は片隅に押しやられてゆき、美校開校以来のこの方面の蓄積が埋没してしまう結果となった[85]」という大転換が出現したとされる。つまり、新しい社会状況に即応した「デザイン運動」を牽引していった斎藤のような「感覚」が、教員によって、あるいは元留学生によって、中国に持ち込まれて行ったのである。

6 「帝国工芸会」と中国との関わり

「日本でデザインを学んだ留学生たち」という主題から少しずれるが、最後に紹介しておきたい史料がある。一九二六年に結成された「帝国工芸会」は、工芸振興の輿論喚起は大同団結によるべしとの見地から、「本邦工芸ノ産業化並ニ其ノ進歩発達ヲ図ル」[86]ことを目的とした産業デザインの振興団体であった。会長から常任議員まで総勢一二四名が運営に関わる大きな組織であり、東京高芸の教員たちも、その主要メンバーとなっていた。

この帝国工芸会が一九三三年に発刊した『支那工芸図鑑』を、中国および「満州」各地の学校や図書館に送るための補助金を外務省文化事業部が支出した記録が外交史料に残っている。曰く、これら全五巻を寄贈することは、「隣邦斯学研究者ヲ裨益シ、一面本邦ニ於ケル支那美術工芸品及其ノ研究ヲ紹介スル意味トモナリ、対文化事業トシテ有意義ナル計画ト認メラルル」事業であるとし、三〇〇〇円の予算を組んで、次の二〇ヶ所に寄贈している。

北平図書館、北平大学、故宮博物館、銭稲孫、東方文化図書館籌備処(以上、北平)、中央大学、大高同学会(以上、南京)、中央研究院、中華学芸社、上海自然科学研究所(以上、上海)、広東省立図書館、中山大学、嶺南大学(以上、広東)、湖北省立図書館(漢口)、山西公立図書館(太原)、河北省立第一図書館(天津)、厦門大学(厦門)、浙江省立図書館(杭州)、省立山東図書館(済南)、満州国立図書館(奉天)[87]。

これらから、一九三〇年代日本の工芸関係者が、中国とどのような関係を結ぼうとしていたのか、その一端を窺うことができるのだが、こちらの討究は今後の課題とせざるを得ない。

おわりに

近代日本で「図案科」を置いていた官立四校の入学者を年次ごとに累計したのが図表4-4である。これによれば、図案専攻を希望する中国留学生を最初に受入れたのは、一九〇六年の東京工業であった。その後、同校の図案科が一九一四年に廃止されるまでの一三名と、京都工芸の四名を加えた一七名が、一九一三年までの入学者の総数だった。その後、東工図案科廃止の影響もあってか、五年間、図案科の入学者はゼロとなるが、一九一八年以降は毎年一人ないし二人が、東京美校、京都高芸に入学する状況が続いた。しかし二二年に東京高芸工芸図案科が誕生すると、留学生たちが、そちらに漸次集中していく傾向が見て取れる。(88) これらから、「デザイン（図案）」修学を希望する中国学生たちは、「純粋美術」に傾きがちであった東京美校を敬遠し、一方で「伝統工芸」との連関が強い京都高芸よりも、「経済工芸」を睨んだ教育を積極的に行っていた東京高芸を選んでいくと理解することも可能だろう。また結果論となるが、東京高芸ＯＢの半数余が、帰国後、工芸系・芸術系の大学教員に就けたことは、そうした分野の専門家が同時代の中国社会から求められていたことの証と思われる。

先に参照した『中国近現代美術史』は、「中国の民間工芸美術は、西洋経済侵略の衝撃にあったが、第一次世界大戦期に息をつくことができ、一定の新しい発展があった。そして、多くの作品が国際展覧会で賞を得た。〔略〕中国美術の近現代化は、単調的な封建体制から東西美術の融合に向かい、古きを改めて、革新していくものであった」(89) と書くが、そうした時代状況に棹差す知識や技術を、中国留学生たちは東京高芸などで修得していったと考えられる。近代の留日学生でデザインを専攻した学生は、必ずしも大人数ではなかったが、帰国後は一九二〇〜三〇年代中国の「近代知」の発展、あるいは大衆化に寄与貢献するため、母国の芸術系学校の教壇に、あるいは産業界の第一線に

図表4-4　近代日本の官立学校「図案」科に入学した中国留学生の年次別一覧

年	東京美校	東京工業	京都工芸	東京高芸	総計
1906		1			1
1907					
1908		3（3）			3（3）
1909		3（2）	1（1）		4（3）
1910		2（1）	2（1）		4（2）
1911		2（1）	1		3（1）
1912					
1913		2			2
1914					
1915					
1916					
1917					
1918			2（1）		2（1）
1919			1（1）		1（1）
1920	1（1）				1（1）
1921			1		1
1922	1		1（1）		2（1）
1923			1（1）		1（1）
1924					
1925			1（1）		1（1）
1926				2（1）	2（1）
1927				2（2）	2（2）
1928					
1929	1				1
1930				1（1）	1（1）
1931	2			1（1）	3（1）
1932					
1933				1（1）	1（1）
1934				2（2）	2（2）
1935				1（1）	1（1）
1936			1	3（3）	4（3）
1937	1				1
総　計	6（1）	13（7）	12（7）	13（12）	44（27）

出典：『東京美術学校一覧』、『東京工業学校一覧』、『京都高等工芸学校一覧』、『東京高等工芸学校一覧』各年版より作成。

注：1）（　）内の数字は、卒業に至った人数。

2）東京工業・工業図案科は、1914年に廃止された。

3）東京高芸・工芸図案科は、1922年から募集を開始した。

立って、活躍したことは記憶されるべきであろう。

本論は、官立学校四校の図案科の在籍留学生のみを対象としたものであり、今後は師範学校系あるいは私学の美術学校系留学生をも含めた、さらにトータルな研究が必要になるだろう。またフランスなど欧米で学んだ中国留学生と対比する中で、留日学生の特色を明らかにする作業も果たす必要がある。

一方、近代ナショナリズムの生成に興味を持つ筆者にとって、新文化運動を支える雑誌デザインにも関わった陳之仏が、留学中、東京美校教授から、「中国芸術も評価しなさい」と示唆されたとの逸話[90]は気になるところである。すなわち、陳はのち「花鳥画作家」としても名を挙げ、一九五三年には『中国図案参考資料』という伝統図案集を発刊することになる。陳以外の留日デザイン学生の中で、伝統画家として評価されていく人物に、東京工芸ＯＢの高希舜がいる。彼らの近代日本への留学体験と伝統再認識とがどのように連関していったのかを究明することも、筆者にとって重要な課題として残っている。

註

（1）　陸偉榮『中国の近代美術と日本——二〇世紀日中関係の一断面』大学教育出版、二〇〇七年。吉田千鶴子『近代東アジア美術留学生の研究——東京美術学校留学生史料』ゆまに書房、二〇〇九年。徐蘇斌『中国の都市・建築と日本——「主体的受容」の近代史』東京大学出版会、二〇〇九年。

（2）　近代日本における「工芸」概念は、それが包含する内容だけでなく、その概念規定についても複雑な変遷がある。それについては、北澤憲昭「「工芸」ジャンルの形成」『美術史の余白に——工芸・アルス・現代美術』美学出版、二〇〇八年、森仁史『日本〈工芸〉の近代——美術とデザインの母胎として』吉川弘文館、二〇〇九年、を参考にされたい。

（3）　京都工芸繊維大学編『京都工芸繊維大学百年史』二〇〇一年。千葉大学工学部編『千葉大学工学部六十年史』一九八二年（以下、『六十年史』と略記する）。

（4）　『六十年史』。

（5）『六十年史』四二頁。
（6）『東京高等工芸学校一覧　大正10年度』一九二二年、三頁。
（7）『六十年史』一一七頁。
（8）以上の経緯については、『六十年史』のほか、『千葉大学三十年史』（一九八〇年）も参照のこと。さらに、松戸市教育委員会が編集した展覧会図録の『デザイン揺籃時代展――東京高等工芸学校のあゆみ（一）』（一九九六）、『視覚の昭和　一九三〇～四〇年代――東京高等工芸学校のあゆみ（二）』（一九九八）、『デザインにっぽんの水脈――東京高等工芸学校のあゆみ（三）』（二〇〇〇）は、森仁史、柏木博、水沢勉等の論文と多くの写真資料等を掲載し、きわめて有益な資料となっている。
（9）鶴田「留日美術学生」『美術研究』第三六七号、一九九七年三月。鶴田のこの論文は、副題を「近百年来中国絵画史研究　五」として、高剣父、張大千、傅抱石、王式廓の四名に焦点を当て、詳しく紹介する形を取っている。また論文末に「資料　留日美術学生名単」として、主な留学先学校名と学生の氏名等をまとめている。
（10）ゆまに書房、二〇〇九年、一三八頁。
（11）本書の「序」でも説明をしたが、一九一八年に設立された中国留学生支援団体である。砂田實編『日華学会二十年史』（日華学会、一九三九年）も参照のこと。
（12）千葉大学工学同窓会で閲覧させていただいた「一九六九年版」に基づく。
（13）前掲『東京高等工芸学校一覧　大正10年度』一八～一九頁。また『六十年史』四二～四七頁も参照。
（14）『六十年史』七八頁。
（15）『六十年史』一一三頁。
（16）前掲『東京高等工芸学校一覧　大正10年度』四～五頁。
（17）これは、註18に挙げた一連史料に含まれている「切り抜き資料」（出典不明）からの引用である。その内容から、京都の新聞ではないかと推測される。
（18）これら一連の史料は、外務省外交史料館所蔵史料の「東京高等工芸学校　昭和九年」に見える。国立公文書館アジア歴史資料センターウェブHP Ref. B05015496500, H 0389, 0135～0146に拠った。以下、アジア歴史資料センターウェブを引用する際は、英語の略称である「JACAR」を示し、その後にレファレンスコードを付することとする。
（19）外交史料館所蔵史料「六－一　東京高等工芸学校　昭和十年」JACAR Ref.B05015496600, H 0389, 0149～0156.

(20) 外交史料館所蔵史料「六‐二　東京高等工芸学校　昭和十一年」JACAR Ref. B05015496700, H 0389, 0159～0165.
(21) 外交史料館所蔵史料「一八　昭和十一年三月　東京高等工芸学校養生費補助申請」JACAR Ref. B05015866700, H 0649.
(22) 外交史料館所蔵史料「一五　東京高等工芸学校」JACAR Ref. B05015456100, H 0362, 0262.
(23) 阿部洋『「対支文化事業」の研究』汲古書院、二〇〇四年。山根幸夫『東方文化事業の研究』汲古書院、二〇〇五年、を参照。
(24) 第七章を参照。また見城「一九三〇年代における中国留学生たちの日本見学旅行」（矢嶋道文編『互恵関係の国際交流』クロスカルチャー出版、二〇一三年）も参照のこと。
(25) 外交史料館所蔵史料「二八　東京高等工芸学校（不許可）」JACAR Ref. B05015830100, H 0630.
(26) 外交史料館所蔵史料「昭和十一年七月　東京高等工芸学校」JACAR Ref. B05015810400, H 0618, 0385～0388.
(27) 外交史料館所蔵史料「五　日本大学」。JACAR Ref.B05015817700, H 0626, 0087～0096.
(28) 防衛省防衛研究所所蔵史料「第三九電　満洲国留学生神戸製鋼見学の件」JACAR Ref. C05034151400.
(29) 『芝浦工芸会会報』第九巻二号（通巻二九号）一九三六年一〇月。
(30) 外交史料館所蔵史料「東京高等工芸学校　昭和二年度」JACAR Ref. B05015453200, H 0361, 0332.
(31) この記事は、中国のサイトに「二〇〇八年一一月一八日」付で掲載されたもので、一三年一月には閲覧できたが、一七年一〇月段階では残念ながら削除されている。ただ、中国のサイト上で高が扱われている状態は変わらない。たとえば、一五年一一月刊の雑誌『荣宝斋（栄宝斎）』に朱京生が寄稿した「尘封在档案里的历史与人生——高希舜的交游与南京美术专科学校的创办（史料に秘められた歴史と人生——高希舜の交遊と南京美術専科学校の創立）」などをネット上で確認することができる。
(32) 外交史料館所蔵史料「一五　東京高等工芸学校」JACAR Ref. B05015456100, H 0362, 0259.
(33) 鶴田武良「近百年来中国画人資料　一」（『美術研究』第二九三号、一九七五年五月）三三頁。
(34) 「美術大師王之英」http://dynews.zjol.com.cn/dynews/system/2009/05/13/011108663.shtml（二〇一七年一〇月九日閲覧）。
(35) 前掲、鶴田「近百年来中国画人資料　一」三一頁。
(36) 同右、三〇頁。
(37) 鶴田「近百年来中国画人資料　三」（『美術研究』第三〇三号、一九七六年一月）二六頁。
(38) 吉田千鶴子「東京美術学校デザイン教育略史」（長田謙一・森仁史他編『近代日本デザイン史』美学出版、二〇〇六年）三〇三、三一一、三一四頁。なお、磯崎康彦・吉田千鶴子『東京美術学校の歴史』日本文教出版、一九七七年、『東京芸術大学百年史　東京美術学校篇』一九八七年も参照のこと。
(39) 緒方康二「明治期のデザイン教育――東京高等工業学校工業図案科の活動」(前掲『近代日本デザイン史』)一二一～一二二頁。『東京工業大学百年史』一九八五年、も参照。
(40) 柏木博「デザイン史のなかの東京高等工芸学校」(前掲『デザインの揺籃時代展』)七頁。
(41) 前掲『京都工芸繊維大学百年史』一六～一八頁。また作道好男・江藤武人編『紫匂ふ比叡のみ山――京都工芸繊維大学工芸学部七十年史』一九七二年も参照。
(42) 『時事新報』一九一六年一二月一七日付。この項については、前掲、柏木「デザイン史のなかの東京高等工芸学校」八頁、を参照にした。
(43) 森仁史『日本〈工芸〉の近代』吉川弘文館、一二〇頁。
(44) 『東京芸術大学百年史 東京美術学校篇』一九九七年。なお、吉田千鶴子『近代東アジア美術留学生の研究』は、この百年史に執筆した論考を再構成したものである。
(45) 註10であげた吉田千鶴子『近代東アジア美術留学生の研究』「はじめに」一〇頁。
(46) 同右、三三頁。なお、中国留学生の数について、吉田は「一九三六年には五〇〇〇人を数えた。しかし、翌三七年の日中全面戦争開始により殆どが帰国し、その後はごく少数となった(三四～三五頁)」と書く。しかし、当時、中国留学生名簿を発刊していた日華学会のデータによれば、日中戦争勃発前の一九三七年六月の調査では、中華民国籍学生が三九九五名(満州国籍一九三九名)、翌三八年六月はさすがに激減するが、それでも一五一二名が国内で学んでいた(ちなみに、満州国籍者は、一六二〇名と微減で収まっている)。一九三九年にはさらに一〇〇五名(満―一三三二名)まで減るが、一九四一年六月には一四六六名に復する(満―一〇五〇名)。一九四三年度でも一三〇〇名台を保つものの、一九四四年四月の調査で、一一一八名と、また減少に転ずる(日華学会編『中華民国留日学生名簿 昭和一九年四月現在』一九四四年。同書には過去十年間の数値が掲載されている)。
(47) 同右、一九、二二、二五～二六頁。戦前期の中国留学生が、「日本の近代化」の有り様に大きな関心を寄せたことは、見城「『日華学報』にみる留日中国学生の生活と日本認識」(大里浩秋・孫安石・見城監修『日中関係史資料叢書 七 日華学報』第一六巻、二〇一三年、所収)で具体的に紹介している(四四七、四五二、四五七頁など)。
(48) 同右、五四～五七頁。
(49) さねとう・けいしゅう『中国人日本留学史』(くろしお出版、一九六〇年)の一三八頁から一四〇頁に掲げられている「年度別各学校卒業中国人数一覧表」による。
(50) 前掲、吉田『近代東アジア美術留学生の研究』五二頁。さねとうの分類は、帝大や旧制のナンバースクール、および早慶明治等の私学は、学校ごとの実数で示し、それ以外は「医学　一三校」「農業　一八校」等の専門で括っている。したがって、帝大や一高等で、芸術（また工芸）を専攻した学生がいたとしても、その数は含まれていないことに注意する必要がある。なお、筆者が本書第一章でまとめた千葉医専・医大の卒業生数は、一五一名（一九三七年までの数。一九四七年までだと一六六名）である。さねとう著の「医学一三校」の総計は四一四名とされているので、千葉だけで三七％もの比率になってしまう。これらから、遺漏の多さが想定される。
(51) 阮栄春・胡光華『中国近現代美術史（一九一一―一九四九）』（天津人民美術出版社、二〇〇五年）の末尾に所収されている。
(52) 註9の鶴田「留日美術学生」は、「自ら日本留学と称し、あるいは中国刊行の人名録などに日本の美術学校卒業と記されている画家の中に、留学の実態が皆目分からないものがある（略）正式に入学しても中途退学をしたり、あるいは除籍処分」を受けたりする事例があるため、本当に某学校で学んだのかは確定しがたいところがある」と、正直な告白をしている（二九～三〇頁）。
(53)「東京工業学校～東京高等工業学校における清国留学生教育」『東京工業大学百年史　通史』一九八五年、二一三～二二三頁。
(54) 序一節2項参照。
(55) 日華学会編『留日中華学生名簿　昭和六年五月現在』による。
(56) 日華学会編『留日中華学生名簿　昭和一〇年六月現在』。ちなみに、本章に掲げた留学生一覧では、一九三七年四月に一名の中国人が入学していることになっているが、翌年の「学校一覧」には見えず、おそらくは入学後まもなく中退したものと思われる。
(57) 前掲、『京都工芸繊維大学工学部百年史』一七頁。
(58) 前掲、『京都工芸繊維大学工芸学部七十年史』一八頁。
(59)『東京高等工芸学校一覧　昭和12年度』一九三八年、八～九頁。
(60) 前掲、鶴田「留日美術学生」付載の「留日美術学生名単」に、京都高等工芸学校留学生については、『京都高等工芸学校一覧　昭和四年版』からの引用として、一九名の名前が挙げられている。また東京高芸については、『東京高等工芸学校一覧　昭和拾四年』からの引用として、一五名が挙げられている（四〇頁）。なお、鶴田は、東京美術学校以外の学校として、京都高等工芸、東京高等工芸、女子美術学校、京都市立絵画専門学校、帝国美術学校、日本大学芸術学部を取り上げている。
(61) 前掲、吉田『近代東アジア美術留学生の研究』一〇頁、また『東京美術学校一覧』各年度版を参照。

(62)『東京高等工業学校一覧』各年度版。
(63)田島奈都子「戦前期日本と中国の印刷界の関わり」(『『良友』画報とその時代(アジア遊学103)』勉誠出版、二〇〇七年)一二五～一二六頁。
(64)『京都高等工芸学校一覧』各年度版。
(65)渡辺素舟『日本の広告デザイン史』技報堂、一九七六年、一八五頁。一八九〇年生まれの渡辺は、実際にこのポスター展を見た衝撃からこの文章を綴っている。
(66)竹内幸絵『近代広告の誕生』青土社、二〇一一年、一一三頁。
(67)『広告界――意匠と考案』第四巻第一号、商店界社、一九二七年。
(68)飯盛勘一「広告画を書く人々」『広告巡礼』日本広告学会、一九二七年、八五頁。
(69)この項の叙述は、前掲、竹内『近代広告の誕生』を参考にした。
(70)『京都高等工芸学校三十年沿革史』一九三二年。
(71)森仁史「日本のモダン・デザインを繙く――東京高等工芸学校のあゆみ」(前掲『デザインの揺籃時代展』)一一三頁。
(72)陳瑞林『中国現代芸術設計史(邦訳、中国現代デザイン史)』(湖南科学技術出版社、二〇〇二年)の「第二章　二〇世紀前期中国的芸術設計」は四節に分かれている。「新しい建築デザインの形成」、「カレンダー画と商業美術」、「現代書籍デザインの発展」「伝統工芸の継続と変化」の四つだが、この構成から、カレンダー画や書籍デザインが、中国近代デザイン史において、大きな意味を持ったことが理解できる。
(73)陳暁華『工芸与設計之間(邦訳、工芸とデザインの間)――二〇世紀中国芸術設計的現代性歴程』重慶大学出版社、二〇〇七年。
(74)西槇偉「清末から民国期にかけての中国の工芸美術教育と日本」(稲賀繁美編著『伝統工藝再考　京のうちそと』思文閣出版、二〇〇七年)四四八、四五五～四五六頁。
(75)以上の叙述は、同右、四六三～四六四頁を参照。
(76)聖山会編『聖山中田先生伝』一九五三年、一五〇頁。また前掲、田島論文。田島は「戦前期日本の印刷会社の中国進出と商業ポスターの製作に関する考察」『年報　非文字資料研究(神奈川大学)』第一一号、二〇一五年でも、こうした事情を詳論している。
(77)陸偉榮『中国近代美術史論』明石書店、二〇一〇年、一八四頁。
(78)吉田千鶴子「斎藤佳三と林風民」(瀧本弘之・戦暁梅編『近代中国美術の胎動(アジア遊学168)』勉誠出版、二〇一三年)二一

六頁
(79) 前掲、陸『中国近代美術史論』一八二～一八三頁。また陸偉榮『中国の近代美術と日本――二〇世紀日中関係の一断面』大学教育出版、二〇〇七年も参照のこと。
(80) 「丁乃剛」(「義烏名人」『義烏志史編輯部』ウェブページ、二〇〇七年六月一日付)。
(81) 郭恩慈・蘇珏『中国現代設計的誕生』東方出版中心、二〇〇八年、六七～六八頁。李中華『一九一七―一九三七年　北京国立専門美術教育研究』(二〇〇五年度中国芸術研究院修士学位論文)も参照。
(82) 夏燕靖「上海美専工芸図案教学史考」(劉偉冬・黄惇主編『上海美専研究　専輯』南京大学出版社、二〇一〇年)。
(83) 図表4-1、『東京高等工芸学校一覧』などを参照。また、張道森『中外美術教育史』中国社会科学出版社、二〇一一年、一五四～一六〇頁も参照。
(84) 前掲、吉田『近代東アジア美術留学生の研究』および前掲西槇論文、参照。
(85) 前掲、吉田「東京美術学校デザイン教育略史」三一五～三一六頁。
(86) 外交史料館所蔵史料「支那工芸図鑑ヲ満支各地ヘ購送ノ件」JACAR Ref. B05016037900, H 0808.
(87) 『時事新報』一九一六年一二月一七日付。
(88) 戦前期のデザイン(図案)専攻留学生の最後は、一九三七年の東京美校入学生だった(のち中退)。なお、他の専攻分野の中国留学生は、日本の敗戦まで存在し続ける。
(89) 前掲、阮・胡『中国近現代美術史』一〇頁。
(90) 前掲、西槇「清末から民国期にかけての中国の工芸美術教育と日本」は、「日本を強く意識していた」島田佳矢図案科教授の教えを受けた「陳之仏における伝統の再認識も、その日本体験と深く結びつくものだったと思われる」(四六六～四六七頁)と捉えている。きわめて興味ある指摘で、さらに分析を深める必要を感じる。なお、廖赤陽「金原省吾と傅抱石――東アジアにおける人的移動と知的交流」(『第二届《留学生与中外文化》国際学術研討会論文集』中国・南開大学歴史学院、二〇一七年)は、本章でも名前を挙げた傅抱石と留学先の帝国美術学校教授・金原省吾との交流を書簡などによって、分析している。そこでは、両者の人間関係が深化し、理解し合うとともに、一方で相容れない認識も生じたことが具体的に明らかにされている。なお、廖には「傅抱石の日本留学とその影響」(王敏編著『日本留学と東アジア的「知」の大循環』三和書籍、二〇一四年)という論考もある。

第五章　師範学校への「満州国」留学生たち――千葉師範学校を事例に

日本の官立学校で、医学薬学、園芸学、デザイン学等の「近代知」を学んだ留学生について、ここまで見てきた。それらに比し、本章で扱う師範学校への留学生は自ずから目的を異にする。なぜならば師範学校は、日本の小学校などで初等教育にあたる人材を養成する学校であり、留学生がそこで学ぶべき必然性はなかったためである。しかし、一九三〇年代後半に入ると、「満州国」(以下、満州国と表記し、原則的にカギ括弧は付さない)からの留学生が派遣されてくる。その理由は何か。本章では、満州国の留学生派遣政策と日本の師範学校による受入れの特色を、千葉師範学校などを事例に考えていく。

一　「満州国」における師範系留学生の日本派遣とその特質

1　満州国留学生をめぐる法令

日本への満州国留学生に関する規程としては、一九三六年の「留学生ニ関スル件」、「留学生規程」、三七年の「留学生須知」(四〇年に「留日学生心得」と改称)などがあった。ここで「留学生須知」の一部を覗くと、「留日学生ハ将来国家ノ中堅トシテ、日満一体ノ楔子タルベキ本分ヲ自覚シ、進ンデ留学生ニ関スル諸規定ヲ実践シ、品位体面ヲ重ンジ、日夜心身ノ修練学術ノ研鑽ニ精励シ、以テ国家ノ期待ニ背クコトナカルベシ[1]」とされ、「日満一体」を実現するために留学が位置付けられていたことが明らかになる。そして留学希望者は、留学生認可試験合格、あるいは指定された留学生予備校卒業という条件を得た段階で、ようやく満州国民生部から「留学認可」を得ることができた[2]。さらに、留学してからも、民生部大臣の厳密な管理下に置かれ、許可なく転校や転科をした場合は、留学資格が取り消される場合もあった[3]。

このような「国家」の強い掣肘の下で来日した学生はどのような学問分野を学んだのであろうか。その概況を、先行研究がまとめた「公私立大学、高等師範学校（大学師範部を含む）、高等専門学校」所属の「男子留学生」のみという限定の下で、「学科別入学者」一覧から見ておきたい。満州国留学生は、一九三二年の三名（師範科二、農学科一）を皮切りに、三四年一三八名、三五年に三〇八年と急増し、三七年には五六一名となる。しかし、盧溝橋事件の影響で、翌三八年には一八〇名、四〇年には一五六名まで激減し、四一年に二一五名に復したところで、このデータ整理は終わっている。学科は、師範科、法学科、政治科、経済科、商科、文学科、理学科、医学科、工学科、農学科、芸術科、外語科の一二にも分けられているが、累計四四五四名のうち、最多の学科は、意外にも九五四名の商科であった。ついで政治科の六八〇名、法学科六二一名、工学科五二六名と続き、師範科は第五位の四四五名であった。さらに経済科四一〇名、医学科三七七名と続き、上位に入ると思われた農学科は三〇二名で第八位に留まった（以下、文学一三八、理学六四、芸術二一、外語一六）。つまり、「師範（教育）」は、この整理に従えば、修学対象としては中程度の期待度であったことになる[4]。

2　満州国の教員養成の現実

一九三二年三月に「建国」された満州国の教育は、その前代にあたる「張学良の時代になってから、（略）全科目を通じて、三民主義の理想を鼓吹することに専念したのであり、而もその取扱は、著しく排外的、特に排日的であ」った。しかし、建国後は「かかる誤れる教育を如何にして根本的に是正するか[5]」が課題となっていた。そのため、一九三七年五月に新しい「学制要綱」が公布され、翌三八年一月から施行される。その「教育方針」は、「日満一徳一心不可分ノ関係、及ビ民族協和ノ精神ヲ体認セシメ、東方道徳、特ニ忠孝ノ大義ヲ明ニシテ、旺盛ナル国民精神ヲ涵養シ、徳性ヲ陶冶スルト共ニ、国民生活ノ安定ニ必要ナル実学ヲ基調トシテ知識技能ヲ授ケ、身体健康ノ保護増進ヲ図リ、以テ忠良ナル国民ヲ養成スルヲ教育ノ基本トス[6]」とされ、「日満一体」の精神、実際には日本に協力する「国民精神」を養成するところに置かれていた[7]。

教員養成については、教員の再教育機関である教員講習所が一九三三年に、翌年には教員養成を目的とする師道学校が設立された。師道学校は官立で、国家の統制下に置かれ、日本語、日本に関する知識、建国精神の教育が重視された。しかし、財政圧迫により、教員の待遇が悪く、志願者は少なかったとされる[8]。

一方、日本人以外の民族の通う小学校で日本語が教えられ始めたのは、一九三四年からであった。三年生に対し週二時間の学習が義務化されたのだが、同時代の朝鮮では一年生から週一〇時間以上教えられていたことと比すると、大きな差があった。「日本語教育が普及しなかった最大の原因は、日本語教師の絶対数が不足していたことである。広大な満洲国全土の小学校に日本語教師を配属することは、すぐにできることではなかった[9]」とされるが、子どもたちを教育できる「満州人」人材が求められてきたのは、当然の流れであったと思われる。

3　現職教員の日本留学

満州国は、社会人も日本に派遣し、その「再教育」を図ろうとした。対象者は、教員、司法官、警官、軍人、技師などであったが、彼らは留学認可試験を受ける必要がなく、滞在費や家族手当を支給されるなど、恵まれていたという。[10]

一九三三年四月「新京南嶺に直轄の教員講習所を開設し、地方教員講習会を全国各地に開催し、且つ日本へ教員留学生を派遣して、教員の素質の向上改善を図った[11]」と一九四〇年発行の書物が記しているが、現職教員の日本派遣は一九三三年七月から始まった。全部で五回の派遣があったが、それぞれの概略を紹介しておく。

一期生は一九三三年七月から翌年六月までで、二四名が、東京高等師範学校（一〇名）、広島高等師範学校（一〇名）、玉川学園（四名）に派遣された。[12]

二期は、一九三四年四月から翌年三月までで、人数は一七名。内訳は、東京帝大農学部五名、東工大六名、東京高等工芸学校一名、熊本高等工業学校四名、共立女子職業学校一名であった。[13]

三期は、一九三四年一一月から翌年一〇月までで、二〇名が、東京高師七名、広島高師七名、玉川学園五名、日本女子大一名に配分された。[14]

四期は、一九三五年九月から翌年八月まで。総数は最大の三二名で、派遣先は、東京高師九名、広島高師八名、東京女子高師三名、東京青山師範二名、愛知第一師範二名、京都師範二名、大阪天王寺師範二名、広島師範二名、福岡師範二名であった。[15]

五期は、一九三六年四月から翌年三月まで。派遣数は二〇名。内訳は、東京高師七名、広島高師七名、青山師範二名、京都師範二名、天王寺師範二名だった。[16]

派遣された学校は師範系が多く、とりわけ四、五期はすべて師範学校だった。なお、第二期派遣者の中に、千葉大学工学部の前身にあたる東京高等工芸学校で「留学生」として学んだ教員が含まれている。この馬克清（奉天高等師範学校数学理化科卒）は、一九三四年から一年間、東高芸印刷工芸科の「選科生」となり、帰国後は、奉天省立第二工科学校の教員に就く。[17]

4　日本の師範系学校への留学生派遣

本項では、日本の師範系学校に満州国留学生が何名くらい在籍していたのかをまとめ、その傾向や性格を明らかにしていきたい。

図表5-1は、一九三二年から四三年までの師範学校への留学生数などを示したものである。[18] ここに見える特色を簡単にまとめたいが、まず師範専攻留学生の受入れ校は、東京と広島の高等師範学校が他校を大きく引き離している。先に見た「現職教員の日本留学」でも、一一三名の派遣者のうち、東京高師が三三名、広島高師が三二名と両校の合計は半数を越えており、「幹部候補」はこの両校で学んでもらう方針が徹底していたようである。[19] 女子高等師範での受入れは、奈良女子がもっとも多く、東京女子がそれに次いだ。

地方の師範学校の受入れは、一九三五年の栃木師範学校がその嚆矢となるが、地方への派遣が本格化するのは、三六、三七年頃からである。その背景には、三七年五月に公布された新しい「学制要綱」（既述）の目的を果たすため、師範学校への派遣が重要な役目を担わされたためと思われる。ところで、受入れた師範学校であるが、青森、秋田、福島、新潟、長野など特定の県に集中する傾向が看て取れる。関東地方では、栃木が先駆となったが、三八年以降は、千葉だけになっていく。一方、東京や大阪の師範学校は、三六年に四名を受入れたものの、爾後は受入れていない。何故なのだろうか。

その理由は、留学生に奨学金を支給していた「日満文化学会」をめぐる資料から明らかになる。この会は「彼の国の優秀なる年少子女を、我邦に於て学修せしむると共に、親しく我邦を認識理解せしめ、一は以て彼の国文化の向上発達に寄与せしめ、他は以て両国の親善結合に貢献せしむることの意義極めて深きものある」と考えた日本側が、一九三四年一月に創立し、四一年八月には、東亜育英会と改称された組織である。同会は、師範教育を学ぶ留学生に対

図表5-1 「満洲国」留学生を受入れた日本の師範系学校一覧（1931～43年）

年	1931	1932	1933	1934	1935	1936	1937	1938	1939	1940	1941	1942	1943
千葉県師範学校							2	2	2	3	4	2	8
東京高等師範学校	39	33	14	35	57	57	62	61	51	38	31	30	22
東京文理大学	2	2	3	2	4	1	1				1	2	1
東京女子高等師範学校	4	4	3	1		5	3	3	3	2	1		
奈良女子高等師範学校	2	2	2	2	4	5	9	12	21	26	32	36	23
広島高等師範学校	10	7	4	22	36	49	36	36	36	31	34	29	23
広島文理大学	1	3	3	3	2	1	1			3	5	5	7
青森県師範学校						7	5	3	5	4	4	3	3
秋田県師範学校					2	2	2	3	2	3	3	4	3
岩手県師範学校											1	2	3
山形県師範学校										2	3	3	5
福島県女子師範学校									2	3	4	5	5
栃木県師範学校					1	1	1						
東京府青山師範学校						4							
山梨県女子師範学校											2	3	4
新潟県新潟師範学校					2	2	3	2	3	3	3	2	1
新潟県高田師範学校					1	2	2	2	4	3	3	5	3
新潟県長岡女子師範学校					2	3	3	4	3	3	4	5	4
長野県師範学校											3	3	5
長野県松本女子師範学校							1	2	2	3	4	4	4
富山県女子師範学校										2	3	4	5
愛知県第一師範学校						2							
岐阜県師範学校										2	3	3	3
京都府師範学校						4							
大阪府天王寺師範学校						4							
和歌山県師範学校													1
兵庫県師範学校												1	1
広島県師範学校						2							
福岡県師範学校						1							
青森県立青年学校教員養成所					3	5	3						
熊本県立青年学校教員養成所					7	5	3						
早稲田大学高等師範部								1	1	1	1		
日本大学専門部高等師範部							3	1	1				
駒沢大学専門部高等師範部								3	2				
師範系学校総計（A）	58	51	29	65	121	162	140	135	138	132	149	151	134
「満州国」留学生総数（B）					1,269	1,867	2,017	1,519	1,325	933	1,256	1,220	1,004
	578	311	311	749	1,133	1,805	1,939	1,624	1,304				
（A）／（B）の百分比（%）	10.0	16.4	9.3	8.7	10.7	9.0	7.2	8.9	10.6	14.1	11.9	12.3	13.3
「満州」以外の学生総数（C）	2,518	1,110	1,106	1,547	2,588	4,083	4,009	1,508	1,023	1,204	1,466	1,341	1,380
中国留学生総数（B＋C）	3,096	1,421	1,417	2,296	3,721	5,888	5,948	3,132	2,327	**2,137**	**2,722**	**2,561**	**2,384**

出典：日華学会編『留日中華学生名簿』各年版および『満洲国留日学生録』各年版、駐日満洲国大使館。
なお、各名簿の数値には違いがある（5章注18参照）。

注：1）下線は、『満洲国留日学生録』の数値。

2）ゴシック体は、1940年以降『留日中華学生名簿』が「中華民国」学生数のみの掲載になったため、合算する際のBは『満洲国留日学生録』で代用したことを示している。

し、年額三六〇円の奨学金を与え、県立師範学校で学ばせる事業を行った。その結果、一九三四年から四〇年までに、師範学校の卒業者は一二名、現状（一九四二年）の在学生も四四名で、「着々と所期の目的を具現しつつある[20]」とされていた。

この留学生選抜は、満州国政府に一任されたため、必然的にその意向を汲んだ学生が選ばれたのだろうが、より注目されるのは、学校選定の際の留意事項である。すなわち、「日本内地の東北、北陸其の他人情純朴にして風俗淳美、質実剛健なる地方の小都市に在り。且つ寄宿舎を具備する学校を選定し、東京、大阪等の大都市を避く[21]」が原則とされていた。地方に派遣された留学生のほとんどは、この奨学生と考えられ、「風俗淳美、質実剛健」とみなされた東北・信越地方の師範学校への派遣が多くなったものと思われる。千葉師範学校について言えば、東京に隣接していたものの、千葉市自体は小規模な街であった[22]。そのために「純朴な地域」の範疇に入れられたのだろう。女子高等師範への派遣数が、東京より奈良が多かったのも、そうした事情が背景にあったと思われる。

ちなみに、一九四三年の留学生も、二〇数名が全員「地方」の学校に進んだ。それは「満洲国の方針に合致したものだったが、もう一つ当時戦争で日本国内の状況が悪くなっており、「疎開」の意味があった[23]」という解釈もなされている。

二　地方への「満州国派遣留学生」——千葉師範学校を事例として

1　千葉師範学校の歴史と特色

地方の師範学校への派遣は、一九三五年の栃木師範学校が最初であったことは先に触れた。その後、東北・北陸な

写真5－1　亥鼻にあった千葉師範学校全景（1964年、右上は医学部）

（『百年史　千葉大学教育学部』1981年、口絵）

どの諸学校への派遣が増え、関東では、一九三七年から千葉師範学校に派遣が始まり、三八年以降は千葉に一元化されていく。その結果、青森師範などと並び、千葉師範は、満州国留学生が最も多く在籍する学校になった。

そうした事情も併せ、以下では千葉師範学校の受入れの事例を紹介していくが、その前に千葉師範の歴史を概観しておきたい。同校は、一八七二年九月に現在の流山市に設立された「印旛官員共立学舎」を起源としている[24]。この共立学舎が鴻台学校と名を変え移転し、さらに千葉学校（七三年七月）、県立千葉師範学校（七四年五月）、千葉県尋常師範学校（八六年一〇月）、千葉県師範学校（九八年四月）と変遷した後、一九四三年四月に官立に移管され、千葉師範学校となった（写真5-1参照）。千葉師範には男子部と女子部があったが、女子部の起源は、一八七七年九月設立の千葉女子師範学校に遡る。それが、八四年六月に千葉師範学校女学部となり、以降、千葉県尋常師範学校女子部（八六年）、千葉県師範学校女子部（九八年）、千葉県女子師範学校（一九〇四年四月）、そして、四三年に千葉師範学校女子部となる歴史を歩んだ（以下の叙述では「千葉師範（学校）」の呼称で統一していく）。

千葉師範学校の満州国留学生受入れは、一九三七年の春から始まるが、この時代における千葉師範学校の動向を『百年史　千葉大学教育学部』[25]を参考に見ておきたい（同書から引用する場合、当該頁数を本文中に書き込んでいく）。

日中戦争が七月に勃発する一九三七年の三月に、修身、公民、教育、国語漢文、歴史及地理の「師範学校教授要目」が改訂され、その方針は「国体ノ本義ヲ明徴」することとされた。これは同年五月に文部省が発行した冊子『国体の本義』の内容を先取りするものであった（二五五頁）。同年八月には、「国民精神総動員実施要項」が閣議で決定され、さらに思想的動員が図られていき、全国の師範学校においても、こうした国家意思が貫徹されようとしていく。

しかし、千葉師範においては、「政府が具体的行動を提起しているにもかかわらず、行動化という点では積極的ではない。派手に行動したり、軍隊風の行動をただちに採用するという点には、ある種の警戒心が働いていたように思われ（二五六頁）」た、と『百年史』は書く。具体的には、①校舎や教室内に神棚を設けたが、全校的行事として、定期的に拝礼することはなかった。②国民精神総動員運動は教師や上級生に対する軍隊式の挙手礼を励行していたが、同校では「昭和一七年頃まで頑固に脱帽の礼を守った（二五七頁）」。③寮の点呼の際、軍人勅諭や戦陣訓の斉唱をすることが昭和一七年頃から全国各地で行われるようになっていたが、千葉師範では遂に行われなかった。④授業時間および食料の確保のため、工場動員を避け、農場手伝いや千葉連隊司令部作業補助を行った云々。すなわち、千葉師範では、過度の精神主義鼓舞はなかったと回顧されているのである。

こうした中、一九四三年三月に「師範教育令」が改正され、さらに新たな教育内容を規定した「師範学校規程」も出された。それらが四月から施行されるに伴い、各師範学校は、官立に転じ、その修業期間は、本科三年、予科二年と定められることになった。この年は、日本軍の戦局が厳しい状況に追い込まれていく時期に当たる。千葉師範においても「戦時下の学校運営は、勤労動員の日常化によって、昭和一八年秋以降は、授業が困難になるとともに、学校は労務の提供と管理のための機関のような状況に追いやられた（二七一頁）」と捉えられる状態に至ることになる。

2 千葉師範学校における留学生たち

一九三七年春、千葉師範に初めて二名の「満州国」出身者が入学した。その後（史料で確認できる範囲において）、一九四三年度まで一一名が在籍している（図表5-2）。四三年度は、モンゴル系学生が一挙に六名も入学し、留学生八名中七名がモンゴル系となったが、他県の師範学校も同じような傾向にあった。たとえば、同年、青森・秋田の各師範学校は在籍者三名中二名が、岩手は三名全員、山形は五名中三名、福島女子師範は五名中三名が、モンゴル系の学生だった[26]。詳細な理由は不明ながら、漢族系よりもモンゴル系の教員養成が急がれた様子が窺える。

千葉師範に在籍した一一名の出身校のいくつかについて説明を加えておきたい。まず「師道学校」は、三八年一月から施行された満州国の「学制要綱」内で定められ、「鞏固ナル国民精神ノ涵養知識技能ノ修得、身体ノ鍛錬ニ努メシメ、以テ人格ヲ陶冶シ、初等教育ノ教師育成ノ為メ」に作られた学校である。「国民高等学校」（満一三歳以上となったものを四年間教育する現在の「高校」同等の学校）の三学年修了者に入学資格があるとされ、修業期間は二年であった[27]。

「千葉東亜建設青年訓練所」は、正式名称を「東亜建設青年訓練所」とし、千葉県印旛郡遠山村三里塚に一九四一年四月設けられた学校である。学校の「資格区分」は「乙種実業学校認定校（農業）」で、修業年限は三年とされていた。一期生は二八名が入学したが、翌年は三七～三八名に増加したとされる。また一九四二年に「留学生が入所しました。満州国のモンゴル人が十五人と聞きましたが、私の記憶では十人前後だったように思います[28]」と当時の学生による回想もあるが、この訓練所にモンゴル系の学生が大量に「留学」した理由については不明である。

図表5-2　千葉師範学校に在籍した「満州国」留学生たち

No.	名前	出身地	入学年月	入学時年齢	卒業予定年月	出身校
1	王文増	奉天・蓋平	1937.5	18歳	1942.3	熊岳城公学校
2	王徳文	奉天・蓋平	1937.5	19歳	1942.3	蓋平公学校
3	博彦務利吉	興安南・西科前旗	1940.4	16歳	1942.3	満州国立札蘭屯師道学校
4	巴拉珠爾	興安南・東科後旗	1941.4	20歳	1946.9	王爺廟臨時初等教育教師養成所
5	唐国俊	安東	1942.4	17歳	1947.9	牡丹江師道学校
6	希利布	興安南	1943.4	18歳	1948.9	千葉東亜建設青年訓練所
7	特博堯士図	興安南	1943.4	24歳	1945.9	玉川中学校
8	格万札木蘇	興安南	1943.4	21歳	1945.9	省立巴彦塔拉農学校
9	賀喜格套特格	興安南	1943.4	20歳	1945.9	省立巴彦塔拉農学校
10	賀希業拉図	興安南	1943.4	20歳	1945.9	西省教育教師養成所
11	吉爾嗄朗	興安南	1943.4	19歳	1945.9	鹿児島県立市来農芸

出典：『満洲国留日学生録』各年版。

「玉川中学校」は、教育者・小原国芳が一九二九年に創設した財団法人玉川学園の経営になる学校（旧制）であろう。また「鹿児島県立市来農芸」は、一九三四年に創立された学校（現在の鹿児島県立市来農芸高等学校）である。この両校はなぜ満州国留学生を受入れたのだろうか。

千葉師範に在籍した留学生はたった一一名だけであるが、そのデータを一瞥するだけで、様々な経歴、入学経緯が浮き彫りになる。満州国と日本に、あるいは日本国内に師範教育専攻希望の留学生に対する、どのようなネットワークがあったのか、興味深いが、それは今後の課題としたい。

3　戦時下における留学生の学生生活

千葉師範初の留学生・王文増と王徳文を取り上げた記事が、『読売新聞』千葉版に見える。すなわち、たった一年半の留学で、日本語がめきめき上達し、文増は国文学で、徳文は剣道で「共に手を携へて第二の満州国民に〝大和魂の教育〟を施すのだと張りきってゐる」云々（一九三八年一〇月一二日付）とある。実はこの後つごう三回も文増は新聞に取り上げられたのだが、満州からの若者の存在を知らしめようとする意図が窺える。しかし、それ以外に戦時下の千葉で、彼らがどのような学習生活や課外活動を行っていたのかは不明な点が多い。ここでは、その不足を補うため、同時代の留学生の活動や往時の回想などを示しておく。

(1) 見学旅行

千葉師範留学生は、日満文化学会の奨学金を受けていた。この会は、学生たちに対し、「毎年一回全員に旅費を与へて東京市に召集し、会長その他の役員との連絡、親交に資し、又東京市内並に付近各地を役員が連行して見学せしめ、留学生の知識増進と日本国の理解に供」する活動をしていた。一九四一年四月に入学した巴拉珠爾までの四名すべてが、この奨学金の対象者であった。[29] 5番以降の学生たちもおそらくこれらの体験をしたと思われる。

なお、外務省は、義和団事件の賠償金を基にして、一九二三年から「対支文化事業」を展開する。具体的には中国留学生への奨学金支給や見学旅行費の援助であったが、見学旅行については、一〇日余りの旅程で、それぞれの「日本」理解を深めさせていた。[30] 満州国からの学生たちも、規模こそ小さいながらも、同じ意図を持った企画を用意してもらったということであろう。

(2) 海水浴

「海水浴」という「近代文化」を、中国学生たちが日本で初体験し、精神面や文化的嗜好に少なからぬ影響を与えたことを筆者はかつて明らかにした。一九一〇年代以降、房総半島での海水浴が留学生に人気を呼び、南端の館山町に、日華学会が中国留学生向けの専用宿舎を一九二三年に設置するに至る。午前は日本語等の講習会に参加し、昼からは海水浴を楽しむ留学生たちが、四一年までの毎夏、優に百名を越えて滞在した。また、一九三五年夏には館山の北部に位置する富浦海岸に、満州国留学生五〇名が、翌年にも一五名が来訪し、水泳の練習や館山海軍飛行場を見学したことが報じられている。[31]

(3)「修錬」活動

戦時下の満州国留学生たちを管理する目的を持った「満州国留日学生会」が一九三六年六月に誕生している。この会のバックには、満州国公使館、満州国協和会、日本陸軍、文部省などが付き、その政治的意味付けを想像させる態勢となっていた。この学生会が主体となり、一九三七年から夏休みおよび冬休みに「修錬」を実施することが始まる（確認できているのは、一九四二年の実施まで）。趣旨は、「団体的精神を涵養し、勤労愛好の精神を養成せしめる為め」とされ、しかも「全留学生をして留学中 尠《すくな》くとも一回夏期修錬或は冬期修錬に参加せしむる事[32]」が標榜されていた。

初年度である一九三七年度の内容をごく簡単に紹介しておきたい。まず夏期は三つの部門に分けられ、「田園修錬」が茨城県の友部国民高等学校にて一週間（参加者一六名）、「山嶽修錬」が、富士山麓山中湖畔で二期に分け、それぞれ一週間ずつ行われた（参加者は四二名と二三名）。一方、「海浜修錬」は、千葉県富浦海岸で三期（それぞれ一一日ずつ）にわたり行われた。参加者は、四六名、三一名、二二名で、「田園修錬」「山嶽修錬」よりも人気があった様子を窺うことができる。一九四〇年度の「海浜修錬」は、一〇日間一回だけの開催になったためか、九九名もが押し寄せている。記録が残る最後の夏、一九四二年は、千葉県外房の興津海岸で一〇日間実施されたが、それでも五七名の参加を得ている。この年は同時期に「女子海浜修錬」が静岡県三津海岸でも行われ、一三名が参加した。つまり「修錬」とは言いながら、海水浴についてはそれなりに人気があったのである。[33]

千葉師範の学生が、これらの課外活動にどれほど参加したのかは不明だが、少なからぬ数の満州国留学生が、千葉の海岸で夏を送っていたことは紛れもない事実である。これらの諸活動は「修錬」と位置付けられており、余暇的レジャー的活動と言える存在ではなかったが、それでも彼らの日本理解、あるいはそれらを通じた「近代社会」理解に一定の役割を果たしたのではないかと考えている[34]。

なお筆者は「山嶽修錬」の一つとも言える日華学会主催の夏季錬成会（群馬および富士山麓）に参加した中国留学生の感想等を別稿[35]でまとめたことがある。満州国留学生たちの感想と同一視できるものではないが、参考にされたい。

(4) 戦時下の余暇活動

それ以外は不明な点が多く、第一章で見た台湾留学生の戦時下の回顧などから、往時をイメージしてもらうほかない。なお、「戦時下の生活」という意味では、一九四二年に千葉医科大学に入学し、四五年の千葉空襲の際、ケガを負った中国留学生がいた[36]。一九四五年六月一〇日と七月七日の空襲により、千葉医科大学は全焼したのだが、一方、千葉女子師範も直撃弾によって、学生八名、教員二名が命を落としていること[37]も付言しておきたい。

ところで、戦時下での余暇活動について、日華学会が「中華民国留日学生」を対象に行ったアンケート（一九四〇年）が残っている[38]。対象者三一二名（当時の留日学生総数は千名ほどだった）に対し、三五項目の質問をしているが、その中には「休日を如何に暮らすか」との問いが含まれていた。それに対し、回答者全体の三一％が散歩、三〇％が遠足と答えている（複数回答は累積し、それを人数で割った比率）。また「何か日本趣味に親しんでいるか」との問いについては、一位が無回答の九五名（三〇％）、二位が「特になし」の七一名（二三％）だった。具体的回答の第一位は「相撲」で一九名、二位は「歌謡・歌」一二名、三位は「礼儀作法の尊重」の一一名だった。それ以外は一ケタの回答であったが、伝統芸能たる「能」から、「畳生活」、「海水浴」、「野球」、「電車中の読書」、「百貨店の正札」、「日本の美人と話すこと」、「大学生の汚い角帽」などの現代風俗まで、多様な項目が含まれていた。

一九四〇年は極めて息苦しい困難な時代だった、と一般的に思いがちである。また実際、中国（あるいは満州国）

学生として、差別的視線を感ずる場面も多々あったろう。しかしながら、留学生としての「愉しみ」もある程度味わっていたことも、彼らの日本体験として押さえておく必要があるだろう。

なおこのアンケートは、「大学に入学した感想」も尋ねているが、五〇％が「学問の熱情旺盛、アカデミックな雰囲気、教授や学生の親切」を挙げていた。「留学生仲間と先生のご自宅を訪ね、いろいろ有益な話を聞くことができた。表面上は軍国主義を擁護せざるを得ず、口には出せなかったが、日本は敗れると思っていたようだ[39]」との証言を戦後に行っている元留学生もいる。

さらに、戦後の聞き取りに対し、元留学生が「日本語を勉強したのは、マルクス主義を知るためです[40]」のように答えた例も少なくない。一九三〇年代後半の中国では禁書扱いになっていたマルクス主義関連の文献が、日本では比較的容易に入手できたため、日本語翻訳版を読み漁っていたとするのである。一九三九年に来日した満州国留日学生は、管理が厳しい満州国留学生会館に住んでいたので、マルクスやレーニンの文献を読むことは危険きわまりない行為であったが、細心の注意を払って、熱心な読書を続けたと、後に回顧している[41]。留学生は「次の時代」を見据え、困難な状況下でも学び続けていたのである。

4　卒業後の千葉師範学校留学生

千葉師範学校留学生たちのその後を知る手がかりはない。師範学校時代のＯＢも収録している『千葉大学教育学部同窓会会員名簿』にもその名前は確認できない。一九四五年八月の満州国瓦解により、中退に追い込まれたため、名簿に載っていない可能性はあるが、詳細は不明である。

そうした中、最初の留学生・王文増が、一九三七年五月から五年間、千葉で学んだ後、一九四二年四月に広島高等師範学校文科一部甲に入学を果したことだけはわかっている[42]。この王が「国文学」を得意にしていた旨の新聞記事を

写真5−2　千葉師範学校猪鼻寮

（『百年史　千葉大学教育学部』1981年、口絵）

先に紹介したが、広島高師時代の王は『満洲国留日学生会会報』に四頁にもわたり、千葉時代の回想を寄稿している。そこで曰く、千葉師範の寄宿舎は、山の上にある本校舎に連なっていたが、見晴らしの良い所にあったため、眼下に「鏡の如き袖が浦（東京湾）」と「微笑む秀峰富士」が年中見えた。一方、寄宿舎は「天下の師範学校の中に於いてもその建て物の古いことに於いては有名であった。（略）もはや倒壊の段階に近くはあった」（写真5-2参照）。そこに、五年間も八人部屋で生活してきたことについて、世間は、団体生活を「窮屈、乱雑」、「不平と不満」と言うだろうが、「かかる生活をば一回はしなければならない」、何故ならばそこには「無限の修養と教訓が潜んで居た」とし、最後は「如何なる滑稽な、馬鹿げた些細な事であっても猪丘《ママ》寮に関する限りは、私にとって懐しい思ひ出である」と結んでいる[43]（写真5-3参照）。

王は別の随想でも、広島駅から郊外の可部駅に向かった時の車窓風景が、東京・千葉間に似ているので、「何だか再び千葉へ帰った様な気がしてならなかった」云々。別の投稿では、繁華な広島市で「もう千葉から来た当時と違って、走るバスやトラック等が癪にさわるやうなこともなく、聊か田舎者の皮が抜け始めてきた」の表現さえしている。後者は題名を「雨傘」とした随想だったが、「（修繕

に出したこの］傘は千葉師範時代に先輩から戴いたもので、よい紀念品だ」と、ここでも千葉時代を懐しんでいた。(44)

しかし、その後の王が、どのような人生を歩んだのかは不明である。一九三二年から四三年までに、広島高師を卒業した満州国留学生たち二四名の就職先を明らかにした研究(45)によれば、半数の一二名は建国大学講師、国民高等学校や師道学校などの教員職に就いた。残りの一二名のうち八名は、協和会中央本部、奉天省公署などの官公庁に勤務、四名は官吏養成機関である大同学院に入り、研修中という結果だったという。つまり、日本の高等師範に留学した若者は、かなりの高位に就けた様子が窺えるのである。千葉師範への留学生は日満文化学会の奨学金を受給していたこともあり、初等教育に携わることが期待されていたと思われるが、まもなく満州国は瓦解してしまう。その動乱の中で、彼らは、どのような人生を送っていったのだろうか。

写真5－3　猪鼻寮の「軍隊式点呼」（1939年以降）

（『百年史　千葉大学教育学部』1981年、口絵）

おわりに――「満州国」留学生たちの戦後

本章は、戦時下の師範学校で学んでいた満州国留学生について、千葉師範学校を中心にまとめてきた。彼らの「その後」については不明だが、戦後の聞き取り作業などによって、二名の元満州国留学生の「その後」を明らかにした浜口裕子の研究がある。(46)それを紹介することで、千葉師範などで学んだ元留学生について想いを馳せる一助としたい。

一人目の元留学生は、戦後「中日友好」活動などに務めた孫平化（一九一七～九七）である。(47)彼への聞き取りを収めている浜口の著書『満洲国留日学生の日中関係史』は、サブタイトルを「満洲《ママ》事変・日中戦争から戦後民間外交へ」と名付けているが、孫の実際の活動から、「満州国留学生」の戦後の役割の一つを次のようにまとめている。

戦争中、日本と満州国は日本の傀儡国家である満州国の運営を担う「人材」を育成するため、留学生を日本に派遣した。留日学生は、満州国に貢献することを期待され、半ば強制された。留日学生は、組織的な監視下に置かれたが、一部の学生はそんななかでも、水面下で抗日活動に励んだ。この限りにおいて、日本の政策は意図した目的とはまったく逆の効果を生み出した。だがそれらの「抗日組」も中華人民共和国においては、対日政策を担う貴重な人材として、活躍の場を与えられることになった（二一六頁）。

二人目は、米寿を迎えた二〇一四年段階でも、精力的に日中関係の仕事に携わっている韓慶愈（一九二六〜）である。韓は、戦時下の茨城県立太田中学校（現・県立太田第一高校）に留学していた。敗戦後、中国に戻ろうとしたものの、帰国船の不具合などから、結局日本で生活し続けることになる。彼の語りを浜口は、次のように整理している。

韓は「満洲国時代の日本や日本人の「横暴さ」を語る時には恐怖の表情を浮かべ、国をとられた民族の悲哀についていて「あんたなんかには絶対にわからない」と厳しい言葉を投げかけた。〔略〕印象的だったのは「私の第二の故郷」として常陸太田をあげたことである。戦時中自らの意志に反し過ごすことになったのだが、常陸太田での生活を語る時の韓慶愈は穏やかで懐かしんでいるように見えた。「若い、人生形成の時期に経験したことは大きいんだよ」。「苦しい時にはいつだって「質実剛健」と繰り返してきたんだ。「質実剛健」は太田中学の校訓だったんだ」。韓慶愈の中に確かに息づく日本への思いを垣間見た瞬間である（二一八〜二一九頁）。

はたして千葉で学んだ元留学生たちは、どのような戦後を歩み、どのような「記憶」を紡いでいるのだろうか。

註

（1）「留学生須知」（『満洲国留日学生録　昭和一三年、康徳五年度』駐日満洲国大使館、一九三八年）二二七頁。
（2）留学生予備校については、李思斉「満州国留学生予備校についての一研究」（『言語社会（一橋大学大学院言語社会研究科二〇一六年度紀要）』第一一号）、李思斉「満州国留学生予備教育の諸相」（『第二届《留学生与中外文化》国際学術研討会論文集』中国・南開大学歴史学院、二〇一七年）を参照。
（3）「認可試験」は、筆記試験、口頭試問、身体検査からなるが、筆記は「国民道徳」、「国語（日語及満語又ハ日語及蒙古語ノ解釈作文）」、「数学（代数及幾何）」の三科目であった（「留学生規程」前掲『満洲国留日学生録　昭和一三年、康徳五年度』二一六～二一八頁。また、周一川「『満洲国』の留学政策と留日学生」（周『中国女性の日本留学史研究』国書刊行会、二〇〇〇年、二六六～二六八頁）も参照。
（4）周軍「満州国留学生と広島高等師範学校」（『広島東洋史学報』第九号、広島東洋史学研究会、二〇〇四年）七四頁。なお、この「まとめ」は、「満州国」（教育史研究会編『「満洲・満洲国」教育資料集成　第一三巻　留日学生』一九九二年）の所収史料（これは謝廷秀編『満洲国学生日本留学拾年史』学生会中央事務所、一九四二年、をまるごと復刻収録したものである）から、周が作成したものである。筆者が後で示す、『満洲国留日学生録』を参照して作成した図表5-1と異なる点があることには留意されたい。ただ、全留学生中の「師範系」学生の百分率は、周氏の表は「九・八％」となっており、図表5-1で示した百分比に近い。
（5）東京文理大学・東京高等師範学校　紀元二千六百年記念会編著『現代支那満洲教育資料』培風館、一九四〇年、三九七～三九八頁。
（6）同右、四二〇頁。
（7）このような教育方針を、日本による「奴隷化教育」と批判する観点は、現代中国で共通している。たとえば、王智新編著『日本の植民地教育・中国からの視点――中国学者看日本侵華奴化教育史』社会評論社、二〇〇〇年、など。
（8）鈴木健一「満州国の国民教育と教員養成問題」（酒井忠夫先生古稀祝賀記念の会編『歴史における民衆と文化』国書刊行会、一九八二年）、塚瀬進『満洲国――「民族協和」の実像』吉川弘文館、一九九八年、七六頁。
（9）同右、塚瀬『満洲国』七七頁。
（10）劉振生「「満洲国」日本留学生の派遣」（大里浩秋・孫安石編著『留学生派遣から見た近代日中関係史』御茶の水書房、二〇〇九年）一五七頁。

（11）前掲『現代支那満洲教育資料』三九八頁。
（12）外務省外交史料館所蔵史料「第一回文教部派遣留学生　昭和九年五月」国立公文書館アジア歴史資料センターウェブ　Ref. B05015567600. 以下、同センターウェブを引用する際は、英語の略称である「JACAR」を示し、その後にレファレンスコードを付すこととする。
（13）「第二回文教部派遣留学生　昭和十年三月」JACAR　Ref. B05015567700.
（14）「第三回文教部派遣教員留学生　昭和九年十二月」JACAR　Ref. B05015567800.
（15）「第四回文教部派遣教員留学生　昭和十年五月」JACAR　Ref. B05015567900.
（16）「第五回文教部派遣教員留学生　昭和十一年二月」JACAR　Ref. B05015568000.
（17）見城「戦前期における東京高等工芸学校（現千葉大学工学部）の留学生とその動向」（『国際教育（千葉大学国際教育センター）』第六号、二〇一三年）、三四頁。また本書第四章も参照。
（18）表5-1は「駐日満洲国大使館」が発刊していた『満洲国留日学生録』（以下『満洲録』と略）の数字を参照した。同書は一九三六年二月に初めて出版され、「一九三五年一〇月」のデータを収録していた。その後「一九四三年一〇月現在」版（四四年一月発刊）までが確認されている。なお、『満洲録』が作成されていなかった一九三四年以前は、日華学会が編じた『留日中華学生名簿』（以下『留日名簿』と略）を参考にした。この名簿の一九三一年版においては、遼寧、吉林、黒竜江、熱河の四省出身者を、三二・三三年版では、奉天、吉林、黒竜江、熱河の四省出身者を、便宜的に「満洲国」出身者とみた。三四・三五年版は中華民国と「満洲国」の学生数が併記されるようになり、後者をそのまま利用した。しかし、四〇年版からは『中華民国留日学生名簿』と名称と性質が変わり、この年度以降は『満洲録』を頼りにするほかなくなる。なお、『留日名簿』と『満洲録』の数値は、最大で九〇名も異なっており、表5-1において、『満洲録』からの数値には二重線を付した。一方、一九四〇年以降の『留日名簿』は「中華民国」留学生の数しか載せていないため、「総数」は、それに『満洲録』の数値を合算したものとした。それ以前と数字の性質が異なるため、表5-1ではゴシック体にして注意を喚起している。
（19）余事となるが、東京高師の校長を一八九三年から二五年余も務めた嘉納治五郎（一八六〇～一九三八）は、「近代柔道の父」として有名だが、一八九六年に清国がはじめて日本に留学生派遣をした際の受入れ役を果たした人物でもある。楊暁・田正平「清末留日学生教育の先駆者　嘉納治五郎」（大里浩秋・孫安石編『中国人日本留学史研究の現段階』御茶の水書房、二〇〇二年）を参照。

(20) 灘波理一郎「東亜育英会と満洲国留学生」（前掲、謝編『満洲国学生日本留学拾年史』）八四～八七頁。
(21) 同右、八三頁。
(22) 第一章第一節2項を参照のこと。
(23) 浜口裕子『満洲国留日学生の日中関係史――満洲事変・日中戦争から戦後民間外交へ』勁草書房、二〇一五年、七七頁。
(24) 百年史編集委員会編『百年史　千葉大学教育学部』第一法規出版、一九八一年。
(25) 同右。
(26) 『満洲録』一九四三年版を参照。
(27) 前掲『現代支那満洲教育資料』四二六～四二九頁。
(28) 住川清「体験記　東亜建設青年訓練所について」（『成田市史研究』第三〇号、二〇〇六年三月）。
(29) 前掲、灘波「東亜育英会と満洲国留学生」八六～八九頁。
(30) 留学生たちの見学旅行については、本書第七章、また見城「一九三〇年代における中国留学生たちの日本見学旅行」（矢嶋道文編『互恵（レシプロシティー）と国際交流』クロスカルチャー出版、二〇一四年）を参照のこと。
(31) 見城「近代千葉における中国留学生と海水浴体験」（千葉歴史学会編『千葉史学』第六〇号、二〇一二年）一五一頁。
(32) 「第二章　学生会の沿革」（前掲『満洲国学生日本留学拾年史』）一八一頁。
(33) 同右、一八四～一九二頁。
(34) これらの活動の全貌については、見城「戦時下日本における「満州国」留学生たちの「修錬」活動――『満州国留日学生会会報』から見る日本体験の一側面」（『人文研究（千葉大学）』第四六号、二〇一七年）としてまとめている。
(35) 見城「太平洋戦争下における留日中国学生の夏季錬成団」（『人文研究（千葉大学）』第四二号、二〇一三年）。
(36) 柳歩青「医者修業とはかないロマンス」（鍾少華編著『あのころの日本――若き日の日本留学を語る』日本僑報社、二〇〇三年）。見城「戦前期　留日医薬学生の帰国後の活動と現代中国における評価」（『国際教育』第三号、二〇一〇年、八七頁）。また、本書第二章参照。
(37) 前掲、『百年史　千葉大学教育学部』三九六～三九七頁。
(38) 「資料　中華民国留日学生生活概況（一）（二）」（『日華学報』第八五・八六号、日華学会、一九四一年）。見城「日中戦争下における中国人留学生の生活と留日意識」（『北東アジアにおける『記憶』と歴史認識に関する総合的研究』平成一八～二一年度　科研

基盤研究（A）18202014　研究代表者　千葉大学・三宅明正　二〇一〇年）。

（39）「姚頌恩自伝」（王奇生『留学与救国――抗戦時期海外学人群像』広西師範大学出版社、一九九五年）、二七九頁。

（40）陳辛仁「池袋のアパートで誕生した革命雑誌」（前掲『あのころの日本』一六八頁）。陳（一九一五年生）は、一九三四年に来日し、三六年に帰国した。

（41）孫平化『中国と日本に橋を架けた男』日本経済新聞社、一九九八年、三一～四〇頁。

（42）前掲、周軍「満州国留学生と広島高等師範学校」の中で、王が書いた作文（後述）が紹介されている。上級校に進学できた以上、千葉師範を「卒業」したはずだが、王の名前は同窓会名簿には確認できない。

（43）王「留日見聞録――猪丘寮」（『満州国留日学生会会報』第十巻第七・八号、一九四五年）。当時の千葉師範学校は、千葉医科大学があった亥鼻（猪鼻）山の麓（現在の千葉県立図書館周辺）にあったため、寄宿舎は「猪丘寮」と名付けられていた。

（44）前半の引用は、王「五月記事」（『満州国留日学生会会報』第八巻第八号、一九四三年）、後半は、王「雨傘」（『同上』第七巻第七号、一九四二年）。

（45）前掲、周軍論文。

（46）前掲、浜口『満洲国留日学生の日中関係史』。

（47）孫は『中日友好随想録――孫平化が記録する中日関係』（上・下巻、日本経済新聞出版社、二〇一二年）ほか、いくつもの回想を残している。

第六章　辛亥革命と千葉医学専門学校留学生たち

千葉医学専門学校が、一九〇八年から「五校特約」が廃止される一九二二年までの一五年間、医薬専攻を希望する中国人学生の指定校とされ、その間、一〇名前後の留学生を受入れ続けたことは、第一章で見た通りである。そのため、辛亥革命を挟む清末民初時期に、千葉医専では、毎年四〇名余りが在籍していた。辛亥革命時において、この留学生たちが紅十字隊を組織し、本国で傷病者の救護に当たったことは、小島淑男が既に明らかにしている(1)。近年では、崔淑芬も日中文化交流史の観点から、この事績を取上げている(2)。この出来事自体は、近代東アジア政治史、文化交流史、教育史などに特記されても良い事項と思えるが、「辛亥革命と日本」という視点に限定しても、宮崎滔天等の革命支援協力の評価に比すべくもなく周知度は低い(3)。

そこで、本章は、辛亥革命時における千葉医専留学生の動向について、小島が用いなかった史料も補充して再説し、辛亥革命という未曽有の政治変動に対する、留日中国学生たちの対応の一端を明らかにしていきたい（本章末尾に、『千葉医学専門学校校友会雑誌』などからの関連資料を収録した）。

一　辛亥革命の勃発と千葉医専留学生

一九〇五年八月、東京で「中国（革命）同盟会」が結成された際、留日学生が多くメンバーに加わったことは周知の通りである。同年一一月には、その機関誌『民報』が留日学生らによって東京で発行され、革命の気運を高める動きが明確になっていく。一九一一年三月一七日（旧暦）の広州・黄花崗蜂起においては、留日学生も犠牲になった。彼らは後に〝七十二烈士〟として顕彰されていくのだが、その中の二名、方声洞【27】（前掲図表1-1参照、以下同様）、喩培倫【59】は、千葉医専の留学生だった（第二章も参照のこと）。

一九一一年秋段階で日本の学校に在籍していた中国留学生は、三三〇〇名余であった。一〇月一〇日の武昌蜂起以降、革命の火が各地に広がる状況下、留日学生たちにとって、本国の動きにどう対応するかは、焦眉の課題になっていく。四〇名余が在籍していた千葉医専留学生たちも例外ではなかった。たとえば、山口高商留学生から、ある働きかけを受けていたことが、一〇月二七日付け外交文書に残っている。それによると、一〇月一七日に千葉医専生の余継敏【87】を山口高商の孫韜が訪問し、「革命軍は医官の不足及病院の設備なき為め、傷病兵の収容並に救療の途に窮せり。此条在日学生は赤十字軍を組織し、革命軍の為め、大に勢援せざるべからず。本校在学生は全部この任に当たられたし」と説得勧誘したとされる。これに対し、千葉医専の在学生たちは「集合凝《ママ》議の結果、敢て不同意者なかりしも、目下同校在学生は二十七名〔原史料ママ〕にして、うち僅かに四年生四名、他は何れも一二年生なるを以て、未だ実務に通ぜされば、活動力乏しく、而已ならず、費用の出所なきより、ヤヤ、躊躇するに至れり[4]」との反応であったという。つまりこの段階においては、「経験も資金もない我々が協力するのは難しい」という反応であったと、この報告は伝えるのである。

ところが、この史料と全く同じ日付である一〇月二七日付の『東京朝日新聞』に、「千葉医専留学生と革命」という記事が掲載される。そこに曰く、「千葉県《ママ》医学専門学校留学生は、清国今回の動乱に就て、表面何気なき体を装ひ居れるも、事実は然らず。同校留学生三十九名中、蒙古人恩和を除く外、悉く広東四川其他南清の出身なるより、今回の動乱に就ては、革命軍に同情を寄せ、只管勝利成功を祈りつつある有様なる〔略〕しかし是等学生は北京政府より月謝及毎月三十三円宛を支給され居る関係より、頗る謹慎を表し居れり」云々。

この記事は、留学生が革命支持への熱い想いと政府派遣留学生であることとの自覚と戸惑いを見せていたことを伝える。しかしながら、千葉医専の留学生たちは、何度も議論を重ねた結果、最終的に、清朝軍、革命軍の隔てなく救護する「紅十字隊（赤十字隊）」を組織し、祖国に赴くことを決定するのである。

二　紅十字隊の結成と千葉医専による支援

一〇月三〇日付の『東京朝日新聞』には、千葉医専の留学生が協定した条項が示されている。①赤十字社の旨趣に基き、赤十字軍を組織し、官軍革命軍を問わず、負傷疾病者を救護する事、②清国公使及び学生監督に稟請し、これが許可を受くる事、③赤十字軍組織の認可あれば、公使の手を経て、北京政府に電報する事、④赤十字軍に関する費用は、かねて横浜神戸其他各地に在留する清商の義捐に仰ぐ事、⑤赤十字軍組織成れば、日本有名の医家を傭聘し、これを顧問とする事、⑥赤十字軍組織に関し、熊本仙台岡山名古屋其他在留清国学生に向って檄を飛ばすこと、⑦赤十字軍成ると同時に檄文を各地に飛ばし、かつこれを新聞に掲載を請い、その旨趣を明かにする事、⑧上海に於て組織されたる赤十字社と連絡し、共に活動する事、云々。さらに「中立の態度を固持して之に従事し、戦争終局するに至れば、直に日本に帰来し、専心医学を修め得業せんことを期すといふにあり」とも加えられていた。

こうした協議を経た上で作成されたと思われる「檄文」が外務省外交史料館に保管されている（史料6-1）。これを、在日華僑や留日学生たちに発したものと思われる。また、赤十字隊の「顧問医」について、千葉医専教授の三輪徳寛は、同校卒業生で、従軍経験のある瀬川某に打診したが、うまくいかなかった[5]。次に米国サンフランシスコ鉄道病院の勤務経験があるOB鈴木寿賀治に諮ると、「突然の事で何の準備もありません。着のみ着の儘で出掛けて行くつもりです」と快諾し、ここに顧問医も決定した。[6] さらに、全国の医専留学生、華僑などに経済的援助を求め、また東京の清国公使に直接交渉した結果、紅十字隊結成に関する本国政府からの許可、さらには千葉医専当局からも、一時帰国の許可を得るに至る。

千葉医専留学生を含む在日清国留学生のこうした動きは、新聞各紙で連日大きく報道された。そのためか、一〇月三〇日には、紅十字軍の事務所としていた千葉医専留学生の下宿へ「金縁眼鏡に洋服を着けた三六七歳の立派なる紳士風の男が訪ね来り、『自分は〔住所実名があるが略す〕今回の留学生諸君の赤十字軍は非常に賛成する所なれば、従軍を請わんとて来たれり』。〔略〕『自分は医師にあらざるも、日露戦争の時、従軍して傷病兵救護には経験あれば、何卒従軍を承諾されよ。衛生材料等は自分の一手にて引き受けても宜し』と一時間半にわたり弁説をふるった」という。[7] さらに、その翌日にも、「年頃五十くらいの筋肉逞しき大男来訪し、〔略〕以前清国に在留する事あり。今回、革命党の主将黎元洪の軍に投ぜんと、同時三十名を募集したれば、卿らの帰国する時、同行せずやと頼みしも、赤十字の眼中に、革命軍も官軍もなければ、とて断わりたるに、件の男は一時間許にして立去れり」[8] という出来事が立て続けに起こっている。おそらくは留学生たちの動きを日々伝える新聞を見て、こうした人士が現れたのだろうが、そこから留学生の動きに対する市民の関心が高かったことを覗うことができるであろう。

一方、留学生から、紅十字隊を組織し一時帰国したい旨を相談されていた千葉医専校長・荻生録造（写真6-1参照）は、「戦争の勃発に際し、なるべくその惨害を小ならしめるに努むるは、文明の精神を発揮する所以にして、その第一手段は、傷病者に対する衛生設備を完全にすることにあり」[9] という考えを持っていたため、同校教授で県立千葉病院院長であった三輪徳寛とともに、留学生向けに、戦地における応急医療技術の講習会を開くことにした。一一月一日から八日まで実施された講習会では、三輪が「創傷療法」を担当したほか、筒井八百珠「外科手術」、井上善次郎「内科学」、荻生録造「眼科学」、平野一貫「調剤術」、森理記「包帯および担架術」、岩槻「看護法」等の講義がもたれた[10]。

ところで、当時の清国軍隊の衛生施設が未整備であったことを伝える証言がある。すなわち、清の衛生顧問として三年間武昌に招聘されていた日本の一等軍医某によれば、「清国の軍隊には全然衛生隊なしと云ふも不可なき有様〔略〕軍医の如きもほとんど日本と同数を備へあるも、その大半は漢方医にて、甚だしきは繃帯の巻き方も出血に対する応急手当も知らず、日本の即効紙の如き膏薬を貼って一時を凌ぐといふ有様[11]」であったという。正式な軍隊である清国軍がこの有様であれば、ましてや革命軍はさらに未整備の状態であったろう。応急医療術を学んだ千葉医専などの留学生が重要な役目を果せたことは、想像に難くない。

講習会が終った一一月九日には、千葉医専の日本人在校生と教職員六五〇名によって、壮行会が開かれている。参加者は、薬品や衛生資材の購入資金として、一人五〇銭ずつの寄付を行い、また会が終わると、全員で千葉駅まで行進し、万歳の歓呼の中、見送りをしたと伝えられる（史料6-2[12]）。また外科教授であった三輪は、戊辰戦争時に、岳父の高松凌雲が箱館で、官軍・幕軍問わない救命活動をしたことを「赤十字の先駆」とみて、同じ精神で大陸に赴こうとする学生たちを激励したという[13]。

写真6－1　医専校長・荻生録造
（『千葉医学専門学校卒業アルバム1908』、千葉大学附属図書館亥鼻分館　所蔵）

東京に着いた千葉医専留学生たちは、他校の医薬留学生と「留日学生同盟中国紅十字隊」を組織し、出発の準備を整えていく。そして、一一月一八日、神田の旅館から「中国紅十字隊」の旗を翻し、医療器械・薬品等百余個の大小荷物を、馬車二台・荷車二台に載せ、新橋駅に向かった。その途次、留学生は遠回りのルートになってしまうにも関わらず、日本橋の三越呉服店に立ち寄り、写真の撮影や茶菓饗応の接待を受けている。三越側には「政治的争闘の圏外に立ち、博愛慈善の事業に尽瘁」することを祈念したとの記録[14]が残り、これもまた日本の市民が留日学生の行動に関心や共感を有していたことの例証となるだろう。

三　大陸での医療救護活動

留学生たちは、他校の医薬留学生と準備を重ねた末、一一月一九日に横浜を出港した。彼らが、上海に着いたのは、同月二六日である。「日本より当地に来れる清国医学生男女百二十名は、陳任樑【47】及び日本人顧問の指揮の下に、清国赤十字社と漢口行の打合を為し居れり」[15]との報道の後、中国各地に派遣された。彼らは、甲乙二隊に分けられ、千葉医専が中心の甲隊〈隊長は千葉医専の陳任樑〉は湖南省長沙に、乙隊〈隊長は京都府立医専の孫家樹〉は江蘇省浦口と江西省九江に赴いた[16]。留日紅十字隊は、それ以外に湖北、江西、安徽、江蘇省などの地でも、救護活動を行ったとされるが、実際にどのような活動をしたのかは不明である。大阪府立高等医学校〈現大阪大学医学部〉の留日中国学生もこの時、大陸に赴いて医療活動に従事している。こちらのグループは南京で治療を行った後、西安まで向かい、六千人を越える人たちを助けたとされる[17]。

一方、千葉医専留学生たちの活躍は、湖南省長沙在住の日本人医師〈同仁会[18]派遣医師〉全徳岩蔵の手紙から明らかになる。すなわち、四年間江西鉄道局に勤めた全徳は、長沙日本人会の招聘で、一九一一年一〇月に長沙に赴任した。そして、まさにその時、革命が起こり、長沙にも影響が及んできた。以下は全徳の手紙の引用である。

「〔自身の医院を〕開院候と同時に、今回の事変に際会し、〔略〕湖南紅十字会組織の交渉有之、助手五十名の速成講習嘱託被致、十二月第一回講習を結了致し申候。折柄千葉医学士・黄孟祥君【36】の訪問を受け、衛戍病院組織の援助を被為依頼、十二月四日着手。一週間内に収容負傷兵百名、外来患者百二三十名、当時者としては黄君と迂生の二名のみ。他は速成講習生十四五名にて、必死義務的に傷病兵治療に従事致居候。何分突然の事とて、器械薬品の供給意の如くならず、一時は大いに狼狽致候得共、去月〔十二月〕末日、日本留学生赤十字団の来沙するあり。団員中、千葉四年生呉亜良【48】、二年生田〔瑞龍〕及何〔煥奎〕の三名【50、62】は、黄君の親友にも有之、かつ現状に同情を寄せ来て応援するあり。旁々目下大に秩序も相立ち、些か余暇を得て、自宅院務に従事罷在候。〔略〕何分、当省には外国医学校出としては、黄君の外一人もなき事とて、都督部内に於ける信用、益々順調にて、野戦病院組織および医科大学設備員大いに活動致居候」云々。[19]

当時の全徳は湖南紅十字会から、助手への速成医療講習を要請され、さらに黄孟祥（一九一一年千葉医専卒）からは彼の病院の手伝いも依頼され、動きが取れない状態だった。しかし、そこに千葉の紅十字隊が到着し、事態は一挙に好転することになる。卒業したばかりの黄にとって、旧知の学友との連携で、円滑な医療活動が行われ（史料6-3）、全徳自身も自身の医院経営に専念できるようになった、というのである。

この全徳の手紙は、千葉医専紅十字隊の果たした役割の一端を見事に活写してくれている。つまり、当時の長沙に、外国の医学校を卒業した中国人医師は黄一人しかいなかったが、評価を高めた黄は、その後、各方面から重用されていったとされるのだ。ここから日本で医学を修め、帰国した人士への期待がきわめて高かったことも確認できるのである。なお、千葉医専ＯＢの蕭登【71】および鈴木寿賀治が、荻生校長に宛て、現地の概況を説明した書簡も残っている（史料6-4、6-5）。

さて、湖南省以外の地でも留学生による紅十字隊は活躍し、湖北・江西・安徽・江蘇省などで救護活動に当たったと言われる。千葉医専紅十字隊のリーダーであった陳任樑（甲隊隊長）は、のち、清朝を打倒するために組織された広東北伐軍の軍医部長に就いていることが明らかになっている。[20]また、丁求真【49】については、「第一次革命の際、中国紅十字会を組織し、これに従う。籌安会発生後、浙江独立を謀る[21]」という経歴を記す文章が残っている。

千葉医専留学生たちの貢献ぶりは、革命軍の幹部の耳にも届いていく。「南京陸軍軍医院長一等軍医長」に就いていた千葉医専ＯＢの王琨芳【34】が、母校の荻生校長に宛てた手紙（一九一二年三月一六日付）には、校長たちから「御深厚なる御教示に預り候事は、陸軍部総長、黄〔黄興〕閣下にも伝言致し候処、深く感謝致居候」と記されていたという（史料6‐6）。千葉医専留学生二人が落命した黄花崗蜂起は、黄興の指揮によるものであった。その千葉医専の仲間が、学校の理解と助力により、紅十字隊を組織し、長沙で負傷者救助に当たったわけである。長沙出身でもあった黄興から、このようなメッセージが届いたことは、千葉医専同窓の留学生や学校関係者にとって、この上ない慶びであったと思われる。

四　千葉医専への復学と「紀念碑」の建設

革命の帰趨が落ち着き始めた一九一二年四月ころから、留学生は漸次千葉医専に戻りはじめ、ほとんどの学生は復学を果す。そして、万歳の歓呼のなか、学校を出発してからちょうど一年後の一九一二年一一月九日、校内に辛亥革命紅十字軍支援への感謝を示す「紀念碑」を建てた（史料6‐7、写真6‐2）。

そこに刻まれた内容の概要は以下である。

辛亥（一九一一年）秋、革命が起きた。死傷者が増えてきたため、私たちは留日医学薬学生による赤十字隊を組織し、救援活動を行おうとした。千葉医専の校長や先生方は、これを高く評価して、治療看護に関して、懇切に指導してくださった。また、学友は資金を集め、医薬品を寄贈してくれた。私たちは、祖国で負傷兵の大きな頼りとなった。戦局が終わりを告げた今、母校に帰ってきて、諸先生や諸学友の行為を忘れないため、ここに樹を植え、碑を建て記念とする（史料6‐8）。

また、建碑式典の後、荻生録造校長が、「日支関係今日の如き日に当り、殊に多数の留学生を有する本校に於て、支那語研究を始むるは大に時期に適せるに非ずや[22]」と提起したのを受け、同年一一月二七日に「支那語研究会」が始まっている[23]（史料6-9）。これは、日本側が、中国との提携協力を望む意識を高めていた事例と考えられるだろう。

写真6−2　辛亥革命記念碑　落成式

（千葉大学医学部蔵）

さて、千葉医専に戻った留学生たちの動向報告が、外務省外交文書（一九一三年七月二四日付）に残っている。そこに曰く、「支那擾乱に関する千葉医学専門学校在学生の行動に付て、〔略〕なおその後の行動より内査報するに、先に同校を卒業し、現に南軍所属の軍医部長にして江蘇省に在る王若巌より、このほど在校幹事何熾奎に宛て、個人として此際帰国すべき旨通信し来れり。爰に於て、在学生等協議の結果、何幹事代表者となり、夏季休暇を利用し、その実況視察の為め、数日前帰国致候。而して、現留学生三十二名中南軍所属は三十名にして、北軍は僅かに二名の由なり。目下彼等は極めて静穏なるも、何幹事より帰国を促し来れるに於ては、一同帰国するやも測り難き状況に有之候[24]」云々。

当時の千葉医専在籍中国学生は、ほとんどが「南軍」支持派であった（と認識されていた）こと、先輩の王若巌【8】から「帰国すべき」との命があり、代表の何（名前は、煥奎【62】が正しい）が帰国し、情勢を探ったことが明らかになる。当局者は千葉医専留学生が「一同帰国する」ことを懸念したが、それは杞憂に終わる。何をはじめとする多くの在籍生たちは中途退学ではなく、きちんと修学卒業した上で帰国する道を選ぶのであった。

五　辛亥革命と千葉医専モンゴル留学生の動向

本章中で、千葉医専「留学生三十九名中、蒙古人恩和を除く外、悉く広東四川其他南清の出身なるより、今回の動乱に就ては、革命軍に同情を寄せ、只管勝利成功を祈りつつある有様なる」という『東京朝日新聞』（一九一一年一〇月二七日付）の記事を示した。ここに見える「蒙古人恩和」が、中国近代史研究者・田中剛の論考「モンゴル留日学生と辛亥革命」[25]の中に登場してくる。恩和（モンゴル名「恩和布林」、漢名「呉恩和」）は、中国語で「辛亥革命時期的回憶」（『赤峰市文史資料（漢文版）』第四輯、一九八六年一二月）を書いているのだが、七頁余の回想から、千葉時代について語った部分を翻訳紹介しておきたい。

辛亥革命時期に、私はちょうど日本の千葉医科大学〔千葉医学専門学校〕に留学していた。中国留学生は当時この学校に数十人いて、皆は救護隊を組織し、進んで武漢の前線で働き、傷病者の救護に参加した。私自身はモンゴル民族の独立運動が気がかりとなり、この組織に参加せず、東京に行った。東京農科大学に留学している同郷の伊徳欽と金永昌を訪ね、一緒に上海に戻った。南洋公学の学生・楊時秀、汪長春、于啓明と務本女学校の女学生・呉秀貞、葉婉貞などと連絡を取り、この五人が次々とモンゴルに戻ることを約束し、独立運動を共同で進めた。（一一九頁）

情報量は少ないが、他の漢族留学生たちが紅十字隊を組織し、大陸に赴いたのに対し、恩和はそれに与しなかったこと、また、東京農科大学[26]に留学している仲間とともに、中国に戻り、「独立運動」を進めたということは重要である。そのため、千葉医専は必然的に「中退」になったのだろう。

田中論文は、恩和が千葉医専に入る前史についても、詳しく紹介している。すなわち恩和は、内モンゴルに一九〇二年一〇月創設された「崇正学堂」速成科の第一期卒業生であり、そのまま同校で算学の教員を勤めた。さらに後、天津の北洋大学堂（現天津大学）の実習工廠に派遣され、そこで織布、染色、石鹸製造、ロウソク、チョーク、電気メッキ、写真撮影の技術を学んだという。

そして一九〇六年一二月、五名の仲間とともに、日本の振武学校（陸軍士官学校等に入るための予備学校）に留学する。三年そこで学んだ後、恩和は一九一〇年に千葉医専への入学が決まった。ちなみに他の四名のうち一名は中退。もう一人は医学を学ぶため慈恵医学専門学校に入った。残りの二名は、一九〇三年八月創設された「守正武学堂」（日本軍人を招聘し、日本の陸軍幼年学校をモデルとした学校）で「軍事教育」の修学を希望したものの、最終的には、東京農科大学に進む（この二人は恩和の回想中に出てくる人物と同一である）。

すなわち、清末の内モンゴルに新設された学堂の卒業生で、かつモンゴル系最初の留日学生として、一九〇六年来日した一人が恩和だったのである。田中は、これらの留学生について、「初期モンゴル留日学生のなかには、その後の内モンゴル近現代史に足跡を残すものも少なくない。たとえば、東京慈恵医大に学んだ汪睿昌は帰国後、内モンゴルでは初めてとなるモンゴル文字活字を作成し、出版活動を通じて民族意識の覚醒を促した。東京農科大学に留学した金永昌や伊徳欽は、一九二〇年代に内モンゴル人民革命党に加わって民族運動を展開した。この時の留日体験が、その後の彼らの活動に大きな影響を与えたと考えられる。〔略〕つまり、辛亥革命は初期モンゴル人日本留学の到達点であり、また日本が彼ら留日学生を通じて内モンゴルへより積極的に進出していく起点でもあった（七七頁）」とまとめていることも紹介しておきたい（なお、恩和の動静については、格別の叙述はなかった）。

辛亥革命時に、千葉医専留学生が、留日同胞に支援を求めるため作成した「檄文」には三七名の署名があり、そこに恩和の名前もあった。しかし、恩和は千葉医専紅十字隊と別行動を取った。これについて、田中は、「そもそ

写真6－3　医学部本館前に建つ現在の辛亥革命「記念碑」
（筆者撮影）

れが彼の真意だったのか、あるいは学内でモンゴル人が唯一人という状況によるやむを得ないものであったのかどうか、現在のところ確認できない（九〇頁）」とするが、本書でもそれ以上の言及はできない。

おわりに

「辛亥革命後に社会の空気が変わり、西洋医学の医院と医学校が日を追うごとに増加した」との表現が、中国近代医学史の叙述中に見える。[27] 千葉医専の留学生たちは、辛亥革命に「紅十字」という形での人道支援を選択し、かつ拙速に修学を切り上げ帰国することなく、十二分に最新の医学を学んだ上で、母国の近代医学発展を積極的に牽引していく。たとえば千葉医専三年生の時、辛亥革命紅十字隊に参加した留学生に呉祥鳳【64】（一八八六～一九五六）がいる。呉は、千葉医専を卒業した後、アメリカのジョンポプキンス大学への再留学等を経て、北京医学専門学校教授に就くが、一九二五年に孫文が亡くなる際の医師団メンバーとして招聘されるほどの評価を受けていくことになる。[28]

辛亥革命期において、日本近代の幕開けとなった戊辰戦争の逸話を引きつつ、中国留学生に人道支援協力を惜しまなかった教員たちがいたこと、またその意を汲みつつ、母国での近代医学発展を担っていった元留学生たちがいたこと、それらを辛亥革命百年を経た現在、日中文化交流史の一コマとして、改めて想起しても良いのではないだろうか（写真6－3）。

史料6―1　千葉医専留学生による赤十字隊への義援を求める檄文

（出典　外務省外交史料館所蔵　外交文書「清国革命動乱の際在本邦同国留学生の動静取調一件」三―一〇―五―一九）

中国語で書かれた「千葉同学全体組織赤十字会回国敬求留日学界商界諸同胞賛成助捐啓」を、外務省職員が日本語に「摘訳」した文章を以下に翻刻、収録する。

千葉同学赤十字会組織帰国ノ件ニ関シ、謹ンデ留日学界商界同胞ノ賛助ヲ求ム

中国不幸ニシテ、今日ノ禍機ヲ啓ク、革軍険ニ入テ攻メ、官軍営ヲ列テ禦キ、中原ノ腹地遍リ、干戈ヲ動カス。従来一隅ノ滋乱ト同視スベカラズ。而シテ戦争ノ惨禍ハ其底止スル所ヲ知ラザル也。今ヤ我同胞ハ瘡痍呼救ノ状ニアリ。依テ、敝同学今回議決シテ、赤十字会ヲ組織シ、帰国シテ以テ救護ノ事ニ従ハント歎ス。但赤十字会ハ施療ヲ以テ、其本旨トナスヲ以テ、其所要ノ経費ハ少クトモ、数万円ヲ要ス。依テ茲ニ我留日諸慈善同胞ノ前ニ呼号シテ、賛助ヲ請フ次第ナリ。且敝同学ハ人員亦甚少シ。

就テハ留日医薬界同学諸君ノ連袂シテ、同行セラレンコトヲ得バ、力ヲ増ス。更ニ万々ナラン。

一、医薬界同学諸君。吾人医ヲ学フハ、原人ヲ救フヲ以テ目的トナス。中国此戦難方ニ興ルニ際シ、坐視シテ帰国セザレバ、医学何用ヲカナサン。敝同学ハ今帰国スルモ、将来戦禍平定セバ、再日本ニ帰リ来ルコトヲ誓フモノナリ。吾人ノ行期近キニアリ。同志ノ士ハ東京総会館ニ来集セラレンコトヲ希望ス。

一、留学界同学諸君。敝同学ハ近日屡東京諸同学ヨリ、赤十字会組織方ニ関シ督促ヲ受ケ、代リテ経費ヲ負担スベシトノ通知ニ接シタリ。依テ、吾人ハ諸同学ハ当然吾人ノ賛助セラルルモノト信ズルニアリ。又諸同学仁人ノ前ニ贅言ヲ呈セザルナリ。

一、商業界ノ諸兄弟諸君。中国各省頻年天災流行シ、皆我商業界諸士ノ賑恤ニヨラザルナシ。又日露戦後ノ際ニ方リテハ、我留日ノ諸兄弟ハ皆巨資ヲ捐助シテ日本戦傷兵士ヲ救護セラレタルコトハ、今尚人々ニ膾炙シテ美談トナス。吾人我同胞ヲ憐愛スルハ、自ラ外人ヲ憐愛スルヨリ、篤カルベク、又我同胞ヲ天災ヨリ救フハ、死ヲ知リ勇躍シテ、死ニ就ク諸兵士ヲ救フニ如カラザル也。曩ニ呉錦堂君ハ已ニ敝同学ノ挙ヲ賛助セラレタリ。就テハ、自余ノ諸兄弟モ呉君ノ如ク鉅資ヲ嘉恵シ、敝同学ノ志ヲ成就セシメラレンコトヲ希望シテ止マザル也。

之レ敝同学ノ幸ノミナラズシテ、実ニ中国諸同胞ノ福ナリ。

追テ敝同学組織ノ赤十字会ハ全然純粋ノ万国赤十字会ノ性質ヲ有スルモノニシテ、毫モ官軍革軍ノ区別ナシ。即負傷者

ハ悉ク之ヲ施療シ、殷労事ニ従フベク、敢テ利ヲ取ラザルノミナラズ、名モ亦居ラザルナリ。右特ニ茲ニ声明ス。

留日千葉医学生　李定　外三十六名一同

史料6-2 「在校清国留学生故国の急に趣く」（出典『校友会雑誌』第五五号、一九一一年一二月号、千葉医学専門学校校友会、六一〜六三頁）

秋は方に山茶花にて飾られたり。日は暖く寒からず。打ち続きたる日本晴の今日此ごろ、静に空に画ける鳶の輪までも安穏に見ゆる好時季なるに、茲に又た久しくは円かりし隣邦の夢は一朝にして破れ、風雲の急を告げて戦乱已に開く。寔に人道の惨事たり。加之戦場の負傷者に対して、何等設備することなきに於いては、血あり涙ある人士、いかでか酸鼻の感無きを得んや。我が千葉医学専門学校在学留学生諸子率先して、帰途に上り、以て同胞傷病者の救護に赴かんとす。其行や壮にして其主義美なり。於之か、同情後援の声は校の内外に起り、留日医学界中国赤十字会は忽ちにして組織せられたり。

先是該団隊は、結束将に帰国せんと決するや、救急処置を速成に聴講しることとなり、県立千葉病院に於て之が講演を開きたるか、其の際に於ける荻生校長の訓示の大要は、左の如し。

清国留学生諸君、諸君は今回貴国の戦乱に就き、彼我病傷者救療の目的を以て、救護団隊を組織し、不日将に出発せんとす。而して其の間若干の余日あるを利用し、救急処置に就きて研鑽を遂げんとし、其の講演を請はる。余は人道上、深く其の挙を好するを以て、請を容れ、三輪・井上・筒井の三博士及平野氏に謀りて賛助を求め、且森、須田、岩月の三氏に嘱し、該講筵を開かんとするに方り、一言諸君に注意せんとするものあり。

顧ふに戦争の惨害は著大にして、文明の精神とは氷炭相容れざるものなるにも拘はらず、全然全滅すること克はざるは遺憾なるも、亦已むを得ざる処なり。故に其の発起するに際しては、可及的惨害を大ならしめず。更に進んで力の及ぶべき限り、之を小ならしむることに努むべきは、是蓋し文明の精神を発揮するの途なるべし。而して惨害の最も恐るべきは貴重なる人命を損することの多きに在り。されば此損害を小にするは、即ち戦争の惨害を小にするものにして、戦死者は施す可き策なきも、傷者及病者の多数は、之を救ひ得べき途の存するに拘らず、其の途を講せざる為、輾転苦吟しつつ、終に悶死すとせば、其の惨状と損害とは如何に大なるべきぞ。而して此の惨害を小にする第一の手段は他なし。衛生設備を完全にするにあり。然りと雖とも、軍隊衛生諸機関の整備せりと称する邦国にありても、国家の設備には程度あり。而かるに傷病者の数は無限にして、一朝大戦闘に遭遇し、多数の傷病者続出するときは、到底遺憾なきを期する克はず。況んや其の他の邦国に於てをや。民間特志救護協会即赤十字の起れる所以、実に茲に存す。

諸君の団隊は国際的盟約上に立てる赤十字団隊、即ち貴国の所謂紅十字団隊にあらずと雖も其の趣旨に於ては同一にして、人類相愛の至情に出で、戦争の惨害を軽減せんとする仁愛の精神に基けり。是れ余の此の挙を好みする所以にして、講演者が勤務時間の外に於てまで、特に諸君の為めに尽力精励せらるるも、亦此意に外かならざるなり。戦闘当局者は各自邦家の為め身命を犠牲に供するものにして、其の敵と呼び味方と称するも、個人にありては相互怨恨あるにあらず。故に諸君は其戦闘力を失なひたるものに対しては、只た其創傷と疾病とを見るべく、決して北軍たると南軍たるとを意中に置くべからず。

我三輪博士の舅君たる高松凌雲氏は今を距る四十四年前即明治維新の際、幕軍の主将の依託によりて、函館病院を設け、交戦中自軍の負傷者を治療せるのみならず、敵軍の負傷者をも収容して、敵味方の差別なく、治療を加へたり。当時殺気正に熾にして、敵と見れば必らず惨殺せんとするもの多かりしも、氏は博愛の主義を説き、敵軍の唱ふる所は王政維新に在り。負傷して戦闘力なきものに対し、妄に殺傷を加ふべからず。恩讐により、其の措置を異にすべからずとて、彼我平等に心を尽して治療したる患者数は、傷者三百八十人（内死亡九十七人）、病者九百五十八人（内死亡者三十四人）、合計千三百三十八人なりしと云ふ。之れ武士道の精華にして、今日に至る迄も人口に嘖々たる所なりとす。

若し夫れ諸君が感情上其の行動或る一方に偏倚せん乎。啻に余輩の賛助せる趣旨に背反するのみならず、諸君が本来の意志たる一視同仁主義を没却し、且江湖の同情を失墜するに至るべし。豈に注意せざる可なんや。

又新紙の伝ふる所に拠れば、諸君が団隊の名称に赤十字を冠するが如し。若し果して事実なりとせば、諸君は此赤十字なる文字の使用に関し、研究を遂げられしや否や。若し諸君の団隊が赤十字条約の保護を受くる資格に欠くる所ありとせば、縦とへ其の趣旨は同一なりとするも、之れに冠するに赤十字の名称を以てするは穏当ならざるが如しと思量す。此点に就ては、克く当事者の意見を問ひ、決行せらるべし。

凡そ何事に拘らず、其所思を貫徹せんとするには、身体強健ならざる可からず。若し身体孱弱ならん歟。其の志美にして其挙壮なるも、実行之れに伴随する克はざるを如何せん。故に克く身体の健康に留意し、人道の為め艱苦を凌ぎ、欠乏に耐へ、而して仁愛博愛の旨趣を発揚せんことを希望す。

校長其の他諸教授の熱心と精励とに依り、大体の聴講も終り、明治四十四年十一月、愈々出発せんとするに際して、其の顧問医長としては、数多の候補者中志望の順序に依り、本校三十五年度卒業生鈴木寿賀治氏其撰に当り、茲に準備完く成り、同月九日を期して、勇躍故国の急に趣くこととなれり。同日午後一時本校運動場に於て、会場を設け、本邦学生は医科四年三年二年一年薬科の順序にU字形に列を作り、一行を待てば、予て控居たる留学生一団は、号令勇ましくも入場して、是に告別の式とはなれり。

順序

一、送別辞　学生総代　武井磯太郎氏　一、団旗の贈呈　総代として四年級委員　一、留学生答辞　留学生総代　呉亜良式終れば、時正に二時。万歳の声は高く、猪台の木精に渡り、髪梳る秋風も転々易水の昔思はしむるの感なくんばあらず。之れより、本校職員学生五百余人は停車場に送り、万歳声裡に勇ましく東上せり。車窓に翻る留日医薬学界中華紅十字団旗は、偶々夕陽を受けて十字紀章愈々紅ひに飜々として活躍の気、自から満てり。当日出発者、左の如し。

〔姓名の誤記は〔　〕で正している〕

李定、呉亜良、李恒昌〔垣昌〕、金子直、何煥奎、朱具輝〔其輝〕、徐寅、〔田〕龍瑞、思和〔恩和〕、呉詳鳳〔祥鳳〕、謝瑜、劉之綱、毛授泉、鄧以蟄、許普及、朱巾〔朱芾〕、陸繞陽、蕭登、李潤鼎、陳佩完、趙録敏、崖〔崔〕雲史、李希賢、李天鍋〔天錫〕、張邁郡、何浩然、黄黄崖、文燦〔黄璜、崔文燦〕、鄧純姚〔純棣〕、石君俠、陳振声〔宏声〕、姚夢慮、馮元亮、以上。

其の他、陳仁良、梁姚、正一〔陳任樑、姚正一〕、余継敏、丁求真等は、準備の為め、先発として、已に東京に在りき。聞く所によれば、其の後公使館との交渉を纏め、種々なる機械の整頓に数日を費し、同月十九日邦船博愛丸に投して、横浜を解纜して、瘴煙咽ぶ母国の地に向えり。南清原頭に飜る彼紅十字団旗の下、慈仁の風に浴する病傷者の心中果して如何。行けよ、善隣健児！　壮なる哉！

史料6-3　千葉医専OB・黄孟祥と日本人医師、紅十字隊との連携（黄孟祥書簡）（出典「長沙来柬」『同仁』一九一二年三月号）

謹啓。余寒未だ不退候処、恩師閣下は如何御起居被為遊候哉、奉伺候。迂生御地留学中は御懇篤の御教育を蒙り、而巳ならず望外の御懇情を辱ふし、奉深謝候。

昨年秋卒業帰国するや、時恰かも革命事変に際会し、敝国数百年の惰眠を喚起し、共和政体の本領を発揮するも近き将来と、国民挙て奮闘罷在候折柄、遽かに戦時医術の必要に迫り候得共、未だ敝省に於て、外国医校卒業として迂生の外一人も無之事とて、各方面に重用被致、軍務医務科々長兼衛戍病院院長、野戦病院組織及び医科大学算備員等殆ど寧日なく、為めに帰国以来未だ一遍の御音信も不致、失礼の段、平に御海恕の程奉願候。斯く乍不及も、活動出来候は、之れ皆恩師御薫陶の御顧庇と、乍蔭感謝に不堪候。

尚、衛戍病院組織及傷兵治療上に於ては、貴国同仁会医全徳氏の熱心なる援助を受け、好成績を得、貴国医術の信用を博し申候。又今日医科大学算備員と相成り候上は、範を貴国に取り、此際東洋医学の普及を謀り、平素の持論を実行致度決心に候得共、浅学無経験の迂生に有之候間、何卒将来一臂の御援助を蒙り度、奉懇願候。

就いては、公務御繁多の折柄、誠に恐縮の至りに候得共、医科大学及専門医校組織に関する規程及校則及内務省医事制度案、陸軍省軍医局規則、衛生局規則等御取調べ、御送付を願ひ候へば、幸甚不過之候。先は御不音御詫旁、右御報迄。

黄孟祥　頓首敬呈

追而

今回愚妻渡華致す事に取極め候に就ては、種々参考に供し度候間、先生の御配慮を得て、医科大学及病院内其他衛戍病院の参観を願はれ候へば、誠に好都合に御座候間、可然御配慮奉願候。

黄帝紀元四千六百零九年一月二十五日

〔宛先が、千葉医専教員か同仁会関係者かは不明〕

史料6-4　「中華民国紅十字会顧問医　鈴木寿賀治氏（三十六年度卒業生）よりの書簡」（出典『校友会雑誌』第五六号、一九一二年四月号、千葉医学専門学校校友会、一七五～一七六頁）

謹啓。久敷御無沙汰に打ち過ぎ、申訳之れなく候。去る五日上海に於ける中華民国紅十字会本部より来電。事局解決の故を以て、全部解散の報に接し、全員上海に向け帰られ候。其際小生は、蕭登・谷鐘崎両氏と共に或る地の所要の為め、当地に参り、目下両湖慈善救済会総裁李君の邸に寄寓罷在候。

当地着の節、兼ねて隊員李定氏より御願申上げ候薬品全部落手。並に御尊玉拝見仕候。御慈愛に甘え、毎々御無理のみ御願申訳無之候。当地は霖雨霽々として、誠に鬱陶敷限に御座候。幸に心神共に益々強健に御座候間、乍他事御安心下され度候。

別段申上ぐる程の事も無之候。何れ近々帰国の途に就く考に御座候へば、其際為趨拝顔の栄を可得候。

乍末筆御全家様は申すに不及、諸恩師並に病院学校内諸君に宜敷御伝声下され度候。

三月十日

在長州〔湖南省長沙〕　鈴木寿賀治

荻生校長殿

史料6-5 「中華民国紅十字会員　蕭氏（本校在学生）よりの書簡」（出典『校友会雑誌』第五六号、一九一二年四月号、千葉医学専門学校校友会、一七六頁）

校長夫子大人函丈

手諭頒来敬悉一切。李定君所定。薬品薬店島久会社送状亦于本週寄来。不日当可抵湖南也。刻下和局告成。戦争惨禍。従此永息。学生等希望和平。勝于生命。始願既達。即擬束装来東再沐教誨。因湖南紳士以慈善事紫相督責。不得已稍留此地、代為経営。（鈴木先生及谷鐘崎君）俟組織稍有頭渚。即当趨謁門墻也。余詳鈴木先生啇。不另贅。即清道安。

学生　蕭登上

三月十日

各先生及各学友処。均此致意。（中華民国湖南育嬰街両湖慈善救済会）

［和訳］

校長先生様

李定君が依頼した薬品と、薬店島久会社の送り状と共に、今週着きました。まもなく湖南に着くでしょう。現在は和の局面が完成を告げ、戦争の惨禍は永久に止むでしょう。学生たちは、生命より和平を希望しています。最初の願望はすでに達成し、すぐ荷物をまとめ、日本に戻り、先生の教えに浴したいが、湖南紳士が慈善事業をもって相督責するため、やむを得ず、この地にしばらく留まり、代わりに経営をします。（鈴木先生および谷君、鐘崎君）組織が整うことを待ってから直ちに先生にご挨拶に上がります。ほか詳しくは鈴木先生の手紙に譲ります。お元気で。

史料6-6 「南京陸軍軍医院長一等軍医長　王混芳（四十四年度卒業生）よりの書簡」（出典『校友会雑誌』第五六号、一九一二年四月号、千葉医学専門学校校友会、一七五頁）

拝啓

時下益々御清穆の御事と奉大賀候。さて在葉中は一方ならぬ御配慮を蒙むり、千万忝なく奉深謝候。小生不在中の華簡は帰京早々拝見仕候。閣下より御深厚なる御教示に預り候事は、陸軍部総長、黄閣下にも伝言致し候処、深く感謝致居候。就而は、お手紙なりと、中筈に候へども目下政務多端を極め居り候へば、乍失敬小生より、可然御礼申し上げくれとの事に御座候。（中略）日々の患者は新旧とも約五百有余にて、誠に多忙を極め居り候。

（中略）小生の去就に付ても、深く考へ居り候へども、何分一段落附かざる内は存じ、一生懸命活動罷在候。（中略）

各先生に対しては何んとか御礼の印迄に御送付申し渡きものと考案中に御座候間、何れなり御送付可申上と存じ居り候。先は右まで如此御座候。怱々頓首。

三月十六日

恩師荻生博士閣下

王混芳

史料6-7　「中華民国留学生建碑記事」（出典　『校友会雑誌』第五八号、一九一二年一二月号、千葉医学専門学校校友会、三五頁）

　昨明治四十四年支那武昌に革命軍起るや、傷病者は甚だ多数に上り、而も衛生設備の不完全なるも結果は、惨状睹るに忍びざるものあり。於是か在邦留学生諸氏、檄を全国の留学生間に飛ばし、本校在学の留学生主団となって紅十字団を組織し、急遽帰国して、官革両軍の救護に赴きたる次第は、前号已に報道せるが如し。当時其出発に当りて、本校に於ては校長始め、各教授講師は此挙に同情し、臨時講習会を開き、救急療法及調剤等の速成講筵を開きたる事等ありしが、革命の砲火も一旦鎮平し、本年九月紅十字団も目的を了して、再び千葉へ帰校するに至りたれば、留学生一同は深く校長以下職員の後援と本邦学生の同情を感謝せん為めに、学校庭前に美事なる紀念石碑を建設し、昨秋出発せしといふ十一月九日を選びて、同校長並に各職員と共に紀念撮影などを試みたりといふ。

史料6-8　千葉大学亥鼻キャンパスに立つ「紀念碑」全文（出典　見城「千葉医学専門学校・千葉医科大学時代の留学生たち」『千葉大学医学部１３５周年記念誌』二〇一二年、四五五～四五六頁）

〔原文〕

辛亥秋中華民国革命事起武漢南北軍戦争甚烈同学恐戦禍蔓延而傷亡之数多也乃集同志起紅十字隊連合留日医薬学生全体返国以図拯救時本校校長及列先生深韙斯議凡関於救傷看護法悉心指導各学友復醵貲購薬為贈臨岐殷殷益資策励同人返国分駐於湘漢江淮間傷兵頗利頼之六閲月戦局告終蔵事返校雖無善可紀而列先生及諸学友盛意弗可泯也爰種樹立碑以為記念其辞曰

王綱解紐　共和初建　国歩艱難　兵戎数見　伏屍塞川　碧血膏野　哀此生民　誰大護者壮三軍気　紅十字旗

生死肉骨　拯難扶危　維列先生　亦越諸友　作則大同　躋世仁寿　人道張皇　徳意滂沛木石萬年　永垂勿替

中華民国留学千葉医学専門学校学生同建

中華民国元年十一月九日

日本大正元年十一月九日

〔和訳〕

辛亥（一九一一年）秋、中華民国に革命が起こり、武漢での南北軍の戦争は、甚だ烈しくなってきた。留学生は、戦禍の蔓延にともなって、負傷したり死亡する者が多くなってきたので、同志を集めて赤十字隊を組織した。留日の医学薬学の学生を連合して、祖国に帰り、救援に赴いた。学校校長および諸先生方は、この挙を高く評価して、負傷の治療看護に関して、懇切に指導してくださった。また、学友は資金を醵出して、医薬品を購入し寄贈してくれ、出発に際しては資金計画を拡大して励ましてくれた。留学生一行は、祖国に帰り、湘・漢・江・准の各地に分駐して、負傷兵の大きな頼りとなった。六ヶ月が経って、戦局は終りを告げたので、母校に帰ってきた。善事の記すべきものは無いが、諸先生および諸学友の行為を忘れないように、ここに樹を植え、碑を建てて記念とします。

その辞に曰わく。

王綱紐を解きてより（清朝宣統帝の退位）、共和を初めて打ち建てたが、国の歩みは艱難で、戦争は絶えず、伏屍は川を塞ぎ、山野を血ぬらせている。この人民の悲しみは、誰が護るのであろうか。三軍を励ますのは赤十字の旗、生死肉骨の難を救い、危うきを助ける。諸先生方も学友たちも、極めて公平で平和な世の中を願っている。世の中に仁寿を致し、人道を広め、徳意が盛んである。樹を植え、碑を建てて、万年永く讃える。

中華民国留学千葉医学専門学校学生同建

中華民国元年十一月九日

日本大正元年十一月九日

史料6-9　支那語研究会起る（出典『校友会雑誌』第五八号、一九一二年一二月号、千葉医学専門学校校友会、三五頁）

水や空、空や水なる海の如き琵琶湖は広し。雲の天井突き破れる富士は高し。此等を有する日本は尚広し。然も空に飛行機の飛行する時、吾人の活動の範囲は之にては、しかく余りに小なり。杏林に覇をなすもの、豈十二十の患者を争うて、弾丸黒子の地に汲々せんや。眼を一転せば、隣邦支那の地は広袤、実に廿七万方里、人口実に四億、近時漸く古の草根木皮に甘ぜず。切りに眼を刮いて、日進の医術を求めんとしつつあり。密が疎に移動するは、物理の原則なり。況や、医は仁術なり。同族東洋人を救済するは、豈吾人の天職に非ずや。眇たる小天地、吾人が翼を伸すに足らず。行け、関山の峰、遼河の辺とは、口をついて出る語にあらずや。

この必要に迫られて、ここに支那語研究会起りぬ。初め中華民国留学生諸氏が、一年前母国の急を救はんとて、紅十字軍を組織して、帰省せられし日を紀念せんとて、大正元年十一月九日日本校構内に紀念碑を建て、夫の除幕式に際し、校長荻生博士は、「日支関係今日の如き日に当り、殊に多数の留学生を有する本校に於て、支那語研究を始むるは大に時期に適せるに非ずや」と語られき。此席に在りし医科三、四年級委員、大に鑑る所あり。急に級全員にはかりし処、熱心なる多数の賛成者を得しを以て、講師には留学生諸氏の好意を以て、これに嘱託することとし、支那語研究会は成立しぬ。大正元年十一月二十七日午後一時第二教室に於て、千葉医学専門学校支那語研究会発会式を挙げぬ。先づ森幹事起って、会の由来、目的、希望、抱負、留学生諸氏への感謝等を述べ、卒業生武井磯太郎よりの祝電を朗読し、次て荻生会長起って、大要左の如き演説をせられぬ。

「日露戦争の当時、予は独逸に有りき。或時一小旅行をなせり。其汽車中にて、一貴婦人と語れり。彼の婦人は日本人の武勇を称へ、最後に吾人は戦勝国民が何故にGelbe Haut〔黄色い肌〕を有するかを疑ふものなりと語れり。予は徒らに黄人を擯き白人を謳歌するものに非ず。東洋は黄色人種の天地にして、東洋のことは東洋にて処理し、敢て白人を煩すを要せず。吾等黄色人種は相提携して進むべきなり。隣邦支那は先頃大革命を経て、刻々開明に進みつつありと雖も、彼等が完全なる日進の医学の恩恵の浴するは遠き将来のことに属す。故に心ある士は、立って善隣の為めに尽し、人道の為めに当に努む可きことなりとす。此時に当りて支那語研究会の生れたるは実に慶賀の至りに堪へず。益会の発展を期す」と。

最後に呉君、留学生講師諸氏を代表して、簡単なる挨拶ありて、茲に閉会せり。因に当分呉君は会話、単語、陳君は読本を受持たることとなれり。

註

（1）小島淑男『留日学生の辛亥革命』青木書店、一九八九年。同書第Ⅷ章は、千葉医専留学生を主題とした小島「辛亥革命と千葉医専――留日学生同盟中国紅十字隊を中心に」千葉歴史学会編『千葉史学』第七号、一九八五年、が元になっている。

（2）崔淑芬『来日中国著名人の足跡探訪』中国書店（福岡）、二〇〇四年。崔は上記に加筆した『日中交流の軌跡』（中国書店）を二〇一七年に出している。

（3）宮崎滔天と孫文の交流をめぐる逸話は、崔著作を含め、取上げている一般書、研究書は枚挙に暇ない。一方、千葉医専などの紅十字隊結成については、宇野俊一他編『千葉県の歴史』（山川出版社、二〇〇〇年）が、「激動の中国に帰る医学生を送る」という二頁のコラムとして、言わば「地域史」の一コマとして紹介している事例などがあるが、ごく少数にとどまる。

（4）外務省外交史料館蔵「清国革命動乱の際在本邦同国留学生の動静調一件」（三‐一〇‐五‐一九）。外務省外交文書に、千葉県知

事告森良が外務大臣内田康哉に宛てた「清国留学生ノ動静ニ関スル件報告」と題する千葉医専留学生をめぐる記録が残っている。

（5）「赤十字軍と顧問」『報知新聞』一九一一年一一月二日付。

（6）「紅十字団の出発準備完く成る」『報知新聞』一一月九日付。

（7）「妙な男、従軍を望む」『報知新聞』一〇月三一日付。

（8）「又々従軍を求む」『報知新聞』一一月一日付。

（9）「医生団と荻生博士」『東京朝日新聞』一一月五日付。

（10）「赤十字軍医術速成講習」『報知新聞』一一月一日付。

（11）「不完全なる清軍医――野戦衛生設備無し」『東京朝日新聞』一〇月三〇日付。

（12）「在校清国留学生故国の急に趨く」『千葉医学専門学校学友会雑誌』第五五号、一九一一年一二月、六一頁。

（13）加藤普佐次郎「三輪先生逸話集」（鈴木要吾編『三輪徳寛』一九三八年、一三一～一三二頁）。

（14）「紅十字隊を餞す」『三越』一九一一年一二月号。

（15）『東京朝日新聞』同年一一月二八日付。

（16）『申報』同年一二月五日付（前掲、小島『留日学生の辛亥革命』二一七頁）。

（17）大阪大学銀杏会館医学史料展示室蔵の「感謝牌」による。その全文は以下の通り。

維辛亥秋九月、我民軍起義於漢湘、起蟄龍蛇、四方響応、旬日之間、東南大騒動、生等以書生一介、作客瀛洲、猟渉無多、雄心未已、雖済世援人乏道、而天職義務、当帰仰感、恩師研友、志士仁人、博愛存心、慨然賛助、遂得一行、慷慨千里遄帰、当生等渡之時、正聯軍攻寧之節、滬浜一泊又逐征塵、客裏多愁已老、天涯之客、江南空好、誰憐秋月之江、鎮江暫駐之宵、即有傷兵送至、翌晨随大軍攻尭化門、半日間処置創者五六十人、既克江寧、従軍入城、死傷偏地、悲従中来、竭力救療、生活無算、嗣駐寧両閲月、共計療治患者五千人、継因西北未平、辞寧遠去、崎嶇跋渉、戴月披星、撲面風渉、時悲塞跡傷心、歳月驚起奔蹄、不幸途遇歹人、幾遭不測、風声鶴唳、幸抵西安、於是復駐秦者帀月、療患者千余人、茲慶大局垂平、天職已尽、再図東渉、仍続前縁、念碩徳高風、敢堙厚意而鐫金鏤石、寧篆中腸、願此一辨心香恆供蓬莱闕、留得数行文字、聊為紀念碑。壬子秋日敬贈。留学本校中国学生全体謹識。日本大阪高等医学校恵存。生汪尊美謹撰并書。

（18）同仁会は一九〇二年に設立された医学関連団体で、中国などへの医療技術普及と現地への病院建設、留学生支援などを目的としていた（大里浩秋「同仁会と『同仁』」『人文研究所報（神奈川大学）』第三九号、二〇〇六年三月）。第一章も参照。

(19)「長沙来柬」(一九一二年一月二七日付、全徳岩蔵書簡)『同仁』一九一二年三月号、一六頁。
(20)桃雨平「武昌起義後粤軍北伐始末」『辛亥革命回憶録』第一号(前掲、小島『留日学生の辛亥革命』二一七頁)。
(21)原文中国語。「民国医界名士録(六)」『同仁医学雑誌』一九二九年一二月号、五八頁。
(22)「支那語研究会起る」『千葉医学専門学校校友会雑誌』第五八号、一九一二年一二月、三五頁。
(23)近代日本が中国語をどのような目的で受容しようとしたのかについては、安藤彦太郎『中国語と近代日本』岩波新書、一九八八年が詳しい。また見城「近代日本の『露清語』教育と東方語学校」(『立命館百年史紀要』四号、一九九六年)は、日露戦争前後の社会的要請を受け、誕生したロシア語と中国語の教育機関を調べ、時代の思想に掣肘される語学教育のあり方を示した。
(24)外務省外交史料館蔵「在本邦清国留学生関係雑纂　雑の部」(三-一〇-五-三-六-①)。
(25)田中の論文は、「辛亥革命一〇〇周年記念国際シンポジウム(神戸会議)論文集」として、二〇一三年三月に発刊された『グローバルヒストリーの中の辛亥革命』(日本孫文研究会編、汲古書院)に収められている。
(26)この名称の大学はこの時期に存在していない。一八九〇年に設置された「帝国大学農科大学」が、一八九七年に「東京帝国大学農科大学」と改称しており、おそらくこの大学を指しているのではないかと思われる。
(27)第二章第三節2項、参照。
(28)呉は、一九二七年九月、国立北平大学医学院附属院長、一九三二年八月から三七年九月まで、北平大学医学院の院長を務めるなど、中国医学界の重鎮になっていく(徐天民他編『北京医科大学人物志』、北京医科大学・中国協和医科大学聯合出版社、一九九七年)。

第七章　一九二〇～三〇年代における中国留学生の日本見学旅行
――千葉医科大学留学生を事例に

外務省文化事業部が、一九二三年から義和団事件の賠償金などを運用資金とした「対支文化事業」[1]を始めたことは、ここまでの叙述で何度か触れてきた。具体的内容として、留学生への奨学金支給、関連文化団体への経済的補助などのほか、留学生の国内見学旅行への補助があった。中国知識人の日本旅行記をめぐる先行研究としては、さねとうけいしゅうや佐藤三郎などの研究[2]がこれまで行われてきた。また留学生が日本国内の企業などで行った実習と見学については、孫安石の研究がある。[3]しかしながら、中国留学生の日本見学旅行については、政治的意図が濃厚なお仕着せ企画という印象が先行するためか、これまで研究されることはほとんどなかった。[4]

そうした研究の欠を補うため、本章では、千葉医科大学の中国留学生が、一九二七、三〇、三六年に参加した国内見学旅行の実態を見るなかで、留学生の日本認識の実相を確認していきたいと考える。この時期は、満州事変を挟み、日中戦争勃発直前という日中関係がきわめて緊張をはらんでいく時期であった。千葉医科大学のキャンパスを離れた留学生たちは何を見たのだろうか。また当局は何を見せようとしたのだろうか。

本論に入る前に、使用する史料の概要を説明しておきたい。これらは、外務省外交史料館蔵の「在本邦留学生本邦見学旅行関係雑件」第一～七巻（一九二六～三八年）、「在本邦留学生本邦見学旅行関係雑件／補助実施関係」第一～一四巻（一九二七～四〇年）に収められているもので、公費負担で実施された最初の年度は、一九二六年度であった。この時は、全国の一八校が実施し、総計一八四名が参加している。翌年は二六校、三一六名と倍増（この年、千葉医科大も参加）した後、概ね二〇校台、二〇〇〜三〇〇名の参加が十年あまり続く。しかし、日中開戦後の一九三八年は六校六五名と激減する。一九四〇年には、一三校一八五名まで復したが、一九四一年の実施を最後に中止された。この一六年間に留学生見学旅行を実施した学校は八二校、参加留学生数は三四〇〇名余に上る（実施回数は二七回の東京帝大が最も多かった[5]）。それに対し、千葉医科大学は単科大学であるためか、実施は三回にとどまっていた。

なお当該期の留日中国人学生の総数についても触れておきたい。一九二〇年代は三千名前後で推移していたものの、三一年の満州事変で帰国者が相次ぎ一五〇〇名にまで減少。しかし、その後数値が回復し、三六年には六〇〇〇名が在籍する状況であった[6]。

一　一九二七年の北海道・東北旅行

1　日程と参加者

まず一九二七年四月に実施された北海道・東北旅行を見ていきたい。この時の旅程は、次の通りであった[7]。


第一日（四月一三日）　千葉出発。日光（華厳の滝、中禅寺湖）見学。中禅寺湖泊。

第二日（四月一四日）　中禅寺湖発。日光廟見学。仙台着。

第三日（四月一五日）　仙台発。松島湾遊覧。東北帝大医学部および付属病院見学。夜行列車泊。

第四日（四月一六日）　青森着。連絡船にて函館着。札幌泊。

第五日（四月一七日）　札幌発。北海道帝大医学部および付属病院、北海道拓殖館見学。定山渓温泉泊。

第六日（四月一八日）　定山渓温泉発。登別温泉泊。

第七日（四月一九日）　登別温泉発。室蘭着。室蘭製鋼所見学。船中泊。
第八日（四月二〇日）　青森着発。浅虫着。東北帝大臨海実験所見学。浅虫発夜行列車乗車。
第九日（四月二一日）　朝、上野に着き、千葉に戻る。

参加留学生は、張鎔【187】（一九二七年卒、浙江省出身）、李祖蔚【186】（一九二七年卒、福建省）、林鏡平【185】（一九二七年修了見込、浙江省）、袁愈琦【210】（一九二五年卒、貴州省）、張效宗【217】（一九二五年卒、山西省）、黄裕綸【219】（一九二五年卒、広東省）、呉琢成【220】（一九二五年卒、安徽省）の七名、引率者は、千葉医科大学教授（学生監）松村粛(8)であった。この時の参加者は、現役生が一名しかおらず、ほかは同年三月ないし数年前に卒業した者ばかりであった。旅行経費は、一人一〇〇円で計七〇〇円。引率教員には二〇〇円が支給され、総額九〇〇円を外務省文化事業部から受け取っている。松村が作成した経費計算書によれば、支出総額は、八四二円六八銭であった（なお実費の他に、一人当たり二〇円の小遣いも支給されている）。

2　旅行の目的

引率者・松村粛は、旅行終了後の「報告書」を次のようにまとめている。

「今般の内地見学旅行に付き、特に東北及北海道方面を選びたるは、支那留学生として、該地方が再び接するの機会少く、且つ学術研究の方面よりは、東北北海道の両帝国大学を有し、尚日光、松島及定山渓・登別両温泉等の名所を合せて、旅行の目的上遺憾なきものと認めたるに依る。而して、本旅行に就ては、此等留学生と起居を共にし、其実生活に触るるを得て、その思想感情等の窺知せられ、将来留学生取扱上、重大なる便益を得たるは、蓋し、所期外の収得とせん。

又留学生等も今般の旅行に就ては、貴部〔外務省文化事業部〕の厚意を感謝すると共に、非常なる満足を以て終始せり。故に其行動に就ても、頗る真摯にして、毫も学生たるの品位を毀損する者なく、身体的にも一人の異常者を出さざりしは、引率者たる余の幸とする処なり。要するに、今般の旅行は此等留学生に非常なる感動を与え、所期の目的を達し得るは、余の最も幸甚とする処にして、併て貴部の厚意を感謝する次第なり」云々。

簡単にまとめれば、千葉で学ぶ彼らが行く機会がないであろう東北・北海道に赴き、帝国大学を訪問し、また温泉等の名所を訪ねたことが、彼らに満足と感動を与えたとの主旨である。併せて、引率者としては、留学生と起居をともにし、彼等の思想に接し得たことが所期外の収穫であったとしていた。

3　旅行の感想

留学生七名は訪問地で、実際に何を見、何を考えたのだろうか。以下では、七名が書いた「内地旅行報告書」から、特色的な箇所を摘出し、紹介していくこととする（各人の報告書の分量・形式は任意とされたようで、二頁から一〇頁程度まで様々であった。以下で、感想を引用する際は、各々の姓だけを示す。二名いる張姓については、張鎔、張效と区別する）。

最初の訪問地・日光では、中禅寺湖に至る山道周辺を「高く聳立して、樹木は其の上に一杯叢生し、山路は蛇管の如く、下から上まで盤旋するのに、吾等は皆活気で、近道ばかりを探して登って行きまして、溝谷も恐れず、疲倦も忘れる気なのでした。山頂に着くと、二三軒の宿屋みたいな家が並んであり、家のオジ様達は皆、入らっしゃいとか甘い口振りをするのに、吾等も閉口致しました」（張效）と、素朴で率直な感想が残されている。ただ、華厳滝については訪問時に、「確かに名の如実に表して、荘厳華麗でありましたが、其元の湖水が流れて居らざるが故に、其滝の落下雄大さや飛沫の奇絶さを見ること出来なかったのは、実に残念」（黄）。「山嶺の雪未だ溶けず湖水の量尚少ない為、僅か数条の小滝を見て、其を満足とする外なかった」（林）という状況であったのは、気の毒であった。

一方、東照宮については、「種々の云はれある珍しい貴い建築と装飾物を見て、其華麗壮厳たるを感じた」（張鎔）、「案内者の導きにより隅から隅までも拝見しました。其建物の宏荘奇麗な彫刻の精巧絶倫は、誰でも一驚を吃せねばなりません。所謂人巧が天工を奪ふに足るのは是れならんや」（黄）とその壮麗さに感動した旨を書き残している。

日光訪問の感想を最も要領よくまとめたのは、袁だろうか。「日光は風光明媚な山水美の鐘まる所にして、峯岳瀑布渓流湖水等の天然の秀麗と楼閣殿堂等の人工的精華とに依りて、日本一の佳境として盛名を成して居ります。金碧輝皇の諸建物中、陽明門や唐門等は皆東洋美術建築の代表的なものであった」云々。事前学習等の成果も踏まえてか、流麗な模範作文に仕上げている。

二日目の東北帝国大学医学部見学は、医薬留学生ならば最も興味を持つべき見学先のはずであった。実際に、「此処で一番吾々の目を惹いたのは、其の生理科を二科に分けて、盛んに研究されて居る点と、其病院に於ける完全なる設備及び薬局に於ける特異なる組織法を有する点である」（黄）、「基礎部では生理及び細菌教室は感心する所はかなり多かった。病院の方では眼科及び耳鼻科の新教室も立派であった」（李）との積極的な見聞を書き記している学生が多かった。

ところが、袁は、「生理学教室の如きは、第一第二生理と分けて、筋肉、神経に就いて盛んに研究して居る」と書きながらも、「基礎学では学会中なので多くは留守して居る為に、十分見学することが出来なかった」との不満を漏らしている。さらに、林に至ると、「半日の間で医学部を一廻りすること、頗る怱促急迫であった為、何の感じも頭に残らなかった」との現実を告白している。見学できなかった専門分野があったことに加え、駆け足での見学が不満を残したことが窺える。期待した分だけ、失望も大きかったということであろう。

失望といえば、仙台の宿舎については、「其の宿屋の招待不周到なること、夜具の汚劣なること、頗る人をして意を満さしめること出来なかった」（林）、「汚くて臭くて、まあそんな旅館もあるものですな」（張效）との不満が率直に吐露されている。さらに、貸切モーターボートによる松島遊覧が、雨天に遭遇したことも、気の毒であった。しかし、学生たちは前向きである。景色があまり見えなかったのに、「島は人形なり、鳥形なり、獣形なり、色々の形をなして、青色の海中に或は孤立し、或は群集し、或は龍行の如く蜿延し、其山水の優雅は人をして仏家の境に入ったやうな気分になります」（張效）。「風景は一瞥する瞬間、瀬戸内海を脳中に浮び出し憬れる感を有す。併し其奇特なる構造や秀麗なる景色は、実に之を凌駕するに足るべし」（黄）と記し、なかには、「松島の遊びも雨の為、幾分興味を減殺されるかも知れないが、他方面から見ると、却って松島は新しき飾り物を得たのではなからうかと思った」（林）の如く、雨の松島もまた一興との感想さえ残っている。

このあと、学生たちは、仙台から夜行列車で青森へ向かい、青函連絡船で札幌に到着する。

五日目（四月一七日）は、北海道帝国大学医学部および付属病院の見学だった。「医学部の病院の内景を見せて貰った。病院内の廊下のあかるさ及び清さは、実に感心せざるを得なかった」と評価した者（李）もいたが、実際には、「丁度日曜日であるから、委しく見ることが出来なかったのは、非常に残念なことでした」（黄）。「日曜日ですから病院の廊下だけをぐるぐる廻った。其の建築は仙台医大病院よりは旧式で装置も簡単ですけれども、大きくて廊下は一町程あるかに見えます」（張效）と不十分な見学に終わったようである。そうした不満もあってか、袁などは「千葉医大附属医院と大同小異で、別に特記すべきものがなかった」と切り捨てている。

そもそも当初の予定は、北大医学部と札幌ビール参観だったのに、「生憎日曜休の為、医学部に於いては病院の廊下を廻った丈で、ビール会社にも参観を謝絶されたから、中島公園へ往くことになった」（林）という、何とも無計画な旅程であった。ただ、その代わりに見学した移民拓殖館は「明治初年から今日まで北海道開拓の成績を陳列し、其の他又各種農産物海産品の見本もあるから、之れらを見ても、北海道の進歩の速さは人をして驚く程になります」（張效）、「北海道発展の経過と其の現状の記載、出産物の標本などを見て、経営の毅力、発達の迅速に就て驚かざるを得なかった」（林）との感慨を得たようである。

札幌市内の様子についても、「広くて商店も比較的立派に出来てある。男も女も東京辺に劣らない『はいから』です。殊に女達は『まんと』や毛布で身を巻いて、街の方を歩いたり、電車を乗り降りしたり、矢張り一種の可愛《（ママ）》な流儀だと思います」（張效）と指摘し、札幌の開発発展の成果に驚き、高評していることがわかる。

その晩は、定山渓温泉に、翌日は登別温泉に宿泊した。「場所は小さいけれども幽静なる山水を持て、療養に適す」（黄）。周辺は「旅館数軒と商店数軒しかありませんが、山の雪景と渓流の音は人をして別の世界に居るやうな感をする」。「何をする気もせずに、先づ温泉浴に入って見た処で、別に一般の御湯と変わりはないが、大きくて、若い女達と一緒に入って居るから、迚も異様な気をして、羞しくも面白くも感じて居た」（張效）。登別については、「森厳たる山嶽を有すると雖も、人をして驚くべき感を生ぜしめ、所謂地獄谷なる所は、実に名の如く表現するに足るべし」（黄）、「地獄谷の凄さは箱根の大小涌谷の其れに髣髴し、譲る所なかった」（林）との感想が各々残されている。「はいから」が闊歩する発展した札幌市街、それとは好対象な幽静なる温泉地を体験したことは、日本国内に「異なる世界」があることを理解する得がたい機会になったであろう。

第七日（四月一九日）は、登別温泉を出立し、室蘭製鋼所を見学した。「室蘭の製鉄所は主として軍用品、特に大砲等を製作して居りますが、我々は専門を異って居る為に得る所が少なかった」（袁）。「製鉄廠の参観は時間不足の為、中止し、惟製鋼廠を見た」（林）。「規模頗る宏大ですが、多く見ること出来なかったから、別に書かれることもありません」（黄）。じっくり見学することを得なかったこと、医薬留学生の興味から遠かったことなどから、製鋼所の印象や評価は低かった。ただ一方で、「軍縮の影響を受け、此処では三分の一に縮小されたと云うことであった」（張鎔）と国際情勢に絡めた認識を持っていた点には、留意しておきたい。彼らは、義和団事件の賠償金をもとにした文化事業費で、見学旅行に参加しえた訳であるが、国際関係には、やはり強い関心を持たざるを得なかったであろう。

さて、一行は、「街は小さいけれども奇麗で、船も汽車もの出入場だから、相当に好いと思ひます」（張效）という室蘭の港から出航し、青森港を経て、浅虫温泉駅に着く。「浅虫で下車し、旅館のおぢ様に無理に留められて、厭ながら旅館に入りました。温泉に入って鬱気を洗った」（張效）。「雅潔たる景色を有すると共に、海水浴場の設備あるが故に、遊覧場としては更に前二者〔定山渓と登別〕を凌駕すべし」（黄）などが、彼らの浅虫温泉の印象記であった。

翌日の東北大学臨海実験所の見学については、「魚類や海鳥等を動物学的に生理学的に研究して居ります。種々の興味ある標本を見て、幾多の新知識を得ました」（袁）。「今は未だ設備して居ないが〔「設備が充分に整っていない」の意か〕、一人の若い研究者らしい方が随分親切に案内して呉れた」（張效）。「其設備の完全及び水族に関する研究振りは実に感心するに値すべきも、唯だ気候の寒い為に、実物を又多く見ること出来なかったのは、惜しいことである」（黄）と、評価半分、物足りなさ半分の感想を書き残している。

見学後は、浅虫駅から夜行列車に乗り、九日目の四月二一日の朝、上野を経て千葉に戻り、全行程を終了した。

4　見学旅行の成果と課題

「今度の旅行は停車場から停車場、宿から宿への急しい旅だった」とは、張鎔の感想であるが、八泊のうち、二泊が夜行列車と船中泊であるなど、確かに強行軍ではあった。また李が「室蘭と青森との間に約十二時間の水程があった。私等は船酔を避けたい為め、皆が二等の船客になった。私は今迄三等万能の主義者であったにも拘らず、今度の二等は例外であった」と、多少の皮肉とユーモアを綯い交ぜにした文を綴っているが、全般に「安上がり」のツアーであったことは否定できない。とは言え、公費による見学旅行の「感想文」という性格から、不満や批判はほとんど出されていない。ただ、仙台の旅館の劣悪さ、浅虫温泉の宿が、客引きによって「厭ながら」決められたことなど、宿については不満が出されていた。また、そもそも医薬留学生にとって、最大の見所であったはずの東北大医学部が、「学会と重なり、関係者が少なかった」という残念な状況であったこと、北大病院見学は日曜日で、廊下を歩き廻る程度しかできなかったこと等々、日程調整はきわめて杜撰であった。なぜ十全な計画が立案できなかったのか。学生たちへの同情を禁じえない。

このような問題点はあったものの、九日間の旅行は、中国留学生たちが、改めて「日本」という異文化に遭遇する日々であった。仙台からの車中で、「電車内に田舎の人ばかり一杯になって、其の衣服を見ると、汚くて如何に苦しい人間かと思ふのに、彼等は敢て冗談を云ったり、笑ふ声を出したり、呑気さうな顔をして、栄華な貴族や資本家よりは真の幸福ではないか」（張效）。「定山渓から登別までの間には、マッチ箱の汽車で揺られて、のろのろと走っていった。汽車の中に親切さうな御ぢさんは、ウデ卵と牛乳を売って居た。僻偏な所へ行くと、車中食堂がない代わりに、この位の便利を乗客に与へてあったことも、決して可笑しくない」（李）。登別温泉には「公共療病温泉場見たいな所があった。その十数人の内に二人のあいぬ婦人が居った。その婦人の顔を見ると、入れ墨の鬚があった。なる程あいぬ婦人は男性化の傾向を好むと云ふことは、日本内地のモダンガールよりもっと一歩進んでる嫌ひがあるではなからうか？」（李）。

前二者は、車中での留学生たちの観察や彼らの想像力に関わる印象である。三つ目の観察はアイヌの風俗を、当時の「モダンガール」と重ねる意想外の認識を示しているが、いずれにしても、東北・北海道で無数の異文化体験をしたと思われる。

旅行全体の意義深さについては、呉琢成が次のような奇麗な文にまとめている。「久しい間、机に伏って書物に悩み倦みれた学生の頭、殊に日本の旅行する機会の少ない吾々の留学生は、此の日暖風和の陽春に際して、旬日間に北海道迄で、数千マイル路程を踏み通過して、異国の各地の風俗人情を観察し、名所勝景を遊覧し得たのは、如何程愉快であらう。実に一生涯に於て忘れられぬ程快挙であると思う」。

呉の文章は模範作文に見えるが、かといって、過剰な脚色に彩られているわけでもなかろう。七名が、日々の研究生活から離れ、それぞれ新たな「日本」を刻印したことは間違いないのである。

二　一九三〇年の東海・関西旅行

1　日程と参加者(9)

第一日（四月三日）千葉発。車中泊。

第二日（四月四日）名古屋到着。愛知医大、熱田神宮、市内見学。同地泊。

第三日（四月五日）名古屋発。京都着。円山公園、清水寺、市内見学。同地泊。

第四日（四月六日）京都周辺見学。京都帝大、比叡山、琵琶湖、石山寺見学。京都泊。

第五日（四月七日）京都発。大阪を経て奈良着。奈良大仏、奈良公園。大阪市内見学。同地泊。

第六日（四月八日）大阪市内見学。同地泊。

第七日（四月九日）大阪造幣局、武田製薬工場見学。宝塚泊。

第八日（四月一〇日）大阪発。車中泊。

第九日（四月一一日）千葉到着。

[第十日]　五月三一日　千葉発。東京着。東京帝大、伝染病研究所見学。東京泊。

[第十一日]　六月一日　千葉着。

参加者は、鄭万育【229】（一九二八年入学、浙江省出身）、劉詠昇【230】（一九二八年入学、福建省）、章志青【226】（一九二九年入学、浙江省）、邵厳【235】（一九二九年入学、貴州省）、王琨【232】（薬学専門部二年、一九二八年入学、山西省）、徐伯鋆【238】（薬学専門部一年、一九二九年入学、広東省）の六名で、引率者は千葉医科大学・学生主事の豊田久二であった。また経費は、前回同様に学生が一人一〇〇円、引率教員が二〇〇円で、計八〇〇円が支給されていた。

2　旅行の目的

引率者の豊田は、終了後の「感想其他」中で、以下のような総括をしている。

「今回の旅行に際し、特に感じたること、概ね左の如し。

一　本学にも現在し或はせざる他の各大学の教授上の設備に付き、之を見学し、且つ之に関し、其大学の教官等より、指導説明を得たるは、修学上大いに益する所ありと思はる。

二　「伝研」及製薬工場等の見学に於ては、特に平素修学せる医薬学の知識と対比し得て、学生の興味を惹起せる如し。

三　京都・奈良地方の日本独特の風景、風俗等に対しては、学生の感興深かりしものあり。

四　教官・学生の親睦に依り、相互の理解を得、且つ留学生の性格、国民の風俗を直接容易に察知し得たるは、留学生教育の上に於て、多大の収穫ありしと思ふ。

五　単科大学の事情を認め、今回の旅行に格別の後援を賜りし貴部の御配慮を感謝す。」

一九二七年旅行の引率者であった松村粛の「感想」とおおむね同じだが、豊田の場合は、学術交流・見学の意義をより強く打ち出しているように思える。

3　旅行の感想

この旅行について、外交文書中の「報告書」は、「学生代表　章志青」名義による感想が一つ残されているだけである。またその分量も全体で四〇〇字詰め二枚半しかない。理由は不明だが、「報告書」は代表者が簡便なものを提出すれば良いとされたのだろう。以下、章の文章によって、各地の印象が確認できる箇所を拾い出しておきたい。

愛知医科大学と熱田神宮について

夜行列車で早朝名古屋に着き、旅館で少し休み、それぞれの見学に行く。しかし、「前の晩汽車の中で疲れたので、其日の見物は皆元気が無かった様です。最〔尤〕も特別に我等に趣味を引くものも無かったんです」。

比叡山への評価

「〔京都〕駅に着いて直ぐ近く見えるあの山は、我等の心を打った。我等一同ああ美しいと嘆きました」。

円山公園、清水寺について

「花見の人々が一杯に居りました。公園は山の麓にあって、実に美しい天然の公園です。我等は登って、清水寺に行きました。そこは杭州の霊隠寺を思出されました」。

比叡山と京都市内について

「我等は京都大学へ見学して、山を登りに行きました。ケーブルカーで上へ上って、第一我等の目に付いたのは、あの珍しい駕籠である。近代交通機関の尖〔先〕端ケーブルカーと何と云うコントラストであらう」。

「我等が京都はどこでも日本の昔の情趣を保っておる事を深く感じました。例へば橋はセメントで造ってあるが、その柱の型が矢張り古風です。京都は何んと言っても美しい優しい京都である」。

大阪と宝塚について

大阪に「着くと直ぐ目に付くのは、モボモガの多い事である」。宝塚は「上海の遊技場大世界等とよく似ておる」。

4　見学旅行の成果と課題

引率者の豊田は「各大学の教授上の設備に付き、之を見学し、且つ之に関し、其大学の教官等より、指導説明を得たるは、修学上大いに益する所あり」と、報告書にその「成果」を誇示した。しかし、「学生代表」たる章志青の見学記録はきわめて淡白であった。まず夜行列車から降りた直後とは言え、愛知医科大学（と熱田神宮）の見学については「特別に我等に趣味を引くものも無かったんです」と一言で片付け、京都帝大については、訪問した事実しか記していない。比叡山のケーブルカーと駕籠（写真7―1）の対比（その驚き）については特記しているのだが、それ以外では、修学研究上の関心や知的驚きを呼び起こすものが全くなかったかの感想文となっている。

写真7—1　比叡山根本中堂附近　登山籠

絵葉書（戦前期、撮影年次不明）筆者蔵

一方で、章は、杭州の古寺と清水寺、上海の遊戯施設と宝塚の比較、京都の伝統文化と近代化の調和についてはコメントしており、彼の観察眼が人よりも劣っている訳でもないようだ。報告文の分量自体が制限されていたという可能性もあるが、それにしても、他大学の視察や武田製薬工場見学という得がたい体験についての叙述が何も無かったことは寂しい。

章は、感想の最後に、「予定は、箱根熱海にも行く積りでしたが、学校の都合で見合わせました」といかにも残念そうに書く。この点も併せ考えるに、章にとっての見学旅行とは、自身が日々千葉で行っている「修学」とは異質の「日本独特の風景、風俗」の見聞が重要な課題であったと理解していたかに思える。千字余りの感想文中で、章が最も文字数を使った箇所は、奈良・若草山で、ある団体が三味線などの歌舞音曲を楽しんでいる様子であった。この着目も、日本の歴史や文化に興味を示そうとする姿勢に関わることであり、そうした意味においては、この見学旅行が、章（たち）にとって、やはり得がたい体験であったことは間違いなかったのであろう。

三　一九三六年の北海道・東北旅行

1　日程と参加者

一九二七年に北海道・東北を旅してから十年経った後、二度目の企画がなされた[10]。参加者はもちろん異なるが、企画内容や感想に何らかの変化があったのであろうか。


第一日（五月二二日）　千葉発。夜行列車にて仙台へ。

第二日（五月二三日）　朝、仙台着。東北帝大金属材料研究所、理学部、医学部、付属病院等を訪問。総長の本多光太郎に面会。大学を辞した後、松島見学。

第三日（五月二四日）　仙台発。青森県浅虫着。同地の東北帝大臨海実験所見学。浅虫泊。夜、旅行についての座談会。

第四日（五月二五日）　浅虫発。青森から船で函館。さらに一路、札幌へ。同地泊。

第五日（五月二六日）　北海道帝大農学部、医学部、付属病院、植物園、札幌神社、真駒内農場など見学。同地泊。

第六日（五月二七日）　札幌発。苫小牧下車。王子製紙見学。白老アイヌ集落見学。登別泊。

第七日（五月二八日）　クッタラ湖など見学。北海道帝大が新設した温泉研究所見学。登別泊。

第八日（五月二九日）　登別発。室蘭製鉄所見学は見合わせ、大沼公園を見学。函館から乗船し、青森へ。新潟方面の夜行列車に乗車。

第九日（五月二〇日）　朝、新潟着。新潟医科大学および市内見学。夜、旅行の座談会を兼ねた晩餐会。

第一〇日（五月二一日）　新潟医科大学を再度訪問。午後新潟を発ち、千葉に戻る。


参加者は、孔禄卿【245】（一九三三年入学、四年生、浙江省出身）、李天佑【244】（一九三三年入学、四年生、広東省）、林濬哲【248】（一九三六年入学、一年生、福建省）、楊徳【250】（一九三六年入学、一年生、広東省）、張斟滋【249】（一九三六年入学、一年生、山東省）、戴昌世【251】（一九三六年薬学専門部入学、一年生、浙江省）の六名であった。なお、李偉【246】（一九三五年入学、二年生、広東省）も参加予定とされていたが、「第八高等学校在学中、昭和九年度ニ於テ、旅行済ナルヲ以テ、旅費支給致難」と指摘され、参加を辞めている。引率者は学生主事事務嘱託・堀越英二であった。

旅行経費は一人七〇円、引率教員費一二〇円とされ、総計五四〇円が支給されている。前回までは、学生一人一〇〇円、教員二〇〇円だったので、大幅な減額である。経費明細を見ると、かつて二〇円支給されていた「小遣い」費目がなく、それら等から削減されたようである。

この旅行の参加者数名の履歴や補給額が、外務省文化事業部作成の「学費補給中華民国留学生名簿」に掲載されているので、紹介しておく。まず、孔禄卿（当時二八歳）は、一九三〇年七月から一九三七年二月まで、月額七〇円を支給されていた。ちなみに、孔は京都の三高を一九三二年三月に卒業後、千葉医大に入学している。李天佑（二八歳）は、一九三三年三月に東京慈恵医大予科を卒業後、五五円を一九三四年九月から一九三七年三月まで補給された。林濬哲（二六歳）は、一高を一九三六年三月卒業後、千葉医大に入学。五五円を一九三二年九月から一九三七年二月まで補給されている(11)。

2　旅行の目的

引率者堀越英二の感想（「後記」）は、以下の通りである。

「此の機会に於て、支那人の比較的知ることを最良の好果を収めしめて、而して本旅行をして、大に意義あらしめんことを期せり。即ち之が実施に当りては、本多東北帝国大学総長を始め、成るべく多くの碩学、名士の声咳に接せしめて、其の修養に資し、各方面に於ける我が特色ある最新の施設を見学せしめ、或は又時に随ひ、経費の許す限り、高級の旅館を選びて、我が良風美俗を知らしめ、或は風雅なる日本料理を味はしめて、日本の作法を学ばしむる等、各般に亘る現代日本及我が生活の様式・長所を充分に体得せしめ、又所に随ては、教育、歴史、産業等に関する彼等の質疑に対し、正確なる説明を与へて、彼等の常識涵養に努めたるが、之等は適々留学生一同の希求と合致し、彼等をして非常に満悦せしめたることは、六学生が旅中の行動、終始紳士的にして、些も遺憾の点なかりしことと共に私かに満足するところなり。

此の十日間の小旅行により彼等留学生をして、我が千葉医科大学の特長を自覚せしめ、且つ幾分なりとも新興日本の正き姿を、更に日本国民の優秀性をより多く感知せしめ得たることは、寔に幸慶なりしと謂はざるべからず。茲に本旅行に対する文化事業部当局の御配慮に対し、深厚なる謝意を表するものなり」云々。

一九三〇年の関西旅行に対する留学生代表の感想文が、きわめて淡泊であったことを前節で見た。一方、一九二七年の見学旅行では、訪問した大学・研究所等における説明者等が不十分で、旅館も劣悪であったなどの問題が残されたことを、第一節で見た。はたして今回の訪問は、堀越が述べたような理想的な旅行であったのか否か。それを参加留学生の感想から確認していこう。

3　旅行の感想

最初の訪問地、東北大学金属材料研究所（写真7-2）についての感想は、「説明者は専門家でなくて、僕達は素人でした。子供の玩具店に入った様に訳が分からなく、只面白い丈けでした」（張）。「時間がまだ早かったので、所員の方がまだ来て居らず、学生課の人の説明では不十分の感があったが、専門外の私達にとっても面白い見学であった。就中、本多光太郎博士発明のKS鋼は、世界的のものであり、その強力なる磁気は日常生活の総じての方面に応用できるものである。しかし、経済上の関係でまだ実用的にはあまり利用されていない様である」（孔）である。

写真7－2　東北大学金属材料研究所

（東北大学史料館所蔵）

この時の訪問も「不十分」との不満が一部出されているものの、本多光太郎（当時は総長でもあった）が直々に解説してくれた旨を別の複数の学生が記している。ただ「専門外」であったためか、本多の印象を強く書き残す学生はいなかった。

一方、彼らの専門そのものである東北大学医学部附属病院の見学は、どうだったか。「各科の特色、新設備が極めて秀である。各病棟の構造がよい様に感じ、待合室が各科にあり。其が屋外に凸出した部屋なので、部屋を経済的に利用する点に於て、好い方法と感じました」(李)。「本館及外来昔の建物で、本学のそれよりみすぼらしいものであった。産婦人科及外科を主に見学する。産婦人科は全部コンクリートの新建築ですばらしいものであった。病床数八十。最新式の設備を有する手術室が四つか五つあったと憶えている。外科は二つあり、各科専用の臨床講義室兼手術室が二つあり、その室の構造設備すべて立派なものであった。また病院の廊下は床がモザイク式のコルク張りであり、処々両側にガラス張りの待合室を突出させているのも、面白い設計であった。その他の各科も追々新築に着手するとのことであった。学問的の方面をもっと詳しく質問したかったのであるが、時間に余裕がなかったのは、残念であった」(孔)。

「その昔ある殿様の庭園であった」という「中央の庭園は実に立派なものであった。庭園は全部芝生で蔽はれ、その中には池あり橋あり。時正に百花爛漫の候で、紅白妍を競ひ、咲き乱れている様は、到底本学の如き、殺風景のところでは見られぬものであった」(孔)。

このように、最新の設備を整え、病院の設計にも趣向を凝らしていること、庭園の整備が行き届いていることなどを賞賛する者が多かった。日常学んでいる千葉医大との比較もされており、庭園は千葉の「殺風景さ」とは全く違うとする一方、建物自体は、東北大の方が「みすぼらしい」と断言されており、憧れと自負の間を行き来する心境を読み取ることができるだろう。

一方、仙台の街について、「人口二十四万を有する都市としては映画館があまりに立派なのには驚いた。京都にも少ない様な映画劇場がたくさんあった」と、三高出身の孔が、その驚きを素直に記している。

松島見学は、「雨の為め、雲霧四囲を閉ざして、風光明媚である筈の松島も遺憾乍ら、平凡な景色に終わってしまった」(孔)という状況であった。それに加え、「天気が悪くて体が疲れて、案内者が『これは何何島。あれは何何島』と分かりにくい仙台の言葉で、面白そうに説明した。私は眠くて元気なく、何の面白い事よりも寝るのが欲しいでした」（張）のように、日程の強行さに疲れ、興味すら持てなかった者もいたようである。

第三日目は、仙台から青森・浅虫に向かい、同地の東北大学臨海実験所を見学した。そこは「地磁気に関するナマズの電気的変化を実験しているとの事でした」（楊）が、「実に貧弱でした。一高の生物教室の標本の方がよいと思った。だがタコの生活状態が私に興味を与えた。八本の手が龍のやうに運動し、口から噴水している有様は、実に美観を呈する」（林）と、タコの生態には興味を示したものの、一高の方がましとの手厳しい評価を与えた者もいた。さらに、たまたま所長が不在で、「案内して呉れた所員の説明はたよりなかった」（孔）、「臨海実験所見学。此で寒くて震へて居りました」（李）など、彼らには概して不評だったようである。

その日の宿は「東奥館という旅館に一泊する。浅虫は温泉場であるが、実につまらないところである」（孔）。「此の温泉の風呂は新しくて気持ち良かった。何だか温泉らしい気分が致さない。風景から云ふと好いと感じた。相当好い様に思はれた。ウニ料理には不味だった」（楊）のような是々非々の感想が残る。引率者の堀越は「高級の旅館を選び」「風雅なる日本料理を味はしめ」たいと述べていたが、少なくとも「ウニ料理」は口に合わなかったようである。

第四日目は、青森港から函館を経由し札幌に向かい、翌日は、北海道大学などを見学した。札幌の感想については、「内地と異なり、幅広い道が今しがた白い布をぬいて碁盤の目の如く整然として、真中に電車が両側に迷惑掛けなく走っている。北国の中心都市として近代的景観と魅惑とを多分に盛《（ママ）》って招く麗はしの街である」（楊）。「一見して計画に基く都市が発達した事を知り、街の姿は京都によく似通い、文化の程度は東京と瓜二つ。そうして落着いた気分のする住み心地よい、北海道第一の工業都市であると感じた」（李）。このように札幌については好印象を持つ者が多く、「元気好く発展無限の青年都会でした」（張）との表現を用いる学生さえいた。

見学先の北海道大学では、まず農学部本館に赴いた。「空から鳥瞰すると「北」の字になる建築である。真中の高

写真7－3　北海道帝国大学農学部空撮（「北」をかたどる）（1947年ころ）
（北海道大学125年史編集室編『写真集　北大125年』北海道大学出版会、2001年、43頁）

塔には、アメリカから買って来たというエルムの鐘が吊してあ」る。「螺旋階段を攀じ登って、頂上に出ると、札幌全市中を一望の中に収めることができる」。「農園は曠茫として眼下に広がり、渺平として、その果てる処を知らない」（孔）（写真7-3参照）。「北海道帝大は文化の支配者として、北海道の最高学府でした。校庭は、公園の様に美しいし、農学部の設備は素晴らしい」（張）。「農学部が一番充実して居るのは、場所柄だけにしかるべきだと思った。北海道の開発が比較的に遅れて居るから、今後各方面に於て発展する余地が充分にあると思ふ」（戴）。

張が用いた「文化の支配者」の語が少々気になるが、この場合は占領者というニュアンスではなく、牽引者あるいはリーダーというつもりだったのであろうか。いずれにしても、彼らが高塔の上から眼下に広がる大地を発展の余地あるものと捉え、そこに北大農学部の役割を見出したことは間違いないようだ。

次に見学した医学部については、次のような感想が残されている。「内科は二つあり、私たちの見たのは中川内科であった。同内科ではプノイモコッゲンの一種である「中川氏菌」の培養を主に研究して居られるとのことであった。又癌腫の血清学的診断法に就いても、盛んに研究せられて居った」。眼科では、角膜移植が成功した患者に接見し、「一同驚嘆した」。「耳鼻科にては、大した変りなく、只だ図書室は豪勢なものであった」。「この病院に於て、特筆すべきものは、院内の温室である。温室と言っても一般の休憩所である。四季とりどりの植物があり、緑色のバナナが実って居ったのには皆驚いた様だった。この美しい室の中で、患者、見舞客、看護婦などが楽しさうに話し合っていた」（孔）。「医学部で最も参考になったのは、眼科に於て、鞏膜移植の手術に成功した一例を実証された事です」（李）。

前回（一九二七年）の北大医学部訪問が、日曜日と当たり、ほとんど得るところがなかったの対し、今回は、十全な成果を挙げたようである。また「北大留学生約二十数名来談す」（楊）との記載もあり、同郷人と情報交換ができたことも有益であったろう。

第六日目は、苫小牧の王子製紙、白老のアイヌ集落を経て、登別温泉に宿をとった。王子製紙については、「堀越氏再三交渉の結果、遂に見学を許される」と孔が書いており、現場で最終的な許可を得たようだ（室蘭製鉄所の見学が不可になったための代替であったのかもしれない）。ここでは「工場の内部は可成り広く、私達の見たのは、ほんの一部分に過ぎない。各種の作業は素人が見ても相当面白いものである」（孔）、「大木が順序よく紙に変わる道程を詳に見学す」（楊）などの感想が残されている。

一方で、白老アイヌ集落訪問は、それ以上に深い印象を残したようだ。「酋長の話によれば、熊は絶対神聖にして犯すべからざるものであるそうだ。熊の頭蓋骨を偶像として崇拝している。然るに、一方アイヌは熊を殺戮し、或は捕獲し、熊祭りを催して、之を惨殺しているから、酋長の理解が我々にはちと分からない」（孔）。「アイヌ族は北海道樺太を混ぜて全数三万に満ちず、北海道に於ても、散見するに過ぎない。民族滅亡の哀れを留めている」。「最早商売感を与へ、自然的生活が見られなかった」（楊）。「酋長は目が青くて顔に鬚が沢山あって、西洋の某大学の老教授の顔でした。『これは弓と矢でございます。われらの祖先はこれで熊を殺すのです。鉄も銅も使はないで竹で作ったのです……』と流暢な日本語で、永井先生の生理学講義の様に、得意そうに家宝を一つ一つ説明しました。今の開いた世の中に、山を平げ海を埋め空を操縦する事も出来る時代に、尚そんな所にそんな人間がいるのを考えると、本当に珍しいと思いました。彼等は一時間百キロ以上に歩る流線の汽車とか、何んとかの事が分からないでせう」(張)。「アイヌの生活に上古の日本人の生活、否我々の祖先も多分同じであろうが、其のありのままの質朴な生活に無限のなつかしみを感じ」た(戴)。

「非文明的な生活」を送っているアイヌ民族は、早晩「滅亡」するのではないかという憐憫、現状は「最早商売感」が強いとの批判、さらには「我々の祖先と同じ質朴な生活」で懐かしいと捉える親和的観点など、様々な眼差しがアイヌ民族に投げかけられたことが分かる。そうした理解の帰趨については措くが、いずれにせよ、「そんな所にそんな人間が」いて、異なる文化を保持しているのだ、という新しい知見や感慨を留学生たちは獲得したのである。

続く訪問先の登別温泉については、「前未見の大温泉」(楊)のように、多数の浴槽や周辺の噴湯口(地獄谷)に驚いた記述が残されるが、それらは割愛し、北海道大病院登別分院訪問の感想のみを紹介しておく。「病床四十あり。設備を相当完備して居り。所謂る温泉療法によって、各科の疾病を治療せんとする目的で建てられたものである。最新式の夫々異なった機能を有する浴槽が三あり。他には特殊な設備はなかった」(孔)。「将来の温泉療養の発達を予知した」(楊徳)。「登別が遊覧地と雖も、病人の静養に対して、実に良い所であると思った」(戴)など、積極的観察と評価が残っている。

第九日目は、最後の見学地・新潟医科大学訪問を果たした。「外科・小児科を見る。外科は別に大した事なく、小児科では佝僂病の稀な標本を拝見した。佝僂病は昔佐渡島に多かったそうであるが、近年衛生状態の改良に伴って、その数著しく減少してきたそうである。病院の全病床は四百、建築は木造であるが、内部の採光装置よく、非常に清潔で感じがよい。食堂はデパート式で一般から非常に利用されているそうである」（孔）。「新潟医大の親切な招待、キレイの病院、おとなしい学生さんの印象は今迄も残っている」（張）のように、概して好評であった。

新潟の街については、「道があまり広くなく、立派でもないが、清潔である故に、とても感じが良い」（戴）、「新潟は男の子と杉の子の育たぬ所と云はれる事を聴いて、新潟はきっと女の多い古い純日本式の都会だと考えました。併し、汽車から下りて見た有様は、考えと全然違いまして、新潟は万代橋で繋いだ東京程モダンな都会でした」（張）との感想が残る。

この新潟評価のように、旅行全体を通じ、「近代化」された街を高評する学生は多かったが、一般民衆に対する観察記は少ない。「仙台より浅虫に至る東北本線の沿道の風景は、平凡で東海道線の如く、華美なものではない。また駅々で見る東北の農民の服装は簡易素朴で、農村疲弊の一端が伺われた」。「北海道の言葉は標準語である。どんな田舎へ行っても、洋服の農民が見られる。総べての耕作はアメリカ式である。而して、寒い土地特有の純朴が感ぜられる」。この二つはともに孔禄卿の感想である。前者などは、鋭い観察眼と言えるが、他の留学生は、こうした農民や商人等に対する印象をほとんど残していない。日本で「西洋近代」を学ぼうとした中国学生たちにとって、それらへの関心はさほど及ばなかったということであろうか。

さて、この旅行全体について、林濬哲は、「我々の感想、直観しているものは、常に或る外界刺戟物や自然界の対象物があって初めて意識されるものがある。殊に風土、その土地気候に依り、我々に新たなる思出で、想像力を与えるものである。旅行は又ここに於いて意義がある。（略）人間に対する嘔気なくして、ニーチェを理解することは出来ない。旅は常に偶然性の対象物を与へてくれる。これが旅路の特権である」と、当時の「哲学青年」の典型のごとき「まとめ」をしている。他の参加者も表現法こそ異なるものの、様々な「刺戟」を受けたことは間違いない。たとえば、戴昌世はこう書く。「我々が日本に留学して居るのは、其責任実に重大である。単に学問を勉強するのみならず、同時に日本を認識する必要もある。其の為に我々が経済的援助を得て、北海道及東北地方の見学旅行を決行したのは、この意味に於て、実に有意義ある企てであると思ふ。（略）今回の旅行は私に対して実に良い影象を与えたのである（略）文物に接しては益々日本の模倣力、否創造力の偉大さに吾乍ら自国をもこのレベルに引き上げなければならぬと決心した。とにかく深く日本の姿を認識し得て、愉快に思ふ」。

引率者・堀越は、この旅行で「新興日本の正き姿を、更に日本国民の優秀性をより多く感知せしめ得た」いとの希望を示していたが、その意味で戴の感想は、期待通りのものだったろう。なお、堀越は、「報告書」でさらに、「旅中彼等の小職に語れる二三を記せば、概ね左の如し」として、学生の感想文を補おうとしている。

一　日本は西日本に於てこそ、其の文化を誇るに足るべきも、北日本は未だ文化普及の程度不十分なるべしと、思ひ居りしも、此の旅行により、全く其の予想の誤りなることを知れり。

二　日本内地の何処にも求め得ざる北海道の雄大なる山水に接したるは、実に満足なり。

三　東北帝大金属材料研究所の顕著なる業績、北大農場の宏大にして整頓せること及清水トンネルの精妙なる工事には孰れも驚嘆したり。

四　アイヌ人は大和民族には近からずして、寧ろ露西亜人の系統に近きにはあらずやと思わるることを始めて知りえた。

確かに、留学生は、仙台、札幌、新潟市街の予想を超えた発展ぶりに驚いていた。また東北大で最先端の研究に触れたこと、新潟・群馬県境を掘削した上越線の清水トンネルなども技術進歩の典型として感銘を受けたようである（とは言え、清水トンネルについての感想は、旅程の最終段階であったためか、李天佑による「冬の砂山海向ふの佐渡ケ島の空想も、何時しか清水トンネルに消えた」という文学風の記録が一つ残るのみであった）。

本節中では、「北海道帝大は文化の支配者」という表現を留学生が用いていたこと、アイヌ民族に対する観察・理解が様々であったことを特筆した。一方、「北海道は日本固有の領土であるが、開発以来、日尚浅い。即ち、彼らは無意識中に植民地であると意識している。意識していればこそ。北海道今日の隆盛を果たしたのである」（孔）との記載も残っている。この旅行が実施された一九三六年の日本が、台湾、樺太、朝鮮などの「植民地」を抱えた「帝国」であったことは言うまでもない。こうした状況下での北海道見学やアイヌ集落訪問に、外務省、また千葉医大は、どのような意味づけを与えようとしたのだろうか。留学生と引率者の感想からは、明確とは言えないものの、「帝国日本」の威光あるいは矜持を知らしめようとする側面も透けて見えるように思われるのである。

おわりに

「上野駅に着くと、目を惹く所は花見客の忙さである。塵埃の飛揚も田舎の千葉ではとても夢にも思はれない程であった」とは、一九二七年旅行に参加した林鏡平の感想である。千葉医科大学があった千葉市は、県庁こそ置かれていたものの、さほど大きな町ではなかった（「千葉町」から「千葉市」に昇格したのは、第一次大戦後の一九二一年である）。東京に足を運ぶことは容易な距離にあったが、いずれにしても彼らは「田舎の千葉」で学び、生活していた。その彼らが、東北、北海道、新潟、関西で何を見、それぞれどんな印象を抱いたのかは、本論で紹介論評した通りである。一部のコメントについて、補足すれば、「清潔」「キレイ」などの「近代的価値」に関わる彼らのチェックは厳しいものがあった。公共衛生などに関心を持つ医薬留学生であるがゆえ、そうした側面がより強調されていたように思える。また、東照宮など、伝統文化への評価以外に、「ハイカラ」「モダンボーイ（モボ、モガ）」などへの注目が高かったのは、若者であった故であろうか。一方、感想文中に、日中が緊迫を強めていく時代状況についての考察、日本に疑問を呈するような内容はほとんどなかった。「東北農村疲弊」を想う箇所などから、彼らの観察眼が現実社会にも向いていたことは窺えるが、「旅行の感想文」であるがため、政治問題はやはり後景に退いていたと思われる。[12]

筆者はかつて、一九四〇年に日本で学んでいた中国留学生二一二名に対するアンケート調査結果を基に、彼らの留日意識を論じたことがある。[13]その回答中には、「子供や下流の人たちに差別され、面白くないと感じた」という意見も若干含まれていたが、今回の旅行では記録に残すほど不愉快な事態はなかったようである。またその調査で「余暇はどう過ごすか」という問いに対し、最も多かったのは、「散歩遠足」であった（二一％）。ちなみに、休日に家で勉強する人は二〇％、読書は一二％に留まっており、交戦中ながら、ゆっくり街歩きを楽しむ学生も少なくなかったのである。

本章で見た三回の旅行は、日中全面戦争前という事情もあり、留学生たちも、眼を皿にして、専門に関わる事象を吸収しようというよりは、地方をリラックスして見聞していたように思える。とりわけ一九二七年の旅行は、引率教員を含め、「親睦交流」の気分が前面に出ていた。それに比し、一九三六年は引率者・堀越が、「新興日本の正き姿を、更に日本国民の優秀性をより多く感知せしめ得たること」ができた、と総括するように、政治的意味合いがより付与されてくる。しかしながら、そうした「期待」に応える文章を残した学生は戴昌世など少数であった。逆に、何気ない風物に対する素直な驚きや感慨が多く、本来の意味における「日本の正き姿」が見出されたのではないか。すなわち、この段階では「日本優秀論」のようなイデオロギーが徹底され、留学生もそれを標榜することが前提になっていた訳ではなかったようである。

この見学旅行に参加した留学生たちは、帰国後、多くが母国の医科大学の教員になったことがわかっている。一九二七年の旅行に参加した張鎔は広西省立医学院教授に、李祖蔚は上海東南医科大学・広西省立医学院外科教授などに、林鏡平は浙江省立医薬専門学校教授に、張效宗は陝西省防疫処研究科主任・上海東南医学院教授などに、黄裕綸は広東陸軍総医院産婦科主任・南通大学医学校教授などに就いた。一九三〇年組で感想文を残したのは、章志青のみであったが、彼は南通医学院・浙江省立医薬専門学校教授などに就く。また鄭万育（広西省立医学院産婦科教授・浙江省立医薬専門学校教授）、邵厳（浙江省立医薬専門学校教授、上海東南医学院教授）、王琨（広西省立医学院付属医院薬局主任）、徐伯鋆（浙江省立医薬専門学校教授）の勤務先もわかっている。一方、一九三六年に参加した留学生たちのその後を確認できる史料は少なく、張斟滋が、新中国において、山東省濰坊楽道院院長、さらに山東省人民政府衛生庁副庁長に就いていたことがわかっている程度である。

母国で医学校教員などになった元留学生たちにとって、十日あまりの見学旅行とその異文化体験は、その後、いかなる形で活かされていったのであろうか。現実の歴史過程に即せば、「抗日戦争」、中華人民共和国の成立等を経る中、彼らが積極的に「日本」について語る史料は判然とせず、その体験の帰趨は不明である。その意味付けについては、中国側の史料を蒐集するとともに、一方で、他大学でも行われた同種の旅行と比較することで、漸次明らかになっていくと思われるが、それらは今後の課題となる。

註

（1）阿部洋『「対支文化事業」の研究』汲古書院、二〇〇四年、山根幸夫『東方文化事業の歴史』汲古書院、二〇〇五年、参照。

（2）さねとう・けいしゅう「東遊日記の研究」（『日華学報』一九三一年一二月号）、佐藤三郎『中国人の見た明治日本――東遊日記の研究』東方書店、二〇〇三年。

（3）孫安石「戦前中国人留学生の『実習』と『見学』について」（『神奈川大学人文研究』第一五九号、二〇〇六年三月）。

（4）羽田朝子「一九二〇年代から四〇年代における外務省文化事業部による日本見学旅行」（『現代中国』第八七号、二〇一三年）、羽田「満州国留学生の日本旅行記」（『漂泊の叙事』勉誠出版、二〇一六年）がある程度である。なお、三好章「維新政府の対日交流――中小学教員訪日視察団の見たもの」（愛知大学国際問題研究所編『対日協力政権とその周辺』あるむ、二〇一七年）は、現職の教員などにも「日本」理解をしてもらう動きがあったことを明らかにしている。なおこの時代で「旅行」が持たされた意味合いについては、赤井正二『旅行のモダニズム――大正昭和前期の社会文化変動』ナカニシヤ出版、二〇一六年、が参考になる。

（5）これらの外交文書は、後掲註7～11のごとく、アジア歴史資料センターのウェブから閲覧することができる。ここでは、千葉医科大以外のレファレンスコード等は挙げず、全体の整理は後日に期したいと考えている。

（6）日華学会学報部編『中華民国満洲国留日学生名簿（第十一版）』一九三七年六月。

（7）一九二七年の旅行に関わる史料は、外務省外交史料館所蔵「在本邦留学生本邦見学旅行関係雑件　補助実施関係第一巻　一四千葉医科大学」アジア歴史資料センターウェブ（以下、「JACAR」と略記する）、Ref. B05015813700, H620, 283～335に掲載されている。

（8）松村（一八八六～一九七三）は一九一九年千葉医専教授となり、衛生学・細菌学を担当。一九三九年、興亜院文化部長に就任。一九四三年には大東亜省参事官に転任し、南京・日本大使館付参事官となる。敗戦後は、千葉大医学部講師などを歴任した（『千葉大学医学部八十五年史』一九六四年、二八八～二九二頁、前掲、山根幸夫『東方文化事業の歴史』二一八頁）。

（9）一九三〇年の旅行に関わる史料は、外務省外交史料館所蔵「在本邦留学生本邦見学旅行関係雑件　補助実施関係第六巻　千葉医科大学」JACAR Ref. B05015817200, H626, 123～140.

（10）一九三六年の旅行に関わる史料は、外務省外交史料館所蔵「在本邦留学生本邦見学旅行関係雑件　補助実施関係　第九巻　千葉医科大学学生」JACAR Ref. B05015832200, H631, 250～304.

（11）孔禄郷は、卒業後、千葉医科大学法医学教室で、「副手」として研究を続けたが、一九三九年六月から翌年三月まで、「特選留学生」として月額一〇〇円の補給を受けている。なお、この書類には、孔について「一九二六年三月、東京・成城中学校卒、一九二七年三月、一高特設予科修了、一九三二年三月、三高理科卒」との、より詳しい履歴が付いている（外交史料館所蔵「在本邦留学生調査関係雑件　第一三巻　昭和一四年一一月　学費補給中華民国留学生名簿」JACAR Ref. B05016143400, H896, 89.

（12）千葉医大以外の学校が実施した見学旅行の感想の中には、留学生あるいは日本人引率者から日中関係の「緊張」に触れたものの垣間見えるものもある。見城「一九三〇年代における中国留学生たちの日本見学旅行」（矢嶋道文編『互恵と国際交流』クロスカルチャー出版、二〇一四年）。

（13）見城「日中戦争下における中国人留学生の生活と留日意識」（『北東アジアにおける「記憶」と歴史認識に関する総合的研究』（平成一八～二一年度　科研基盤研究（A）18202014　研究代表者　千葉大学　三宅明正、二〇一〇年三月）。

結　語

近現代の中国で活躍した政治家・軍人・学者で、戦前期に日本留学を経験した人物は、魯迅、黄興、蔣介石、周恩来など枚挙にいとまがない。その一方で、史書に名前が刻まれなくとも、様々な分野で貢献した「元留学生」もまた膨大な数にのぼる。それは中国大陸からのみでなく、朝鮮半島や台湾、また東南アジアにも及ぶ。彼らは、留日時代、キャンパスの内外で様々な知的交流や人間関係の構築を進め、それをその後活かしていったはずである。

本書では、千葉大学の前身校にあたる諸高等教育機関を主たる素材とし、医薬、園芸、デザイン、師範の各領域について戦前戦中期の日本で学んでいた留学生たちの在学中の動向や帰国後の活動を見てきた。留学生自身が書き残した史料の少なさなどの制約もあったが、人的な交流、また知的な連鎖が、同時代はもとより、現在にまで影響を持ち続けていることの一端を確認できたと考えている。

筆者がこの研究に取り組んだ理由は、同じ時代に同じ空間で過ごしてきた留学生を含みこんだ形で、近代日本を捉え直すこと、元留学生の経験や記憶が、その後どのように活かされていったのか（否か）を究明すること、その「歴史」から、互恵的関係を含めた多様な交流のありようを明らかにし、結果として現在の日本―東アジア関係の不全さに一石を投ずることに繫がればと考えたためである。たとえば、現在の中国近代史研究者は、自身の論文に「敵国留学」[1]という刺激的な題名を付し、その意味を考察しようとしている。本書も、そうした深奥に少しでも近づくための作業にほかならない。

本書を終えるにあたり、三つの逸話を紹介しておきたい。

千葉医専・医大の元留学生が中心となり、一九二六年に「上海東南医学院（医科大学）」を創設したことは紹介した。ところが同大の校舎は、一九三七年の上海事変で日本軍に破壊される憂き目にあう。そして、中華人民共和国建国後、「地方にも優れた教育機関を設けるべき」という方針に従って、上海東南医大は、安徽省合肥に移転し、一九五二年安徽医科大学として再出発した。この大学が「創立八〇年」を祝うため、史料調査をしたところ、千葉医専・医大の元留学生が創立に多く関わっていたこと、創立時に千葉医科大学からベッドや医療器具などが寄贈されていたことが明らかになった。そのため、同大は二〇〇九年千葉大学を表敬訪問し、さらに二〇一〇年には「交流協定校」の調印をすることになった。(2) 戦争による破壊という酷い歴史があったにも関わらず、初期段階の友情を、再び未来に繋ごうとする営為である。

二つ目は、留日中国学生の中で、最も著名な一人である郭沫若（一八九二〜一九七八）をめぐる逸話である。文学・歴史学など様々な分野で活躍した郭は、一九一四年に来日し日本語を修得した後、岡山の第六高等学校、九州帝国大学医学部で学んだ。そして帰国後、政治活動に参与するが、蔣介石と対立し、一九二八年から一〇年余り、千葉県市川で亡命生活を送ることになる。しかし、一九三七年日中戦争が勃発すると再度帰国し、抗日戦争に身を投じていった。

その郭が、戦争終結から一〇年経った一九五五年一二月、国交が未回復状態であった日本に、民間交流開始の第一陣とされる「中国科学代表団」の団長（郭は中国科学院初代院長でもあった）としてやってきた。九州大学をはじめ、各地を歴訪した郭は、千葉県市川の旧居および千葉大学医学部も訪れている。郭は医学部を見学した後、「日本の学者たちが真面目に自分の研究をしているので、私たちも大きな励ましを受け、さらに頑張らなければならないと思う」とのコメントを出している。(3) さらに、「医道乃仁術　仁者必有寿　我亦曽学医　未仁心自咎（医道はすなわち仁術であり、仁は必ず幸せを与える。私もまたかつて医を学んでいたが、いまだ仁心でないため、自身を咎めている）」という詩も残している。(4)

郭の発言や詩は、戦前の日本で学び生活し、また抗日戦争に参加し、戦後は新中国のリーダーになるという数奇な人生を歩んだ郭が、日中の学術文化交流（留学を含む）の重要さを示した、きわめて重厚でかつ希望を含んだ内容ではないだろうか。

三つ目は、前二者とは角度を変えた逸話である。千葉県が一九八五年に発行した『千葉県野菜園芸発達史』は、千葉高等園芸学校および千葉大学園芸学部が果たした役割に数頁を割いている。そして同校教員が残した業績を列挙するなかに、次の叙述がある。

「橋本章司は大正六～七年にかけて、中国からの留学生、繆嘉祥がもたらした小型すいかを校内で試作し、「嘉宝」、「祥司」と命名した。このうち、「嘉宝」は、戦後小玉すいかの発達に際し、育種素材として大きな役割を果たした」[5]。

繆嘉祥は、一九一六～一八年度に在籍していた千葉高等園芸学校初の留学生であった。試みに手近にあった『野菜園芸大事典』の「すいか」の項を繙くと、「嘉宝（かほう）大正末期（?.）に中国の留学生が千葉高等園芸学校へもたらした種子から選抜されたもの」[6]との記述が確かにある。それのみか「嘉宝すいか」の種子を種苗店から入手することは現在もできる。ネット検索をすると、「一人で食べるのにちょうど良い大きさで、黄色の果肉が美味しい」と書くブログも複数見え、今でも人気があることがわかるのだ。つまり、「嘉宝すいか」の名前は残った。しかしその名付けの微笑ましい由来は忘れられているのが現実である。

本書は「留学生は近代日本で何を学んだのか」をタイトルとし、医薬、園芸、デザイン、師範の各分野における「留学生側の学び」に焦点を当ててきた。しかしながら、本来は「日本側の学び」も折り込んだ双方向的、互恵的交流も視野に入れ、考察していくことも望ましいだろう[7]。そうした事例は、近代日本による中国への「眼差し」が偏向していく傾きにあったため、なかなか探しにくい現実がある。そうしたなか園芸学校の橋本章司先生が「嘉祥くんが持って来てくれた良い西瓜だから「嘉宝」と名付け、市場に普及させよう」とした着想は、未来に繋げた事例として最後に特記しておきたい。

さて、本書でみてきた留学生を媒介にした「知の連鎖」について、代表的事例を再論すれば、たとえば千葉医専留学生による『医薬学報』誌が中国近代医学界に貢献したこと、さらにより一般的な事例で言えば、近代日本が造語した学術用語（和製漢語）を留学生が持ち帰り、近代中国社会に普及していったことなどが挙げられる。(8) しかし、名のみ残った「嘉宝すいか」を含め、知られていることは氷山の一角にすぎない。近代日本社会で相互が積み重ねた経験の多くは、確実に存在したものの、現在可視化できなくなった事象が圧倒的に多いであろう。それを「日本側の学び」も併せ、様々な角度から分析、叙述していく必要を強く感じている。小書は、その試みの第一歩である。

註

（1）徐志民「敵国留学――抗戦時期在日中国留学生的生活実態」『近代史研究』第二〇九期、中国社会科学出版社（北京）、二〇一五年五月号。

（2）木村定雄「安徽医科大学代表団の医学部表敬訪問」『ゐのはな同窓会報』第一五二号、二〇〇九年九月一四日、千葉大学医学部ゐのはな同窓会報編集部。

（3）「中国科学代表団訪問日本国会」『人民日報』一九五五年一二月八日付。王建民『中日文化交流史』外語教学与研究出版社（北京）、二〇〇七年、一六四頁。

（4）王維権ほか編『郭沫若年譜』一九五五年一二月四日項、江蘇人文出版社（南京）、一九八三年。

（5）伊東正「千葉大学園芸学部」（「千葉県野菜園芸発達史」編さん会編『千葉県野菜園芸発達史』一九八五年、八三二頁）。

（6）野菜園芸大事典編集委員会『野菜園芸大事典（訂正追補版）』養賢堂、一九八五年（第一版は一九七七年）、七九九頁。なお、園芸植物育種研究所理事長（園芸学部名誉教授）の伊東正先生からいただいたご助言によれば、嘉宝すいかの来歴について、最も古い叙述は、藤井健雄（園芸学部名誉教授）『蔬菜園芸学　各論　上巻』（養賢堂、一九四四年）の「嘉宝　本校に於いて中国留学生の齎した種子より選抜された品種」ではないかとされる。さらに、中国の「蔬菜園芸学」の元祖とされる呉耕民教授の

『中国蔬菜栽培学』（科学出版社、一九五七年）の「浜瓜」の項目に、「上海、南京、杭州一帯で栽培されている。日本に伝わり、日本名を嘉宝というのは、この種である（原文中国語）」（四〇四頁）との叙述もあるという。

（7）三村達也「一九三〇年代後半、日本人農業研究者と中国華北の「乾地農法」との接触、その評価と吸収——三本木原営農支場の設立までの中心に」（『中国研究月報』第七〇巻第一〇号、二〇一六年）は、中国で見聞した「乾地農法」を戦後の日本社会に活かそうとした農業研究者の営為を明らかにしている。

（8）山室信一「日本漢語の流布と政治文化の変容」（山室『思想課題としてのアジア』岩波書店、二〇〇一年）。

あとがき

筆者が千葉大学留学生センターに赴任したのは、一九九六年三月のことである。留学生センターでは「指導相談部門」の教員として、留学生からの相談対応、また留学生と日本人学生・地域社会との交流活動支援などの業務などに従事した。それらの経験を重ねつつ、歴史学の博士論文（『近代報徳思想と日本社会』ぺりかん社、二〇〇九年）を出版する目途が立った二〇〇八年ころから、次のテーマは「千葉大学の前身校で学んだ留学生の歴史」に定めることにした。すでに小島淑男先生が、千葉医専留学生と辛亥革命との関係をまとめられていた（『留日学生の辛亥革命』一九八九年）のは把握していた。しかし歴史学を専攻した「留学生担当教員」として、改めて考えてみようと思ったのが、その端緒であった（小島先生には、その後、ご指導をいただく機会を得ている。改めて感謝申し上げたい）。

そうした折の二〇〇九年、サバティカルの機会を得て、知人（千葉大学教育学研究科元留学生・呉偉民氏）が勤務していた上海師範大学で、同年一一月から翌年三月まで研修することができた。この半年弱の間、同大の図書館はもとより、中国でも最大規模の蔵書量を誇る上海図書館に通い詰め、千葉医専・医大の元留学生たちが現代中国でどのような評価を受けているのかを調べたところ、思いのほか活躍評価されていることを知ることができた。さらに、その作業を進める過程で、近代日本社会と留学生の関係性の複雑さ（協力と反発）、また帰国後の活動を追う中から、留学がもたらした諸相とその多義性を少しずつ理解することができるようになった（それは医学薬学分野だけではなく、その後検討していくことになる園芸学、デザイン学、また師範教育の分野でも同じことであった）。

上海から戻った二〇一〇年夏、「中国人留学生史研究会」を主宰していた神奈川大学の大里浩秋先生と孫安石先生（ともに中国近代史、日中交流史）から、研究会への参加呼びかけをいただく縁を得た。筆者にとっては、ほとんど未知と言ってよい領域ではあったが、両先生や研究会に集う中堅若手の研究者・院生が自由闊達に議論する場から、新たな視点を多く学ぶことができた。それのみか、戦前戦中期の中国留学生の動向を知る一級史料である『日華学報』の復刻作業（二〇一二～一三年）や中国などで実施された諸シンポジウムに登壇する機会を作っていただき、そこでも留学生史研究の奥深さと広がりを知ることができた。この場を借りて、両先生はもちろんだが、研究会メンバー各位に感謝を申し上げたい。

僥倖は重なるもので、二〇一〇年度から一一年度までは、家近亮子先生をリーダーとする敬愛大学の研究プロジェクト「近代日本におけるアジア人留学生の『日本体験』の再検証――千葉に刻まれた近代史を中心に」のメンバーにも加えていただいた。このプロジェクトで、家近先生、川島真先生（東京大学）などと議論できたことも、筆者にとって大きな経験となった（この時の成果は、見城「近代千葉の留学生――千葉医学専門学校と千葉高等園芸学校を中心に」として、『敬愛大学総合地域研究』第三号［共同研究「近代日本におけるアジア人留学生の『日本体験』の再検証」］、二〇一三年三月、に収められている）。

また二〇一一年一二月一〇日には千葉大学で山田賢先生（文学部）のご協力を得て、「近代日中の交流と軋轢――「辛亥革命百年」に寄せて」というシンポジウムを開くことができた。講師として、中国から王宝平先生（浙江工商大学）、また川島真先生を招き、充実した討論を交すことができた。個人的には医学部に残る「記念碑」の来歴を百年後に語ることができ、感無量であったことを思い出す。

筆者の留学生史をめぐる研究は、そうした「交流」の中で徐々に育まれてきたものである。今回、一冊にまとめたものの、不足は当然ながら多い。各位からのご叱正を糧に、また次に進んでいきたいと考えている。

本書各章の元になった論文は左のとおりである。

序　問題の所在　書き下し。

第一章　医学薬学分野における留学生たち――千葉医学専門学校・千葉医科大学を事例に

・「明治～昭和期の千葉医学専門学校・千葉医科大学における留学生の動向（付　千葉医専留学生・辛亥革命紅十字隊関係資料）」『国際教育』第二号、千葉大学国際教育センター（以下、『国際教育』の発行者名は略す）、二〇〇九年三月。

・「千葉医学専門学校・千葉医科大学時代の留学生をめぐる諸史料について」『国際教育』第七号、二〇一四年三月。

・『近代の千葉と中国留学生たち』（千葉学ブックレット）千葉日報社、二〇〇九年。

第二章　医学薬学を修学した留学生たちの帰国後の活動

・「戦前期留日学生の帰国後の活躍とその評価――千葉医学専門学校、千葉医科大学卒業生の事例」『国際教育』第三号、二〇一〇年三月。

・前掲「千葉医学専門学校・千葉医科大学時代の留学生をめぐる諸史料について」

・「千葉医学専門学校・千葉医科大学時代の留学生たち」『千葉大学医学部１３５周年記念誌』同出版委員会、二〇一二年。

・なお、一、二章の概要を、中国語版としてまとめ直したものに、見城「中国医药留学生和近代日本」大里浩秋・孫安石編著『近現代中日留学史研究新動態』上海人民出版社（中国・上海）、二〇一四年三月、がある。

第三章　園芸学分野における留学生たち――千葉高等園芸学校を事例に

・「戦前期の千葉高等園芸学校における留学生とその動向」『国際教育』第四号、二〇一一年三月。

第四章　工芸学（デザイン）分野における留学生たち——東京高等工芸学校など官立四校を事例に

・「戦前期における東京高等工芸学校（現千葉大学工学部）の留学生とその動向」『国際教育』第六号、二〇一三年三月。

・「近代日本におけるデザイン専攻中国留学生の動向と帰国後の活動」大里浩秋・孫安石編『近現代中国人日本留学生の諸相——「管理」と「交流」を中心に』御茶の水書房、二〇一五年三月。

第五章　師範学校への「満州国」留学生たち——千葉師範学校を事例に

・「戦前期における千葉師範学校（現千葉大学教育学部）の留学生たち（付．戦前期における千葉県域の軍事系学校の留学生たち）」『国際教育』第九号、二〇一六年三月。

第六章　辛亥革命と千葉医学専門学校留学生たち

・前掲「明治～昭和期の千葉医学専門学校・千葉医科大学における留学生の動向（付　千葉医専留学生・辛亥革命紅十字隊関係資料）」

・「辛亥革命と千葉医学専門学校留学生」『中国研究月報』第六六巻三号（通刊第七六九号）二〇一二年三月号。

・辛亥革命百年にあたり神奈川大学で行われたシンポジウムで、この内容を報告したが、その日本語版は、大里浩秋・李廷江編著『辛亥革命とアジア』（御茶の水書房、二〇一三年）に、中国語版は「辛亥革命与千叶医学専門学校留学生」として、『辛亥革命与亜州』（社会科学文献出版社、中国・北京、二〇一五年）にそれぞれ収録されている。

第七章　一九二〇～三〇年代の中国留学生たちの日本見学旅行——千葉医科大学留学生を事例に

・「一九二〇～三〇年代における中国留学生の日本旅行記——千葉医科大学留学生はキャンパスの外で何を見て、何を感じたのか」『人文研究（千葉大学）』第四〇号、二〇一一年三月。

結語　書き下し。

一瞥してわかるように、本書に収めた論考のほとんどは、千葉大学国際教育センター紀要『国際教育』誌に掲載したものである。この部局は、一九九一年に発足した千葉大学留学生センターが、二〇〇四年に国際教育開発センターと変わり、さらに二〇〇六年国際教育センターとして再スタートした組織である。筆者は留学生センター時代からここに二〇年余り勤務するなかで、留学生、日本人学生、センター教員、センター・留学生課職員、さらには地域ボランティアの方々と、有形無形の「交流」をし、そこから多くの触発を受けてきた。しかし、このセンターは、二〇一六年三月をもって廃止された。そしてわれわれ教員は「国際教養学部」という新しい学部に移り、そこで引き続き「国際（化）」を担っていくことになった。そうした「歴史」を顧みれば、拙い本書ではあるが、センターでの勤務で出会ったすべての人たちの賜物によると考えている。

出版にあたり、公益財団法人渋沢栄一記念財団、千葉大学医学部ゐのはな同窓会、千葉医学会、千葉大学園芸学部同窓会戸定会から、それぞれ助成をいただくことができた。記して深甚の謝意を表したい。また、本書に所載した写真の提供、また史料閲覧に際し、北海道大学、東北大学、千葉大学関連学部および同窓会、また附属図書館に格別のご配慮をいただいたことにもお礼を申し上げたい。

出版事情が厳しい中、本書は日本経済評論社にお引き受けいただくことができた。同社は、かつて「清国留学生会館」が建ち、留学生が行き交った神田駿河台にある。不思議な縁を感ずるところである。また本書の編集は、新井由紀子さんの手を煩わせた。新井さんからの的確な助言により、本書の内容がより整えられたことも付言しておきたい。

二〇一八年二月二三日　留学生との面談を終えた研究室にて　見城悌治

［サ行］

［タ行］

事項索引

［ア行］

［カ行］

［タナ行］

［ハ行］

［マ行］

［ヤラワ行］

索　引

人名索引

[ア行]

[カ行]

[サ行]

著者紹介

見城　悌治（けんじょう・ていじ）

1961年：群馬県生まれ。

1990年：立命館大学大学院文学研究科博士後期課程　史学専攻日本史学専修単位取得退学。

2000年：博士（文学）

1996年：千葉大学留学生センター専任講師。

現　在：千葉大学国際教養学部／大学院人文公共学府　准教授。

主要著作：

『渋沢栄一――「道徳」と経済のあいだ』日本経済評論社、2008年。

『近代東アジアの経済倫理とその実践』（共編著）日本経済評論社、2009年。

『近代の千葉と中国留学生たち』千葉日報社、2009年。

『近代報徳思想と日本社会』ぺりかん社、2009年。

『日華学報（復刻版）』（共編）ゆまに書房、2013年。

『帰一協会の挑戦と渋沢栄一』（共編著）ミネルヴァ書房、2018年。

留学生は近代日本で何を学んだのか
――医薬・園芸・デザイン・師範

2018年3月30日　第1刷発行　定価（本体3700円＋税）

著　者　見　城　悌　治
発行者　柿　﨑　均

発行所　株式会社　日本経済評論社
〒101-0062　東京都千代田区神田駿河台1-7-7
電話 03-5577-7286　FAX 03-5577-2803
URL：http://www.nikkeihyo.co.jp/
印刷＊藤原印刷・製本＊誠製本
装幀＊渡辺美知子

乱丁・落丁本はお取り替えいたします。　Printed in Japan

ISBN978-4-8188-2497-3